Excel
财务数据分析
与可视化 视频教学版

羊依军　陆群　著

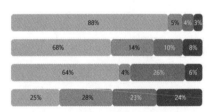

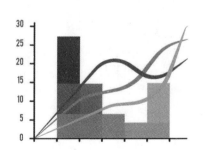

清華大學出版社

北　京

内 容 简 介

本书是一本全面介绍如何在财务领域运用 Excel 进行数据分析的实用指南。本书涵盖财务数据分析的思路、方法和实际案例，旨在帮助读者系统地建立商务数据分析思维，迅速提升读者的数据分析能力。本书配套示例文件、PPT 课件、作者微信群答疑服务。

本书共 15 章，内容包括财务数据分析基础、财务数据采集、清洗和处理、财务分析必备的 Excel 函数、掌握 Excel 透视表、Excel 数据可视化、销售业务统计分析、应收账款管理与分析、进销存数据分析、薪酬数据分析、资产数据分析、生产成本与利润分析、投资与决策分析、财务报表分析、财务模型高级应用、财务数据分析驾驶舱。

本书由具有多年教学经验和职场实战经验的名师撰写，内容丰富，操作性强，本书讲解的知识点和案例都是实际工作中必知必会的知识和技能。本书适合财务从业者作为提高职场技能的自学教材，也适合作为高等院校、高职高专、中职学校财务相关专业的教学用书。

图书在版编目（CIP）数据

Excel 财务数据分析与可视化：视频教学版/羊依军，陆群著. —北京：清华大学出版社，2024.5
ISBN 978-7-302-66105-4

Ⅰ．①E… Ⅱ．①羊… ②陆… Ⅲ．①表处理软件—应用—财务管理 Ⅳ．①F275-39

中国国家版本馆 CIP 数据核字（2024）第 081991 号

责任编辑：夏毓彦
封面设计：王　翔
责任校对：闫秀华
责任印制：刘海龙

出版发行：清华大学出版社
　　　　　网　　　址：https://www.tup.com.cn，https://www.wqxuetang.com
　　　　　地　　　址：北京清华大学学研大厦 A 座　　　　　邮　　编：100084
　　　　　社 总 机：010-83470000　　　　　邮　　购：010-62786544
　　　　　投稿与读者服务：010-62776969，c-service@tup.tsinghua.edu.cn
　　　　　质量反馈：010-62772015，zhiliang@tup.tsinghua.edu.cn
印 装 者：定州启航印刷有限公司
经　　销：全国新华书店
开　　本：190mm×260mm　　　　　**印　张**：18　　　　　**字　数**：486 千字
版　　次：2024 年 5 月第 1 版　　　　　**印　次**：2024 年 5 月第 1 次印刷
定　　价：79.00 元

产品编号：106240-01

前　　言

　　财务数据分析在现代商业运营中扮演着不可或缺的角色。在当今充满竞争和不确定性的商业环境中，财务数据分析是企业成功的基础工作之一。通过收集、整理和分析财务数据，企业可以更好地了解其财务状况，做出明智的财务决策，优化资源分配，并提高盈利能力。

　　财务领域充满各种潜在机会和挑战，财务数据分析可以帮助企业更好地把握这些机会和应对挑战。许多有远见的人感觉到了财务知识的重要性，已经开始提前学习财务管理、财务数据分析，为自己未来的发展打下更好的基础。与此同时，许多财务、投资和预算等职业领域的从业者，也逐渐涉足数据分析领域。这也是近年来对财务数据分析学习需求增长的重要原因。

　　然而，很多人渴望学习财务数据分析，却面临着不知如何开始的难题。仅仅具备 Excel 和基本的透视表技能是不足以胜任财务数据分析工作的，从事财务数据分析还需要一个全面的知识框架、分析方法和实战经验，而这些无法通过自学快速积累。

本书目的

　　本书旨在提供全面的指南，教导读者如何使用 Excel 进行财务数据分析。我们将深入研究财务数据分析的各个方面，包括分析思维和方法、数据分析流程、财务报表分析、财务比率分析、预算与规划、投资决策和风险管理，以及财务数据可视化等内容。

　　本书以充实的案例为基础，引导读者深入了解财务数据分析的思维方式和方法，通过实际财务问题的分析来解决各种挑战。本书还将分享行业内一些杰出的实践经验和技巧，帮助读者更有效地将财务数据分析运用到自己的工作中。

　　不论你是在电子商务、制造业还是其他实体行业工作，只要你的工作与财务相关，本书都将为你提供有价值的指导和支持。

本书内容

　　本书共分 15 章。第 1 章引入了财务数据分析的基本概念和目的，为读者提供了必要的背景知识。第 2 章介绍了如何获取、清洗和准备财务数据以进行进一步的分析。第 3 章讲解了 Excel 中常用的财务函数和公式，帮助读者更好地理解财务数据。第 4 章介绍了如何使用透视表来汇总和分析财务数据。第 5 章讲解了如何使用 Excel 创建各种图表和可视化，以更清晰地呈现数据。第 6 章主要介绍了与销售业务相关的统计分析方法。第 7 章介绍了应收账款的管理和分析方法。第 8 章讨论了库存管理和采购方面的数据分析方法。第 9 章介绍了员工薪酬和福利的分析方法。第 10 章讲解了资产管理和资产数据分析的方法。第 11 章讲解了生产成本和利润分析的方法。第 12 章讲解了投资和决策分析的方法。第 13 章重点讨论了财务报表的分析方法与技巧。第 14 章探讨了财务建模的高级应用。第 15 章详细讲解了如何构建财务数据分析驾驶舱，以实时监测和汇总数据的方法。

配套资源下载

本书配套示例文件、PPT 课件、教学视频、习题与答案、作者微信群答疑服务，读者可使用自己的微信扫描下方二维码进行下载。如果对本书有任何问题或建议，请用电子邮件联系 booksaga@163.com，邮件主题请注明"Excel 财务数据分析与可视化：视频教学版"。

本书适合的读者

本书内容丰富详尽，知识结构完备，包括大量一线经验，非常适合财务数据分析初学者深入学习。同时，有经验的专业人士也可通过本书进一步提升自己的数据分析技能。此外，本书还可作为高等院校、高职高专或中职学校的商务数据分析教材。

本书作者与鸣谢

本书的两位作者均为在财务领域深耕多年的从业人员，在财务领域及 Excel 应用上具有相当丰富的经验，在写作本书时，他们不仅提供了很多令人耳目一新的分析方法，还提供了大量的企业实战案例，使得本书不仅理论扎实，而且在实践方面也充分展现了其独特价值。

鉴于编者能力有限，以及成书时间紧迫，本书难免存在疏漏之处，敬请读者理解并不吝指正。请将你的反馈发送至 booksaga@163.com，编者将尽力回复。

作　者

2024 年 1 月

目 录

第 1 章

财务数据分析基础

　　财务数据分析是系统性的过程，需要通过收集、整理、分析财务数据和信息，深入了解企业经济状况，为企业经营管理者提供决策支撑和建议。这种分析涵盖诸如资产、负债、收入、支出、利润、现金流等方面的数据，以便透视企业的偿债能力、运营能力和盈利能力。财务数据分析的目标是帮助企业（公司）管理层更好地理解企业的财务健康状况，识别潜在的问题或机会，并作出明智的决策。

　　要学好财务数据分析，首先需要理解数据分析在财务管理中的作用。财务数据分析是为了更好地了解公司的财务健康状况，从而支持决策制定和业务管理。其基本流程包括数据收集、整理、分析和解释，这需要系统性的方法和工具。此外，财务数据分析需要掌握特定的思维方式并熟悉各种分析方法。

1.1　财务数据分析概述

　　俗话说，万丈高楼平地起。要学好财务数据分析，我们应该掌握一些重要的基本知识。本节将深入讲解数据分析在财务管理中的作用与财务数据分析的基本流程。

1.1.1　数据分析在财务管理中的作用

什么是财务管理？财务管理是企业管理的一个关键组成部分，旨在实现特定的目标，包括投资、融资、运营和利润分配。它遵循法规和财务管理规范，综合考虑企业的财务活动，以处理财务关系。简而言之，财务管理是组织企业的财务活动和管理财务关系的一项经济管理工作。这个活动是基于数据的管理，通过数据分析来作出决策和判断的。在企业中，财务数据占据着重要地位，因为它涵盖了广泛的领域。一般来说，企业的财务报表数量众多，可能高达数十张，涉及的领域也非常广泛，例如营销数据、采购数据、资产数据、成本数据、利润数据、现金流数据、质量数据、制造费用、管理费用数据等。财务数据记录了企业经营的各个方面，反映了整个企业的运营状况。事实上，所有的经营活动都会在财务数据中留下痕迹，这就凸显了财务管理的重要性。

那么，财务管理中的数据分析有什么作用呢？当我们拥有数据时，如果仅仅进行统计和汇总，并不能算是真正的分析，因为这并没有揭示数据本身的内在含义。换句话说，对数据进行纯粹的数学运算并不能被称作分析。

对于数据分析者来说，数据是一种财富，但如果不对数据进行深入分析、经营、处理和萃取，那么这些数据就没有实现它们的真正价值。要进行数据分析，首先需要明确分析的目的，这样可以更突出地体现数据分析的价值。数据分析的目的一般可以归结为4个方面，即发现问题、找出机会、预测未来和优化决策，如图1-1所示。

图 1-1

对于财务数据分析而言，其目的不仅仅是简单的统计，而是以财务活动为主要载体，对财务数据进行筛选、甄别和深度分析，以实现这4个分析目标。最终，企业管理者通过对财务数据的分析结果来作出判断和决策，以最终实现优化企业经营的目标。由此可见，财务数据分析不仅仅是一种纯粹的数据处理，更是创造价值的重要工具。

1.1.2　财务数据分析的基本流程

财务数据分析的基本流程包括5个步骤，如图1-2所示。

图 1-2

1. 分析设计

分析目的：发现问题、找出机会、优化决策、预测未来。

2. 数据采集

数据采集的渠道通常有以下两个。

（1）系统导出：一般是ERP，财务管理系统，例如用友、金蝶、SAP等。
（2）手工收集：内部单位提供，一般是按模板提交。

3. 数据处理

　　数据规范：对不规范、不标准、不正确、不完善的数据进行处理。如果数据本身存在错误，那么即使采用最先进的数据分析方法，得到的结果也是错误的，不具备任何参考价值，甚至还会误导决策，因此进行数据分析时，首先必须对数据进行规范化。

　　数据分类：数据分类是数据分析不可或缺的一环，它包括必要的汇总和统计工作。如果不进行分类，就会面临每一条数据都具有独特特征的情况，需要对之逐一分析，这不仅效率极低，还难以捕捉关键信息，从而导致汇报的质量和效果大打折扣。在企业分析报告中，受众希望首先获得整体情况的概览，然后对问题领域进行深入展开，最终由决策者进行评估和决策。与其一开始就陷入细枝末节的细节，不如采用金字塔思维的方式，将结论置于首要位置，因此数据分类显得尤为关键。数据分类需要根据不同的分析要求进行分类，例如：商品利润数据，可以分为盈利能力优、良、中、差，便于做商品的取舍、排产、换代等；销售数据，可分类量大、一般、较低，便于出台不同的营销策略；销售人员，可分为初级、中级、高级等，便于做团队梯队管理。

4. 数据分析

　　分析方法：常用的分析方法包括6B法（同比、环比、类比、均比、占比、基比）、结构法、象限法、趋势法、雷达法、阶梯法、回归法等。我们应该以目的为导向，根据不同的分析诉求来选择不同的分析方法。

　　统计计算：可以使用函数、透视表、VBA等来进行统计计算。具体选用哪种应根据自身情况而定。

　　数据呈现：常用的数据呈现方式包括表格呈现和可视化图表呈现两种方式。当然，笔者推荐可视化图表呈现，因为图表更直观、更具有亲和力。

　　分析结论：分析最后要给出的结论，如问题在哪里、机会在哪里、未来会怎样、哪个方案更优等。

5．数据报告

总体概述：描述整体情况，给出整体结论。

版块分析：对存在问题和机会的部分数据，分版块进行详细讲解，并尽量采用表格或图表来呈现。

分析结论：对数据结果进行定论，要与分析目的进行呼应，尽量不要简单地进行报告。

建议方案：建议方案包括行动计划、目标、人物、时间等因素。

> **提示** 以上给出了数据分析的流程框架。然而，数据分析的流程并非一成不变，在实际工作中应当根据具体情况来灵活改动。

1.2 财务数据分析的思维与方法

要对数据进行分析，必须先懂得分析思维和方法。无论在哪个领域，只要具备了分析思维，掌握了分析方法，再融入该领域的专业指标和业务逻辑，分析起数据就会得心应手。财务数据分析也不例外，分析师首先应该了解其思维与方法。思维是分析师的思考方式，包括问题的提出、分析的方向和目标的设定，它引导着整个分析过程。方法则是具体的工具和技术，如结构分析、趋势分析、回归分析、漏斗分析等，用来处理数据和揭示潜在的信息，发现问题，找到机会。思维指导着方法的选择，帮助分析师确定哪种方法最适合解决特定问题。同时，方法的应用也可以反馈到思维中，帮助分析师更好地理解数据，进一步优化问题定义。总之，分析思维和方法都是为分析目的服务的，分析目的又是为企业运营和管理服务的。

1.2.1 财务数据分析的思维

财务数据分析的思维以明确的目标为核心，始终注重结果的导向，借助创新思维作为依托，而数据事实则一直是分析的坚实基础。

1．以目的为中心

数据分析的四大目的在前面已经讲解过了，即发现问题、找出机会、预测未来和优化决策。这里不再赘述。

2．以结果为导向

数据分析的重点是将目的置于核心地位，审视分析过程和分析结果是否满足分析目的，是否发现了问题，是否找出了机会，是否在预测未来结果，是否可以优化决策。也就是说，我们在分析过程中，应该询问自己是否已经可以满足目的的需要，用目的来审视结果，这就是以目的为导向。总结来说，以结果为导向的思维方式在数据分析过程中至关重要，它是一种"产出式"的思维，也是一种对数据分析做"投入产出检核"的思维。如果是没有目的的分析，那么就是一种为了分析而分析的做法，是一种"应付式"的分析。

3．以创新为依托

财务数据是企业的命脉数据,其数据分析必须具有深度和广度,否则可能会导致错失良机、包庇风险、诱导错误决策等不良后果。通常数据分析主要关注同比、环比、对比等数据,其分析方法相对简单,也容易理解,也是企业中数据分析最常见的分析方法。但财务数据分析也仅限于此,缺乏高度和前瞻性,维度相对狭窄,分析者的思考深度也不足。同比、环比、对比这种分析不是不好,不是不对,也不是不重要,而是对于专业的财务人员来说,这些分析方法没有创新性,容易让受众觉得不够深入,也会降低财务人员的自身价值。这是因为企业中财务数据是非常"丰满"的,非财务人员对财务人员的数据分析专业性期待也是最高的。因此,在进行财务数据分析时,必须引入具有创新性的指标和方法,提升财务人员数据分析的专业性与认知高度。

在数据分析中,量、价、额是基本元素,差异和差异率在分析过程中高频出现,因此我们合并派生出了量、价、额、差、率这五大元素,从这五大元素入手,不断进行组合,不断进行延伸性研究和分析,就可以创新分析思路,创新分析方法。这五大分析元素如图1-3所示。

图 1-3

- 量:主要值销量、采购量、产量等,其单位为:个、斤、千克(公斤)、台、件、吨等。例如销售量为 5000 台,采购量为 800 吨等。
- 价:就是指价格,其单位为元/kg、元/件、元/台等,例如西红柿的价格为 15 元/kg,毛衣的价格为 500 元/件等。
- 额:即量与价的乘积,其单位为元、欧元、美元等,例如今年的销售额高达 800 亿美元。
- 差:就是指量差、价差、利润等,其单位随着分析的基本元素而定。
- 率:就是变化率,如同比,环比,占比等。

这五大元素的引入为我们开启了创新性指标的探索之门。我们从这些元素出发,发现它们之间可以自由组合,从而创造出全新的指标。

在企业财务数据分析中,我们经常看到对销售量、销售额的分析,但是这样的分析有一定的价值,针对不同的应用环境,我们要做变化,要做指标的创新,才能真正体现分析的价值,以及财务人员自身的价值。

【案例】YK公司的产品的产能受限，现在要上一些新品，不得做产能分配调整，公司需要财务给出专业性的意见和建议，其销售额数据如表1-1与表1-2所示，其中表1-1是未排序的状态，而表1-2是排序后的状态。

表 1-1　未排序的状态

产品系列	销售额
产品1	66
产品2	47
产品3	69
产品4	54
产品5	8
产品6	28
产品7	26
产品8	12
产品9	35

表 1-2　排序后的状态

产品系列	销售额
产品3	69
产品1	66
产品4	54
产品2	47
产品9	35
产品6	28
产品7	26
产品8	12
产品5	8

如果我们简单地对销售额进行排序，就会得到这样的结果。根据此结果，我们就会认为产品5、6、7、8没有价值，将其停产。

这样的分析确实在企业财务数据分析中比较常见，也比较普通。但是，我们作为财务人员，不能这样简单判断，也不能只看一个维度，这样有失专业水准。为了提升财务人员的数据分析能力，必须提高自身认知，拓展分析思维，创新分析维度，哪怕只是创新了一两个分析指标，对企业决策层提供了数据决策依据，也能充分体现出我们的专业价值。前文中讲了量、价、额、差、率这5个元素，很多人通常都对量进行单维度的分析，例如销售量同比分析、销售量趋势分析，但我们可以更加深入，考虑一下量价结合、量率、额率的可能性，如表1-3所示。

表 1-3　考虑量价结合、量率、额率的可能性

矩阵	量	价	额	差	率
量	○	○			
价		○			○
额			○	○	
差					
率					

就本例而言，我们可以从销售额、利润率两个维度进行考虑，进行额率定位分析，如图1-4所示。

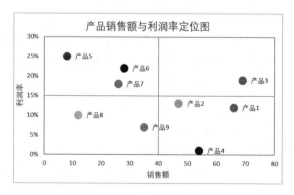

图 1-4

根据图1-4可以看到，如果只对销售额这个维度进行分析和判断，把销售少的停产，那么就会选择产品5、产品6、产品7、产品8等产品。但是，从增加利润率这个维度来看，我们的选择就会发生变化，可以选择产品8、产品9、产品4，为什么呢？原因如下：

- 产品 8：销售额较少，利润率也不高，这样的产品很难有突破。
- 产品 9：销售额还算可以，但是利润率比较低。
- 产品 4：销售额很大，但是利润几乎为零，这样的产品就是"赔本赚吆喝"的。

因此，不同的分析方法决定了不同的选择结果，不同的思维模式决定了我们的分析高度，不同的元素组合方式决定了我们的分析方法。要想突破，那就不能做"点型思维"，不能只看当前；也不能只做"线性思维"，只做历史演变分析、趋势，而是要突破点、线思维，向面、体的高度攀登，进行"立体思维"，这可以使我们能够提供更富创意和洞察力的分析结果。

4．以事实为依据

财务数据在整个企业运作中扮演着至关重要的角色，因为财务数据是最真实可信的信息来源。在公司的各个部门中，财务部门是一个始终坚守真实原则的部门，不会随意操纵数据。这意味着，尽管销售人员可能会给出非常乐观的销售预测，但财务分析人员通过对去年的销售数据对比分析，以及历年的销售量趋势分析，就能够评估销售预测的可信度。

由于"财务不能讲假话，会计不能做假账"，因此财务数据具有权威性，财务数据通常被视为决策的可靠依据。在企业中，无论是利润情况、销售状况还是资金状况，都需要由财务部门进行检验和审核，这就确保了数据的可信度和企业决策的合理性。同时，这也是决策层高度信任财务数据的原因。

1.2.2　财务数据分析的方法

在数据分析的方法层面，一旦我们建立了适当的财务数据分析指标体系，例如现金流分析、利润率分析、销售结构分析、资产负债分析等，接下来就需要运用数据分析思维来进行一系列操作，包括指标之间的对比、变化趋势的演变分析、未来趋势的预测分析，以及不同指标之间的组合分析等。这些分析方法可以帮助我们更深入地理解数据，揭示潜在的关联和趋势，从而为决策制定和问题解决提供有力的支持。

1．对比思维

对比思维是一种基本的分析思维，通过做不同时间段、不同产品或不同公司的数据对比分析，可以揭示出差异和相似之处。这包括同比（与去年同期比较）、环比（与上一个周期比较）、类比（与类似产品比较）、均比（与平均值比较）以及基比（与基准值比较）等不同的对比方式，从而帮助我们识别出关键的趋势和问题。

经典思考模式：A与B有什么差异？如图1-5所示。

2．结构思维

结构思维关注个体因素对整体结果的影响程度。在财务数据分析中，可以通过分析各个因素对财务状况的影响程度是多少，以了解哪些因素对业绩的贡献最大或存在潜在的风险。

经典思考模式：A、B、C、D各自对财务状况的影响程度是多少？如图1-6所示。

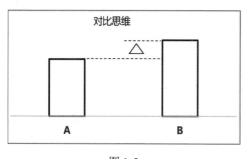

图1-5

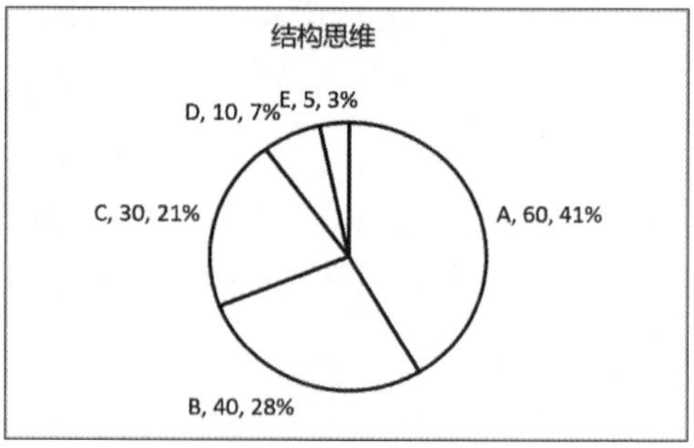

图1-6

3．排序思维

排序思维帮助我们确定各种因素的优先级，找出哪个因素最重要，哪个可能需要更多的关注和改进。通过对各种指标或因素进行排序，可以确定最好和最差的表现，以及存在最大问题的领域。

经典思考模式：A、B、C、D、E、F、G哪个最好，哪个最差，哪个存在的问题最大？如图1-7所示。

4．步进思维（阶梯图）

步进图是一种用于追踪数据演变的方法，它帮助我们了解从一个时间点到另一个时间点发生了什么变化。在财务数据分析中，可以使用步进思维来解析不同期间的财务状况，以便更好地理解变化趋势。

经典思考模式：A点到B点到底发生了什么，是如何演变的？如图1-8所示。

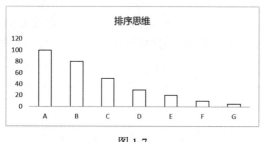

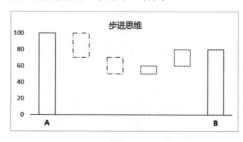

图1-7

图1-8

5．趋势思维

趋势思维关注数据的未来发展趋势。通过分析历史数据，可以尝试预测未来的可能发展情况，从而为决策提供更长远的视角。趋势预测的结果不一定是必然的，但它是一个高概率事件。

经典思考模式：A点到B点已经发生了，C点可能会怎样？如图1-9所示。

6．二维思维（象限思维）

二维思维（象限思维）是将数据划分成4个象限，帮助我们进行分类，确定优先选择考虑的象限。在财务分析中，二维思维（象限思维）有广泛的应用，比如可以将不同产品或项目划分到不同象限，以确定应该专注于哪些领域。

经典思考模式：哪些象限是合适的，哪些象限是不合适的？如图1-10所示。

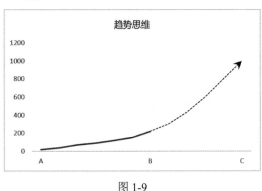

图 1-9

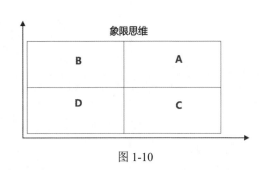

图 1-10

7. 雷达思维

雷达图以一个中心点为基准，通过在中心点周围绘制多个数据点并进行连接，从而呈现多个变量或维度的数据分布。雷达思维就是利用一种或多种产品数据在多个分析维度上的表现来进行对比分析，雷达思维帮助我们识别影响结果的多种原因以及每种原因的影响程度。这种思维方式可以帮助我们全面了解复杂的影响因素。

经典思考模式：影响结果有多少种原因，每种原因的影响度是多少？如图1-11所示。

8. 漏斗思维

漏斗图是一种以数据流程、转化率为基础，进行漏斗形呈现的图表类型，漏斗数据从上到下是一种不可逆的转化过程。比如，进店100人，询价60人，加入购物车40人，成交20人，回头客10人，数据从100到10，是从大到小的过程，是不可逆的过程。漏斗思维就是通过逐一分析流程中各阶段的变化情况，帮助我们理解每个环节较上一个环节或初始环节的影响结果。

经典思考模式：每个环节的转化率是如何收敛的？如图1-12所示。

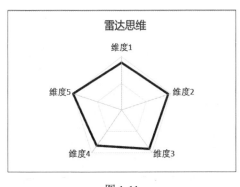

图 1-11

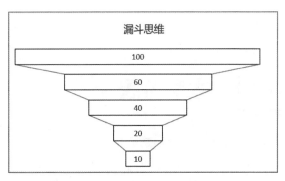

图 1-12

9. 相关性思维

相关性思维关注不同变量之间的关系，通过分析变量之间的相关性，可以揭示出潜在的因果关系或趋势。

经典思考模式：A增加了，B可能会增加吗？相关度有多高？是正相关还是负相关？如图1-13所示。

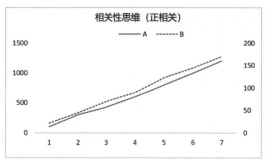 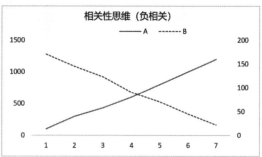

图 1-13

10．回归思维

回归思维用于预测一个变量如何受到其他变量的影响。在财务数据分析中，可以使用回归分析来了解某个财务指标如何受到其他因素的影响，从而预测未来的趋势。

经典思考模式： X变化了，Y一定会变化，Y会变成多少？如图1-14所示。

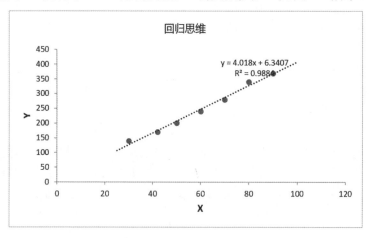

图 1-14

1.3 本章习题

（1）数据分析的目的是什么？

（2）财务数据分析的基本流程是什么？

（3）数据分析的 5 大元素是什么？

（4）尝试利用分析的 5 大元素构建 5 个创新性财务分析的指标。

（5）常用的数据分析方法有多少种？请写出 5 种，并描绘出大概图形。

第 2 章

财务数据采集、清洗和处理

财务数据处理包括数据采集、建立数据表、数据审查、数据预处理4个步骤，是确保企业财务信息准确、可靠的关键过程。通过这一过程，企业能够获得完整的数据，并对其进行整理、审查和加工，为财务分析、预算编制和战略决策提供可信的支持，此外准确、完整的财务数据也能增强企业的透明度和信誉。

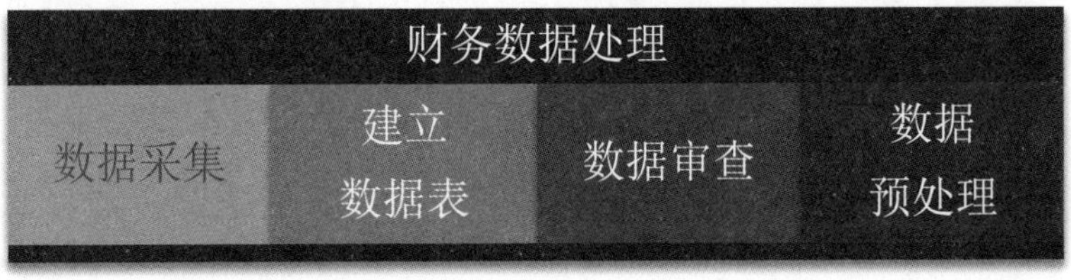

财务数据处理			
数据采集	建立数据表	数据审查	数据预处理

2.1 数据采集

财务数据的处理和分析不仅需要数据，还需要准确的数据。如果缺乏数据，处理也就无从谈起；而如果数据存在错误或缺失，则将导致数据的结果失真甚至无效，企业基于错误的处理结果作出的决策也必然是错误的。因此，财务数据的采集必须始终保持真实性和有效性，尤其对于财务决策来说，这是非常重要的。

数据采集通常有两种方法，即手工采集和软件采集，下面分别进行介绍。

2.1.1 手工采集数据的方法

目前，常见的财务管理软件种类繁多，如SAP、用友、金蝶等，同时很多公司也在使用个性化定制的财务系统软件。通过这些软件，我们能够方便地导出财务数据进行处理。常见的财务数据包括销售数据、现金流、资产数据、交付数据、付款数据、收款数据、利润数据、费用报销数据等，这些数据均可以从这些软件中导出，如图2-1所示。

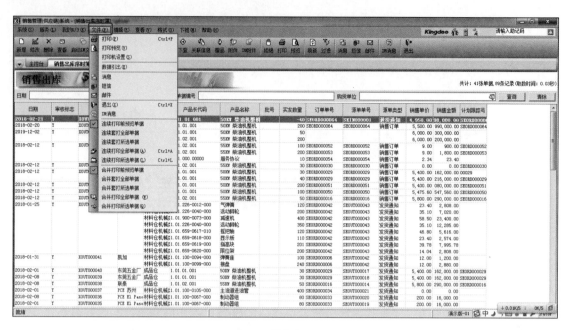

图 2-1

虽然每个财务软件的操作界面不一样，但导出数据的操作都是大同小异的。大多数财务软件都可以在"文件"或"数据"菜单中进行导出。

2.1.2　软件采集数据的方法

随着目前管理水平的不断提高，公司整体的管理方式也在持续变化。有时，我们购买或定制的财务软件可能已经过时，不能满足当前的需求。因此，我们可能需要采取手工方式来收集数据。在手工采集数据时，为了确保数据的准确性和高效性，最好采用固定的数据模板。只有这样，我们采集的数据才能保证一致性、准确性和有效性。

以库存盘点为例，我们要考虑到库存零件的代号、名称、上月结存数量、本月入库数量等因素，这样设计出来的库存盘点表模板如表2-1所示。

表 2-1　库存盘点表模板

零件号	名称	上月结存	本月入库	发货数量	期末库存	实际盘存数量	差异数量

在进行数据录入时，我们需要确定一个固定的格式，明确哪些数据必须填写，哪些可以留空。例如，我们可以在填写库存盘点时商定，上月结存和本月入库无须填写，而根据实际盘存数量来计算本月库存。另外，在填写的过程中必须注意不要漏填，不要出错，也不要输入无效的数据。

2.2 建立数据表

数据表是将数据组织起来进行分析研究的工具。在采集到财务数据之前，首先要建立合理的数据表，然后输入数据并修正不正确的数据格式。下面分别进行讲解。

2.2.1 为数据命名

为数据命名，也就是为每列数据的标题（字段名）起一个合适的名称。命名不规范会导致后续统计混乱。为数据命名要遵循下面两个原则：

1．言简意赅

例如某车间的生产数据报表，原本的设计如表2-2所示。

表 2-2　某车间的生产数据报表

车间工序名称	生产日期	一车间生产领料件数	一车间工废件数	一车间料废件数	车间进入公司仓库成品入库数量	车间进入公司仓库成品入库金额

简化以后如表2-3所示。

表 2-3　某车间的生产数据简化报表

工序	日期	领料件数	车间工废量	车间料废量	成品入库数	成品金额

可以看到，简化后的表头显得更加简洁，特别是原本两行的表头简化为一行以后，行高与其他数据行的行高一致，让整个表格更加美观了。

2．使用标准术语

在设计数据表时，使用标准术语非常重要。标准术语使得数据表的设计更加规范和统一，有助于团队成员理解和交流，提高数据的可维护性，保持数据的一致性和准确性，促进不同系统之间的数据集成。因此，使用标准术语是确保数据表有效运作和数据管理的关键措施。

在选择术语时，如果有行业通用的术语就首选行业通用的术语，如果企业内部有通用的术语也可以使用。必要时带上单位进行区分，避免量、价、额等元素出现混淆。

2.2.2 正确设置数据类型

在Excel中，数据主要存在4种基本类型：数值、日期、文本和逻辑。通常情况下，数据的类型由用户输入的内容自动确定。然而，有时Excel自动确定的类型可能并不符合我们的需要。

如果数据类型不正确，就会导致显示混乱或统计错误，可能会误导决策者的判断。为了解决这个问题，我们可以在单元格格式中修改数据的类型，确保数据正确显示和处理。

1．数值

数值类型是指所有代表数量的数据形式，通常由数字0~9以及正号（+）、负号（−）、小数点（.）、百分号（%）、千位分隔符（,）、货币符号（$、¥）、指数符号（E或e）以及分数符号（/）等组成。在数据处理和分析中，数值类型的数据非常常见且重要，用于表示各种数量、度量和统计指标。

2．文本

文本通常由字母、汉字、空格、数字及其他字符组成。例如，"张三""Hello""A1234"等都属于文本型数据。与数值数据不同，文本型数据不能用于数值计算，但可以进行连接运算。连接运算使用符号"&"，它可以将若干文本首尾相连，形成一个新的文本。

举例来说，在A1单元格输入"Excel"，在B1单元格输入"爱好者"，然后在C1单元格输入"=A1&B1"。这样，C1单元格的结果将是"Excel爱好者"。连接运算符"&"将A1和B1单元格中的文本链接在一起，形成新的文本"Excel爱好者"。

3．时间和日期

在Excel中，时间和日期以一种数值形式存储，这种数值形式被称为"序列值"。序列值的数值范围为1～2958465的整数，分别对应1900年1月1日到9999年12月31日。举例来说，2011年11月11日对应的序列值是40858。

日期通常以"年-月-日"的格式表示，例如2011-01-05；时间以"时:分:秒"的格式表示，例如15:09:36。通过这样的格式化，我们可以更直观地阅读和理解日期和时间数据。

4．逻辑

在Excel中，逻辑型数据仅有两个取值：一个为TRUE，表示真；另一个为FALSE，表示假。例如，在A1单元格输入1，并在C1单元格输入公式"=A1＞0"，则会返回TRUE（真）；若将A1单元格的数值改为-1，则将返回FALSE（假）。

当逻辑值进行四则运算或与数值进行运算时，TRUE的作用等同于1，而FALSE的作用等同于0。例如，FALSE乘以FALSE等于0，TRUE减去1等于0。

通常，一个表格基本上都会用到数值和文本类型的数据，大部分时候会用到日期和时间类型的数据，有时候也会用到逻辑类型的数据，如表2-4所示。

表 2-4　一个表格示例

工序	日期	生产领件数	车间工废量	车间料废量	成品入库数	成品入库额	是否异常
车削	2023/1/1	50	2	1	47	2,700	FALSE
钻孔	2023/1/2	45	2	2	31	2,700	TRUE
打磨	2023/1/3	60	2	3	55	2,700	FALSE

提示　当数据从财务软件中导出后，可能其类型并不符合我们的需要，此时应对数据格式、类型进行规范，避免出错。

2.2.3　正确输入数据

正确输入数据的重要性不可低估，只有正确的数据才能产生有意义的分析结果，节省时间和资源。尤其是在手工输入数据时，更是要注意数据的正确性。

1．避免空格

有时候，不小心输入的空格会影响数据的统计，但因为空格往往不会显示，所以难以发现。比如表2-5中，左侧表格中共有3个"衬衣"项，共有150件衬衣。但在第一个"衬衣"单元格中，输入者不小心在"衬衣"后添加了一个空格，导致右侧表格统计的衬衣数量出现了错误。

表2-5　避免空格示例

产品类别	销售数量
衬衣	50
西裤	50
衬衣	50
西裤	50
衬衣	50

产品类别	合计数量
衬衣	100

2．避免格式不规范

在手工输入数据时，多个输入者可能会有不同的输入习惯，尤其是在输入日期和时间时，这种现象更为明显。如表2-6所示，左侧表格为多种不规范的日期格式，右侧表格为规范后的统一格式。

3．避免科学记数法

在输入较长的纯数字信息时，Excel往往会自动将其设置为科学记数法。比如输入身份证号或快递单号的时候，容易出现这种情况，此时只要使用分列法将单元格设置为"文本"格式即可正常显示，如表2-7所示。

表2-6　避免格式不规范

日期
2023.1.1
2023/1/2
2023 1 3

日期
2023/1/1
2023/1/2
2023/1/3

表2-7　避免科学记数法

单号
2.02303E+12
2.02303E+12
2.02303E+12
2.02303E+12

单号
2023033200001
2023033200002
2023033200003
2023033200004

2.2.4　格式化数据表

通常，在数据采集的模板设计中，我们会根据数据的类型和显示要求来定义格式。然而，当导出数据时，往往会出现格式不规范的情况。这可能是由于不同系统之间的数据转换，或者导出过程中的错误设置，导致数据的格式与预期不符。这样的情况可能会影响数据的可读性和可用性，增加了数据处理和分析的难度。因此，在导出数据后，我们要仔细检查和验证数据的格式，确保数据的规范和一致性。

例如，某眼镜店的财务数据表，就存在单号、销售日期、产品成本、销售收入数据格式不规范等情况，如表2-8所示。

表 2-8　某眼镜店的财务数据表

单号	销售日期	产品名称	成本价（元/副）	销售价（元/副）	销售数量（副）	产品成本（元）	销售收入（元）	销售员
2.02303E+12	44927	墨镜	200	300	50	10000	15000	李**
2.02303E+12	44928	太阳镜	150	280	60	9000	16800	李**
2.02303E+12	44929	老花镜	200	350	70	14000	24500	李**
2.02303E+12	44930	滑雪镜	100	200	50	5000	10000	王**
2.02303E+12	44931	太阳镜	150	280	60	9000	16800	王**
2.02303E+12	44932	墨镜	200	300	70	14000	21000	柯**
2.02303E+12	44933	老花镜	200	350	50	10000	17500	王**
2.02303E+12	44934	滑雪镜	100	200	60	6000	12000	柯**
2.02303E+12	44935	老花镜	200	350	70	14000	24500	王**
2.02303E+12	44936	太阳镜	150	280	50	7500	14000	王**

在经过格式化后，以上错误都得到了纠正，如表2-9所示。

表 2-9　格式化后的某眼镜店的财务数据表

单号	销售日期	产品名称	成本价（元/副）	销售价（元/副）	销售数量（副）	产品成本（元）	销售收入（元）	销售员
2023033200001	1/1/2023	墨镜	200	300	50	10,000	15,000	李**
2023033200002	1/2/2023	太阳镜	150	280	60	9,000	16,800	李**
2023033200003	1/3/2023	老花镜	200	350	70	14,000	24,500	李**
2023033200004	1/4/2023	滑雪镜	100	200	50	5,000	10,000	王**
2023033200005	1/5/2023	太阳镜	150	280	60	9,000	16,800	王**
2023033200006	1/6/2023	墨镜	200	300	70	14,000	21,000	柯**
2023033200007	1/7/2023	老花镜	200	350	50	10,000	17,500	王**
2023033200008	1/8/2023	滑雪镜	100	200	60	6,000	12,000	柯**
2023033200009	1/9/2023	老花镜	200	350	70	14,000	24,500	王**
2023033200010	1/10/2023	太阳镜	150	280	50	7,500	14,000	王**

总之，在数据录入的过程中，一定要牢记"录入要规范，录后要检查"，尽量把数据错误消灭在整个数据分析过程的初始阶段。

2.2.5　上机实战：制作销售费用流水账明细表

【案例】在实际工作中，常常会出现销售人员填报业务招待费、会议费、水电费等费用的情况。在制作相应的报销表格时，我们需要考虑多个问题。首先，项目名称需要尽可能规范，以避免销售员在输入时出现错误。为此，我们可以采用下拉菜单的方式，以确保输入的准确性。其次，金额字段需要在表格设计阶段就给予格式限定，例如千位分隔样式，这是财务上常用的格式。另外，日期和月份字段也需要设置输入格式，以便于未来的统计工作。同时，为了方便一目了然地了解总金额，我们可以在表格中加入一个合计金额字段。此外，还可以记录制表人的信息，以便追溯和核对。通过综合考虑和设计这些字段，可以使报销表格更规范、准确，并为后续的统计和审查提供便利，如表2-10所示。

表 2-10　销售费用流水账明细表

销售费用流水账明细表						
制表人：某某			合计金额：	30,217		
序号	项目名称	事项说明	经办人	金额（元）	发生日期	月份
6	咨询费	成都武侯祠拆迁项目咨询	马林	800	2/11/2023	2
办公用品		成都分公司房租水电	孙吴	120	2/19/2023	2
会议费		产品第三方仓储费用	刘兰	2,600	2/27/2023	2
宣传费		成都双流机场广告宣传	林玲	5,000	3/7/2023	3
房屋租赁费		与地铁开发项目组交流	冯科	2,400	3/15/2023	3
水电费		成都分公司房租水电	科倩	110	3/23/2023	3
咨询费		成都分公司季度房屋租赁费	紫林	3,000	3/31/2023	3
仓储费用						
其他						

下面我们就来练习制作这样的一个流水账明细表。打开附赠文档"第2章-流水账登记表制作.xlsx"。

01 建立一张空白的新表，输入表头（为了方便，可以直接从原表中复制过去）并调整间距，如图2-2所示。

图 2-2

> **提示**　注意上面留两行用于输入表名和合计金额等信息。

02 接下来制作项目名称。选中"项目名称"下的第一个单元格，再单击"数据"选项卡下的"数据验证"下拉菜单中的"数据验证"选项，如图2-3所示。

图 2-3

03 打开"数据验证"对话框，在"允许"下拉菜单中选择"序列"选项，并单击"来源"文本框右侧的向上箭头，如图2-4所示。

04 此时"数据验证"对话框会缩小。切换到"汇总"表，选择"项目名称"下的所有项目，选择后"数据验证"对话框中会出现相应的选择结果，然后单击"数据验证"对话框右侧的向下箭头，如图2-5所示。

图 2-4

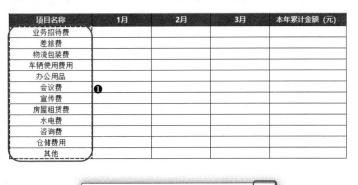

图 2-5

05 "数据验证"对话框恢复原状后，单击"确定"按钮，如图2-6所示。

图 2-6

06 可以看到"项目名称"下面的单元格右侧有一个下拉按钮，单击该按钮时，会展开一个下拉菜单供用户选择。这种设计可以规范用户输入的项目名称，避免出现意义相同但表述不同的项目名称，如图2-7所示。

序号	项目名称	事项说明	经办人	金额（元）	发生日期	月份
	业务招待费					
	差旅费					
	物流包装费					
	车辆使用费用					
	办公用品					
	会议费					
	宣传费					
	房屋租赁费					

图 2-7

07 接下来，我们把"金额"列设置为常用的财务格式，即千位分隔样式。选中整个"金额"列，右击，在弹出的菜单中选择"设置单元格格式"选项，如图2-8所示。

图 2-8

08 在弹出的对话框中选择"会计专用"选项，将"小数位数"设置为2，将"货币符号（国家/地区）"设置为"无"，然后单击"确定"按钮，如图2-9所示。

图 2-9

09 设置完毕后，进行验证。在"金额"列的单元格中输入一个超过1000的数字，可以看到数字被自动格式化为包含两位小数，并在千分位上添加了分隔符，如图2-10所示。

序号	项目名称	事项说明	经办人	金额（元）	发生日期	月份
				5,000.00		

图 2-10

10 接下来，要在"月份"列设置公式，根据"发生日期"列中的日期来自动计算出月份。首先，在"发生日期"列下的G4单元格中输入一个日期。然后，在"月份"列下的H4单元格中输入公式：=MONTH(G4)，如图2-11所示。

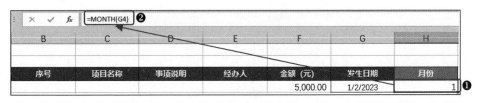

图 2-11

11 接下来调整一下样式。首先整体将字体大小设置为10号，然后为内容添加序号，并为表格添加边框，同时移除原有的网格线。随后输入表格名称以及制表人信息，如图2-12所示。

12 接下来在F2单元格输入公式：=SUM(F4:F1999)，用以统计"金额"列从F4到F1999的总金额，如图2-13所示。

提示 这里为什么要把统计范围设置到 F1999 单元格？这是因为无法预知这个明细表在使用中会增加到多少行，因此先将其统计范围设置得广一些，以免因行数增加而导致的统计错误。

B	C	D	E	F	G	H
销售费用流水账明细表						
制表人：某某						
序号	项目名称	事项说明	经办人	金额（元）	发生日期	月份
1	业务招待费			5,000	2023/1/2	1
2	差旅费					1
3						1
4						1
5						1
6						1
7						1
8						1
9						1
10						1
11						1
12						1

图 2-12

=SUM(F4:F1999)

B	C	D	E	F	G	H
销售费用流水账明细表						
制表人：某某				5,000.00		
序号	项目名称	事项说明	经办人	金额（元）	发生日期	月份
1	业务招待费			5,000	2023/1/2	1
2	差旅费					1
3						1
4						1
5						1
6						1
7						1
8						1
9						1
10						1
11						1
12						1

图 2-13

13 在E2单元格输入“合计金额：”，然后输入各列数据和公式，最后得到整个明细表，如图2-14所示。

	A	B	C	D	E	F	G	H
1		销售费用流水账明细表						
2		制表人：某某			合计金额：	30,217.00		
3		序号	项目名称	事项说明	经办人	金额（元）	发生日期	月份
4		1	业务招待费	地铁研究所领导调研	李凯	3,353	2023/1/2	1
5		2	物流包装费	支付快快物流公司物流费	吴珂	4,544	2023/1/10	1
6		3	会议费	在夏威夷召开年底工作报告	王东	8,000	2023/1/18	1
7		4	水电费	成都分公司房租水电	王东	90	2023/1/26	1
8		5	办公用品	购买打印A4纸6包	刘飞	200	2023/2/3	2
9		6	咨询费	成都武侯祠拆迁项目咨询	马林	800	2023/2/11	2
10		7	水电费	成都分公司房租水电	孙吴	120	2023/2/19	2
11		8	仓储费用	产品第三方仓储费用	刘兰	2,600	2023/2/27	2
12		9	宣传费	成都双流机场广告宣传	林玲	5,000	2023/3/7	3
13		10	业务招待费	与地铁开发项目组交流	冯料	2,400	2023/3/15	3
14		11	水电费	成都分公司房租水电	科倩	110	2023/3/23	3
15		12	房屋租赁费	成都分公司季度房屋租赁费	紫林	3,000	2023/3/31	3

图 2-14

本表的制作重点就在于限制数据输入范围（“项目名称”列），以及设置数据格式（“金额”列），在实际工作中这都是常用的技能，一定要熟练掌握。

2.3 数据审查

数据审查的目的是通过筛选、排查和验证发现数据可能存在的问题，确保数据的正确性、有效性和完整性。数据审查是数据管理和分析中不可或缺的一环，它有助于保证数据质量，降低因数据问题而引发的风险和错误。筛选、排查和验证这三种方法的特点如表2-11所示。

表 2-11　数据审查要点

方法	优点	应用范畴	选择判断	备注
筛	简单、直接	对数据源规范性、标准性、数据缺漏、数据异常等进行快速检查，只需要格式对比，不需要数据对比	通常作为数据审核的第一步	
排	巧妙、简单、直接	判断数据正确性、规律性，不需要对数据进行计算的一种对比方式	分类后，按系列排查，一般采用排序来实现	
验	简单、精细化	对数据正确性、异常数据进行检查，采用数据运算、对比等方式	通常应用在数据与数据绝对值比较或差异率比较	常与筛选联用

下面简单讲解筛选、排查和验证（简称筛、排、验）这三种方法的特点。

2.3.1　筛选

数据审核中的"筛"，指的是通过对数据进行筛选，发现数据中可能存在的问题，例如#N/A、空白、空格、0、符号、字符长度不统一、字符不规范、数据异常（数据偏大、数据偏小、负值）等。这种方法的优点在于简单直接，通过简单的数据筛选，能够快速地发现数据中的异常和问题，从而可以及时进行处理和纠正。

在表格中，只需选中表头，并按Ctrl+Shift+L键，即可将表头变成筛选状态，通过单击三角形按钮，即可实现快速筛选，如表2-12所示。

表 2-12　筛选示例

序号	状态	品号	品类	数量（吨）
1	出口	C34035	大豆	445
2	内销	C34032	玉米	437
-	内销	C34068	高粱	224
-	出口	C36524	小麦	354
-	内销	C39694	大豆	133
-	出口	C39695	玉米	0
998	出口	C32541	高粱	464
999	内销	C39365	小麦	786

提示　不仅可以根据数值和文本来筛选，还可以根据单元格颜色来进行筛选。如果通过某些公式或方法将含有异常数据的单元格标注了特殊的颜色，即可通过颜色将它们筛选出来。

2.3.2　排序

数据审核中的"排"，是指利用数据的排序和规律性判断来发现是否存在错误、缺失或不符合预期的情况，从而找出数据中的异常。这种方法的优点在于它巧妙、简单且直接。通过对数据进行排序和规律性判断，我们能够快速发现数据中的潜在问题，并及时采取措施加以处理。

比如，在数据较多的表格中，我们很难一眼发现表格中的问题，如表2-13所示。

然而，通过排序可以更容易地发现问题所在。在表2-13中，我们对利润率进行排序，使之按照从大到小的顺序排列，立即就会发现产品P54261的利润率高得不正常，需要进行调查，如表2-14所示。

表 2-13 未排序示例

类别	产品型号	长度	利润率%
A类	P10356	1080	12.2
A类	P12546	1090	15.5
A类	P24523	1120	13.8
A类	P36514	1230	18.7
B类	P36524	1040	23.2
B类	P54125	1210	25.2
A类	P54261	1140	65.0
B类	P58421	1160	24.3
B类	P84526	1170	22.4
B类	P85422	1190	26.5

表 2-14 已排序示例

类别	产品型号	长度	利润率%
A类	P54261	1140	65.0
A类	P36514	1230	18.7
A类	P12546	1090	15.5
A类	P24523	1120	13.8
A类	P10356	1080	12.2
B类	P85422	1190	26.5
B类	P54125	1210	25.2
B类	P58421	1160	24.3
B类	P36524	1040	23.2
B类	P84526	1170	22.4

提示 排序法主要用于检测一系列近似数据中的异常值。然而，如果一个系列的数据本身差异很大，排序法就不再适用。

2.3.3 验证

数据审核中的"验"，是指通过数据运算（＋、－、×、÷）和统计等方法，对数据进行比对和验证，以发现数据中的异常情况，例如错误值、数据重复、数据异常等。这种方法的优点在于它巧妙、直接且有效。通过数据运算和统计分析，我们能够快速地发现数据中难以直接看出但却违反逻辑的问题，从而为数据处理和决策提供可靠的基础。

比如，某公司的应付账款应大于采购排款，如果直接列出应付账款和采购排款，恐怕通过比较难以发现是否有问题，但如果将应付账款与采购排款相减，就能一眼发现问题，如表2-15所示。

表 2-15 验证示例

公司代码	公司	应付账款	采购排款	应付账款-采购排款
N001	A公司	165	100	65.00
N002	B公司	175	120	55.00
N003	C公司	173	110	63.00
N004	D公司	182	200	-18.00
N005	E公司	168	90	78.00
N006	F公司	171	100	71.00

从表2-15可以直观地看到，D公司的应付账款小于采购排款金额，应该对D公司的数据进行审核校验。

2.3.4 上机实战：制造费用预算表审查

【案例】本案例中，我们将详细探讨制造费用预算表的审查过程，主要使用前面介绍过的筛选、排查和验证等技巧。首先打开附赠文档"第2章数据-制造费用预算表审查.xlsx"的"本年度预算"表单，其数据如表2-16所示。

1. 筛

审查预算表时，常常需要处理大量数据，因此寻找突破口变得尤为关键。一种行之有效的业务方法即为筛选，对每个月份的数据进行有针对性的筛选，比较容易发现问题所在。但筛选合计数据更容易找出问题，所以这里我们可单击"合计"列的筛选按钮，在下拉菜单中的"数字筛选"子菜单中选择"前10项"，筛选出前10项，如图2-15所示。

表 2-16 筛选示例

月份	1月	2月	3月	4月	5月	6月	7月	8月	9月	10月	11月	12月	合计
预算产量(台)	7369	7796	6365	8164	7647	7772	7647	8176	6697	8193	6429	6522	88777
直接人工工资	217	214	236	228	222	205	221	246	217	219	203	239	2,667
直接人工工资性费用	203	248	209	213	214	237	213	205	214	215	241	220	2,632
间接人工工资	236	218	245	219	241	217	214	212	231	234	236	224	2,727
间接人工工资性费用	228	249	206	236	227	248	208	239	230	217	231	202	2,721
燃料动能	183	199	151	145	215	167	198	205	153	172	176	211	2,175
水	24	24	30	32	31	20	39	21	32	34	34	33	354
电	148	163	110	101	174	131	148	172	107	123	129	163	1,669
汽	11	12	11	12	10	16	11	12	14	15	13	15	152
工装模具	722	718	664	672	732	646	703	723	640	666	692	637	8,215
工装费用	230	242	234	230	240	240	237	223	230	206	218	213	2,743
模具费用	492	476	430	442	492	406	466	500	410	460	474	424	5,472
机物料消耗	24	30	38	20	32	20	20	40	34	32	26	40	356
折旧	218	220	204	229	227	214	223	207	230	227	228	221	2,648
维修费	78	78	73	73	78	77	74	70	62	63	72	79	877
办公费	18	19	18	16	17	10	17	17	14	11	10	15	182
差旅费	20	24	24	20	31	21	24	24	37	38	22	35	320
通信费	13	12	13	13	13	14	15	15	13	14	20	17	177
内部培调费	20	17	13	19	15	20	19	15	19	13	18	18	206
其他	17	20	20	14	16	16	14	16	13	18	14	16	194
合计（千元）	3,986	4,112	3,825	3,835	4,131	3,832	3,920	4,064	3,792	3,862	3,968	3,907	47,234

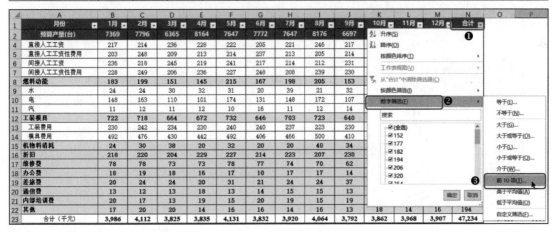

图 2-15

提示 如果"月份"行没有出现下拉按钮，可以先选中"月份"，然后单击"数据"选项卡下的"筛选"按钮，即可让"月份"行出现下拉按钮。

筛选后的结果如表2-17所示。

表 2-17 筛选后的结果

月份	1月	2月	3月	4月	5月	6月	7月	8月	9月	10月	11月	12月	合计
预算产量(台)	7369	7796	6365	8164	7647	7772	7647	8176	6697	8193	6429	6522	88777
直接人工工资	217	214	236	228	222	205	221	246	217	219	203	239	2,667
间接人工工资	236	218	245	219	241	217	214	212	231	234	236	224	2,727
间接人工工资性费用	228	249	206	236	227	248	208	239	230	217	231	202	2,721
工装模具	722	718	664	672	732	646	703	723	640	666	692	637	8,215
工装费用	230	242	234	230	240	240	237	223	230	218	213	2,743
模具费用	492	476	430	442	492	406	466	500	410	460	474	424	5,472
折旧	218	220	204	229	227	214	223	207	230	227	228	221	2,648
合计（千元）	3,986	4,112	3,825	3,835	4,131	3,832	3,920	4,064	3,792	3,862	3,968	3,907	47,234

在表2-17中可以看到一些令人困惑的数据，例如直接人工工资260多万元，而间接人工工资约为270万元，这种情况是不正常的。这些异常的开支需要进一步进行审查，因为可能存在计算

误差或其他工作流程上的隐患。同理，我们可以运用行业经验对其他费用进行更为准确的评估和判断。

提示 筛选的方法还有很多，比如设定金额门槛，如大于 100 万元或 200 万元等，这需要根据具体的情况而定。比如某车间的每月损耗材料一般不会高于 100 立方米，那么我们就可以把 100 立方米设置为一个门槛进行筛选。

2．排

第二种方法就是排序，通过排序找到过高或者过低的异常数据。比如在本案例中，我们可以对合计（第23行）进行排序。选中B列到M列（即1月到12月的数据），单击"数据"选项卡下的"排序"按钮，在弹出的"排序"对话框中单击"选项"按钮，弹出"排序选项"对话框，选择"按行排序"单选按钮，并单击"确定"按钮，如图2-16所示。

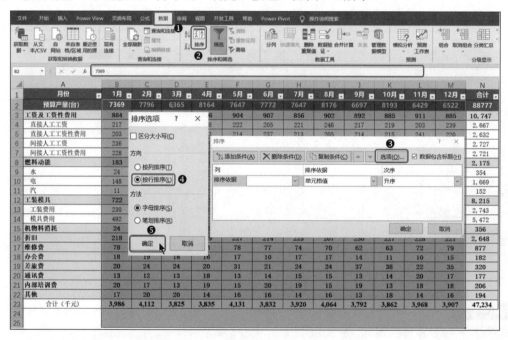

图 2-16

可以看到，"排序"对话框的排序条件变成了"行"，然后在"排序依据"下拉菜单中选择"行23"选项，并单击"确定"按钮，如图2-17所示。

图 2-17

第23行"合计"的数据即可按照从小到大的顺序进行排列，如表2-18所示。

表2-18　排序示例

月份	9月	3月	6月	4月	10月	12月	7月	11月	1月	8月	2月	5月	合计
预算产量(台)	6697	6365	7772	8164	8193	6522	7647	6429	7369	8176	7796	7647	88777
工资及工资性费用	892	896	907	896	885	885	856	911	884	902	929	904	10,747
直接人工工资	217	236	205	228	219	239	221	203	217	246	214	222	2,667
直接人工工资性费用	214	209	237	213	215	220	213	241	203	205	248	214	2,632
间接人工工资	231	245	217	219	234	224	214	236	236	212	218	241	2,727
间接人工工资性费用	230	206	248	236	217	202	208	231	228	239	249	227	2,721
燃料动能	153	151	167	145	172	211	198	176	183	205	199	215	2,175
水	32	30	20	32	34	33	39	34	24	21	24	31	354
电	107	110	131	101	123	163	148	129	148	172	163	174	1,669
汽	14	11	16	12	15	15	11	13	11	12	12	10	152
工装模具	640	664	646	672	666	637	703	692	722	723	718	732	8,215
工装费用	230	234	240	230	206	213	237	218	230	223	242	240	2,743
模具费用	410	430	406	442	460	424	466	474	492	500	476	492	5,472
机物料消耗	34	38	20	32	40	40	22	26	24	40	30	32	356
折旧	230	204	214	229	227	221	223	228	218	207	220	227	2,648
维修费	62	73	77	73	63	79	74	72	78	70	78	78	877
办公费	14	18	10	16	11	15	17	15	18	17	19	17	182
差旅费	37	24	21	20	38	35	24	22	20	24	24	31	320
通讯费	13	13	14	18	14	17	15	20	13	15	12	13	177
内部培训费	19	13	20	19	13	18	17	18	20	15	17	15	206
其他	13	20	16	14	18	16	14	14	17	16	20	16	194
合计（千元）	3,792	3,825	3,832	3,835	3,862	3,907	3,920	3,968	3,986	4,064	4,112	4,131	47,234

我们可以观察到，2月和5月这两个月的总费用相较而言较高，而相对较低的则是9月。管理者可以针对这3个月进行研究，找到原因，扬长避短。

3. 验

校验也是一种行之有效的分析方法。在本例中，我们可以用上一年度的实际数据作为基准来进行校验。

附赠文档"第2章数据-制造费用预算表审查.xlsx"中的"上年度实际"表单，可以看到在上一年度，实际产量达到77834台，整体制造费用总额为3700多万元，从而计算出每台产品的平均制造费用，即约483元，如图2-18所示。

N25		fx	=N23/N2*1000											
	A	B	C	D	E	F	G	H	I	J	K	L	M	N
1	月份	1月	2月	3月	4月	5月	6月	7月	8月	9月	10月	11月	12月	合计
2	实际产量(台)	5994	6846	7388	7659	7726	5757	5115	6233	5990	7950	5142	6034	77834
3	工资及工资性费用	688	651	688	689	643	631	679	730	737	649	665	664	8,114
4	直接人工工资	217	202	242	247	215	203	248	235	249	211	214	205	2,688
5	直接人工工资性费用	247	215	232	218	229	201	232	245	227	203	227	242	2,718
6	间接人工工资	156	173	139	133	136	166	139	180	161	175	140	144	1,842
7	间接人工工资性费用	68	61	75	91	63	61	60	70	100	60	84	73	866
8	燃料动能	172	162	164	174	210	166	221	205	193	195	147	150	2,159
9	水	25	40	33	21	25	29	31	26	26	28	28	25	337
10	电	129	111	113	139	165	125	177	166	147	150	102	112	1,636
11	汽	18	11	18	14	20	12	13	13	20	17	17	13	186
12	工装模具	409	448	551	514	456	488	493	610	540	606	483	524	6,122
13	工装费用	201	206	223	220	236	212	223	210	214	206	239	228	2,618
14	模具费用	208	242	328	294	220	276	270	400	326	400	244	296	3,504
15	机物料消耗	24	26	24	30	22	24	38	32	26	30	20	24	320
16	折旧	213	207	217	207	203	213	227	210	209	202	214	217	2,539
17	维修费	75	77	77	70	67	70	67	68	69	72	72	72	856
18	办公费	15	11	12	14	13	19	19	13	11	17	15	19	178
19	差旅费	20	39	31	39	37	28	34	24	38	33	25	34	382
20	通讯费	20	14	13	12	20	16	20	20	19	20	18	14	209
21	内部培训费	20	13	16	17	17	12	15	19	18	13	12	13	185
22	其他	14	16	12	12	14	19	16	19	16	12	13	16	179
23	合计（千元）	2,939	2,925	3,208	3,165	3,009	2,966	3,225	3,492	3,342	3,300	2,986	3,081	37,638
24														
25														483.5676

图2-18

使用同样的方法对本年度预算数据进行计算，可以发现预算的每台产品的平均治疗费用为532元。通过校验，我们肯定会产生疑问，为何今年的费用要比预算高出这么多，这是否正常？由此可以找出预算数据中不合理的地方进行整改，降低成本，提升收益。

上面讲解的是单个数据的对比分析方法，我们也可以对一系列数据进行对比分析。比如，我们可以将上一年度的数据复制过来，与今年的数据进行对比，着重关注主要的差异，如图2-19所示。

月份	9月	3月	6月	4月	10月	12月	7月	11月	1月	8月	2月	5月	合计	合计	差异
预算产量(台)	6697	6365	7772	8164	8193	6522	7647	6429	7369	8176	7796	7647	88777	77834	10943
工资及工资性费用	892	896	907	896	885	885	856	911	884	902	929	904	10,747	8114	2633
直接人工工资	217	236	205	228	219	239	221	203	217	246	214	222	2,667	2688	-21
直接人工工资性费用	214	209	237	213	215	220	213	241	203	205	248	214	2,632	2718	-86
间接人工工资	231	245	217	219	234	224	214	236	236	212	218	241	2,727	1842	885
间接人工工资性费用	230	206	248	236	217	202	208	231	228	239	249	227	2,721	866	1855
燃料动能	153	151	167	145	172	211	198	176	183	205	199	215	2,175	2159	16
水	32	30	20	32	34	33	39	34	24	21	24	31	354	337	17
电	107	110	131	101	123	163	148	129	148	172	163	174	1,669	1636	33
汽	14	11	16	12	15	15	11	13	11	12	12	10	152	186	-34
工装模具	640	664	646	672	666	637	703	692	722	723	718	732	8,215	6122	2093
工装费用	230	234	240	230	206	213	237	218	230	223	242	240	2,743	2618	125
模具费用	410	430	406	442	460	424	466	474	492	500	476	492	5,472	3504	1968
机物料消耗	34	38	20	20	32	40	20	26	24	40	30	32	356	320	36
折旧	230	204	214	229	227	221	223	228	218	207	220	227	2,648	2539	109
维修费	62	73	77	73	63	79	74	72	78	70	78	78	877	856	21
办公费	14	18	10	16	11	15	17	10	18	17	19	17	182	178	4
差旅费	37	24	21	20	38	35	24	22	20	24	24	31	320	382	-62
通讯费	13	13	14	18	14	17	15	20	13	15	12	13	177	209	-32
内部培训费	19	13	20	19	13	18	19	18	20	15	17	15	206	185	21
其他	13	20	16	14	18	16	14	14	17	16	20	16	194	179	15
合计（千元）	3,792	3,825	3,832	3,835	3,862	3,907	3,920	3,968	3,986	4,064	4,112	4,131	47,234	37638	9596

图 2-19

从对比的数据中，可以看出今年的产量增加了10943台，然而工资及工资性费用却上升了260多万元。另外，工装模具费用增加了200多万元，模具费用也增加了近200万元。这些增加是否合理，还需要进一步进行审核。由此可见，在进行数据审查时，对比法是一种极为有效的手段。

当然，还有其他方法可以使用，比如对比不同月份之间的差异，以及分析每个月份费用占比的情况等。这些方法都有助于进行数据审查，在此就不再详细介绍其他方法。

2.4 数据预处理

通过前面4种方法发现问题数据后，都必须对问题数据进行处理。从实际工作中来看，数据规范化处理方法大概可以分为6种：删除、补全、替换、转换、拆分和分类，它们的应用范畴等特点如表2-19所示。

表 2-19 数据规范化处理方法

方 法	应用范畴	优 点	选择判断	备 注
删	删除出错误的、无效的、重复的、不需要的、无价值的数据；方法包括唯一删除、筛选删除、函数判断删除等	剔除无效数据	当数据出现错误或重复时应用。要点：一般在规范化的第一步应用，首先要看数据是否出现了错误或重复的情况	通常与筛、排、验联用
补	补全不完善、缺失的数据，例如参照相似、近似数据，或者利用均值数据、回归判断、经验数据等进行数据补充，减小数据分析误差，方法包括复制粘贴、手动补全数据、定位缺失数据单元格批处理等	保证数据完整	当数据缺失时应用。要点：一般在规范化的第一步应用，首先要看数据是否有漏掉，以及是否齐全	

（续表）

方　法	应用范畴	优　点	选择判断	备　注
替	对现有的不规范、不标准、不统一的数据,通过手动修改、格式刷、复制粘贴、替换等方式进行处理,方法包括字母或数字的整体替换、错误数据替换为0或空白、数据中的空白替换为无数据、定位对象进行批处理,以及格式刷、复制粘贴等	保证数据规范和标准	当数据不规范和标准不统一时应用。要点:一般在规范化的第二步应用,主要看数据是否规范,以及是否标准	
转	转换数据格式,让数据标准化,避免统计计算出错,方法包括设置数据格式、自定义格式等,通过函数实现数字转文本、文本转数字、时间格式转换、大小写转换、数据转置等	保证数据格式一致	当格式不一致时应用。要点:一般在规范化的第二步应用,主要看数据格式是否为需要的格式	
拆	对数据包进行拆分或对数据进行拆分(合并),获取数据统计分析中有价值的数据,方法包括按符号拆分列、按字符长度拆分列、两列合并、多列合并、多单元格数据合并到一个单元格、高级筛选提取数据、单元格拆分等	提取有价值的数据	当数据内存在部分有价值的数据时应用。要点:一般在规范化的第二步应用,主要关注是否存在分析过程中需要用到的有用数据	
分	识别杂乱的数据,对具有共同特征、特性的数据进行归类,方法包括用函数从日期中获取年/月/季,按分类库获取省、区域分类,按部门、科室分类等	保证数据分类	数据整理完毕再进行分类。要点:一般在规范化的最后一步应用,主要考虑数据是否有分类,若有,应该怎么分类	通常与筛、转、拆联用

2.4.1 删除

在数据处理中,我们需要删除表格中出错的、无效的、重复的、不需要的或无价值的数据。删除操作可以采用多种方式进行,例如指定删除特定数据,通过筛选条件进行删除,利用函数进行判断删除,或者直接删除重复数据等。

比如在某表格中有多个重复的数据,通过在"数据"选项卡中使用"删除重复值"功能,即可将重复的"客厅灯"数据删除,如图2-20所示。

图 2-20

2.4.2 补充

在数据处理中,我们需要补全不完善或缺失的数据。这一过程涉及参照相似或近似的数据,或者利用均值数据、回归判断、经验数据等方法进行数据的填充。通过数据补充，我们可以减小数据分析过程中的误差，使数据集更为完整和准确。

数据补充的方法有多种，其中包括复制粘贴、手动填写数据以及批处理定位缺失数据单元格等。通过这些方法，可以快速、有效地将缺失的数据填补完整。

比如，在某公司考勤表中缺失了一些考勤记录。为了不影响统计，可以往缺失数据的单元格中填入近似的数据，如图2-21所示。

姓名	部门	考勤时间			
		上午		下午	
小张	行政人事部	9:40:45	12:02:35	12:25:53	15:13:44
小马	财务管理部	8:06:03	12:00:48	14:36:29	18:31:58
小余	市场营销部	8:07:21	11:57:23	14:38:05	
小孙	人力资源部	8:09:23	12:04:58	14:36:23	18:08:55
小杜	行政人事部	8:01:01	12:05:44	14:35:40	18:12:51
小王	制造规划部	8:07:56	11:59:13	14:36:16	18:05:23

姓名	部门	考勤时间			
		上午		下午	
小张	行政人事部	9:40:45	12:02:35	12:25:53	15:13:44
小马	财务管理部	8:06:03	12:00:48	14:36:29	18:31:58
小余	市场营销部	8:07:21	11:57:23	14:38:05	18:00:01
小孙	人力资源部	8:09:23	12:04:58	14:36:23	18:08:55
小杜	行政人事部	8:01:01	12:05:44	14:35:40	18:12:51
小王	制造规划部	8:07:56	11:59:13	14:36:16	18:05:23

图 2-21

提示 使用 Ctrl+G 组合键来快速定位缺失数据的单元格。在数据量较大的表格中，这个方法比人工观察缺失数据更有效率。

2.4.3 替换

在数据处理中，针对现有的不规范、不标准和不统一的数据，我们可以采取一系列处理方式来对其进行规范化。这些处理方式包括手动修改、格式刷、复制粘贴、替换等。例如，可以使用整体替换功能将特定字母或数字批量替换为其他值，也可以将错误数据替换为0或空白，将数据中的空白替换为无数据，或者使用批处理功能来定位并处理特定对象。除此之外，还可以利用格式刷功能快速将一组数据的格式应用到其他数据上，或使用复制粘贴功能将数据从一个位置快速复制到另一个位置。这些处理方式能够提高数据的一致性和可读性，使得数据更易于理解和分析。

比如某表格中，员工姓名一栏本应该只有姓名，但却被添加上了手机号，这样的数据不符合要求。通过替换操作，将所有的手机号去掉，数据就符合要求了，如图2-22所示。

姓名
张芳 (13548124000)
李扬 (13545455000)
王红 (13999545000)
马威 (13548124000)
孙昊 (13548124000)
万敏 (13548124000)
杜丽 (13548124000)

姓名
张芳
李扬
王红
马威
孙昊
万敏
杜丽

图 2-22

提示 使用 Ctrl+H 组合键弹出"替换"对话框，输入"（*）"作为查找内容，替换内容留空，再单击"全部替换"按钮，即可将所有括号以及括号中间的电话号码都删除掉。

2.4.4 转换

在数据处理中，为了让数据标准化并避免统计计算出错，我们需要转换数据的格式。这一步骤包括设置数据格式和自定义格式等操作。同时，我们也可以通过函数实现数字转文本、文本转数字、时间格式转换、大小写转换以及数据转置等功能。通过设置数据格式，我们可以确保数据在展示和计算时保持一致的样式，避免由于格式不统一而引发的错误。

比如，使用函数将一个日期转换为星期几，或转换为该年度第几周，如图2-23所示。

参数	要求	函数公式	结果
6/15/2023	转换为中文星期几	text（A2，"aaaa"）	星期四
6/15/2023	转换为英文星期几	text（A2，"dddd"）	Thursday
6/15/2023	转换为周	WEEKNUM(A2)	24

图 2-23

2.4.5　拆分

拆分是指对数据源中的数据进行分解，通常用于处理包含多个信息项的复合数据。例如，对产品名称、产品型号、生产日期等文本或时间数据进行拆分，将它们分解为独立的部分，以便更好地进行数据分析和处理。通过拆分复合数据，我们可以获得更细粒度的信息，使得数据更易于理解和分析。

比如，某产品表格中，部分产品有子型号，而我们只需要所有产品的主型号，此时可以通过拆分来获取。拆分时使用的分隔符号根据实际情况而定，使用文本、字符等拆分，或进行固定宽度拆分，拆分为两列或多列都是可以的，如图2-24所示。

平台
M391S
M0302-285
M0402-285
M0501-305
M181S
M221S
M0402-295
M252S
M271S

平台	
M391S	
M0302	-285
M0402	-285
M0501	-305
M181S	
M221S	
M0402	-295
M252S	
M271S	

图 2-24

当然，有拆必有合，有时我们可以对文本或时间数据进行合并，以便获得需要的数据。比如某表格中零件号中存在0开头的现象，为避免在数据处理中出错，可以在零件号前添加一个字母，如图2-25所示。

零件号	数量
624362	323
062436	246
384266	326
038420	300
068420	348
384208	600

辅助零件号	零件号	数量
C624362	624362	323
C062436	062436	246
C384266	384266	326
C038420	038420	300
C068420	068420	348
C384208	384208	600

图 2-25

提示　添加字母可使用公式，核心运算符是"&"。比如上例中，假设第一个零件号单元格位置为 G111，那么我们可以在 F111 单元格输入公式"="C"&G111"，即可得到添加了字母 C 的辅助零件号。

2.4.6　分类

在数据处理中，我们需要将杂乱的数据进行识别和分类，以便更好地组织和分析。这个过程包括将具有共同特征或特性的数据进行归类，从而实现更有序的数据管理。手动分类的效率较低，因此我们通常利用函数来加快分类的过程，使用诸如IF、LEFT、RIGHT、MID、YEAR、MONTH、DAY等函数进行自动分类，从而提高数据处理的效率和准确性，例如从日期中提取年份、月份、季度，根据分类库将数据按照省份、区域进行分类，或者按照部门、科室进行分类等。

比如，某厂需要对产品的销量进行分级，使用函数IF即可完成，如图2-26所示。

品号	销售量	判断
P0020	1200	
P0021	1001	
P0022	800	
P0023	200	
P0024	700	
P0025	450	
P0026	60	

品号	销售量	判断
P0020	1200	大于1000
P0021	1001	大于1000
P0022	800	500~1000
P0023	200	小于500
P0024	700	500~1000
P0025	450	小于500
P0026	60	小于500

图 2-26

> **提示** 在企业中，分类常常用于对价格、产品档次、盈亏、索赔率等数据进行分析。

2.4.7　上机实战：采购价格分析预处理

【案例】某公司的总经理收到了一封举报信，内容称该公司采购部的一名领导可能与某供应商存在某种关系，总经理认为有必要对采购价格进行审查。数据见附赠文档"第2章数据-采购价格分析预处理.xlsx"的"源文件"表单，如表2-20所示。

表 2-20　采购价格分析预处理

工厂	自制件标识	零件	名称	供应商代码	供应商名称	2019价格	2020价格	2021价格	2022价格	2023价格	价格修改原因	2023/2019价格变化
三厂		5535166183	左前雾灯	S003652	恒东实业有限公司	56.5	65.5	58.07	56.96	52.36	商务谈判	-7%
三厂		5538388383	右前雾灯	S003652	恒东实业有限公司	89.71	#N/A	#N/A	#N/A	#N/A	商务谈判	#N/A
三厂		5538131283	小纵梁总成	S003652	恒东实业有限公司	81.53	94.73	84.22	79.1	73.41	商务谈判	-10%
三厂		5538131383	左后下小纵梁总成	S003652	恒东实业有限公司	83.2	82.8	74.5	86.99	74.29	商务谈判	-11%
三厂		5538127883	左门侧碰撞加强板	S003652	恒东实业有限公司	#N/A	231.28	209.57	221.97	214.19	临时价格	#N/A
三厂		5538139683	右后下小纵梁总成	S003652	恒东实业有限公司	83.29	78.49	72.28	72.81	70.32	商务谈判	-16%
三厂		5538222883	小纵梁总成	S003652	恒东实业有限公司	208.71	206.51	181.56	161	164.8	商务谈判	-21%
三厂		5538222653	右前雾灯	S003652	恒东实业有限公司	207.32	207.92	189.05	178.05	164.78	商务谈判	-21%
三厂		5538224283	左前雾灯	S003652	恒东实业有限公司	19.78	29.78	14.88	30.19	25.3	商务谈判	28%
三厂		5538224383	左后尾灯	S003652	恒东实业有限公司	19.96	21.56	26.32	18.22	30.89	商务谈判	55%
三厂		9677275783	左前雾灯	S003652	恒东实业有限公司	49.05	37.85	43.14	32.51	39.61	商务谈判	-19%
三厂		9677275653	左车门侧碰撞加强板	S003652	恒东实业有限公司	43.45	37.05	#N/A	#N/A	#N/A	商务谈判	#N/A
三厂		9677327683	左后下小纵梁总成	S003652	恒东实业有限公司	26.17	24.97	21.29	19.89	29.09	商务谈判	11%
三厂		9677327653	小纵梁总成	S003652	恒东实业有限公司	27.17	29.97	24.69	24.89	22.09	商务谈判	-19%
三厂		9689369283	左前雾灯	S003652	恒东实业有限公司	43.98	46.98	40.34	42.5	45.2	商务谈判	3%
三厂		9689369383	右后下小纵梁总成	S003652	恒东实业有限公司	45.18	51.58	43.14	34.94	35.34	商务谈判	-22%
三厂		6533837383	小纵梁总成	S003652	恒东实业有限公司	13.07	21.17	21.42	22.42	24.5	商务谈判	87%
三厂		6533837183	左后下小纵梁总成	S003652	恒东实业有限公司	12.54	10.34	17.51	14.29	20.37	商务谈判	62%
三厂		6534583483	左车门侧碰撞加强板	S003652	恒东实业有限公司	65	55.4	#N/A	52.74	45.6	商务谈判	-30%
三厂		6534583883	左前雾灯	S003652	恒东实业有限公司	52.42	63.42	59.6	47.95	52.21	商务谈判	0%
三厂		6535513483	右前雾灯	S003652	恒东实业有限公司	81.94	82.54	78.49	70.12	67.09	商务谈判	-18%
三厂		6535513583	左车门侧碰撞加强板	S003652	恒东实业有限公司	91.73	87.93	84.2	64.81	66.81	商务谈判	-27%
三厂		6536552783	右前雾灯	S003652	恒东实业有限公司	60.2	47.6	42.48	56.99	40.25	商务谈判	-33%
三厂		6539775583	加强筋板	S003652	恒东实业有限公司	56.96	46.96	54.05	48.02	40.82	商务谈判	-28%
三厂		6539775683	左前立柱下加筋板	S003652	恒东实业有限公司	42.76	49.16	47.06	54.62	46.42	商务谈判	9%
三厂		6515333383	左前雾灯	S003652	恒东实业有限公司	#N/A	35.6	28.54	18.19	29.54	商务谈判	#N/A
三厂		6515333183	左后尾灯	S003652	恒东实业有限公司	#N/A	32.82	29.93	20.77	24.73	商务谈判	#N/A
三厂		6515529653	左前雾灯	S003652	恒东实业有限公司	32.87	48.67	42.8	35.88	29.08	商务谈判	-12%
三厂		6515533383	右前雾灯	S003652	恒东实业有限公司	45.47	54.32	33.08	32.93	32.88	商务谈判	-28%
三厂		6515535383	右车门侧碰撞加强板	S003652	恒东实业有限公司	52.72	54.32	41.67	38.25	49.05	商务谈判	-7%
三厂		6515535583	左前雾灯	S003652	恒东实业有限公司	43.52	54.32	50.25	37.45	37.24	商务谈判	-14%
三厂		6516511583	右前雾灯	S003652	恒东实业有限公司	21.11	25.31	19.54	20.48	22.39	商务谈判	6%
三厂		6516511683	左后立柱下加强板	S003652	恒东实业有限公司	11.31	18.31	14.74	18.48	9.39	商务谈判	-17%

在进行数据分析之前，需要对数据进行预处理。尽管许多公司已经实施了系统化管理，但数据的录入可能存在缺失的情况，这会对最终的分析结果产生影响。举例来说，我们可能会在数据中遇到错误符号（#N/A），或者某些年份有数据，而其他年份的数据则缺失了，表2-20中很多单元格都存在这样的情况。我们在分析时，首先要对数据进行预处理，使之规范化以后，才能进行分析。

注意，不要在原始数据表单上进行操作，应该先建立一个副本，然后在副本上进行操作，这样即使操作失误，原始数据也不会丢失。

01 在"源文件"表单上右击，在弹出的菜单中单击"移动或复制"选项，如图2-27所示。

02 在弹出的对话框中选择"建立副本"复选框，然后单击"确定"按钮，如图2-28所示。

图 2-27

图 2-28

03 将新建的表单名称修改为"修改文件"，然后删除不需要的"自制件标识"列（即B列），操作完成后如图2-29所示。

	A	B	C	D	E	F	G	H	I	J	K	L
1												
2	工厂	零件	名称	供应商代码	供应商名称	201912	202012	202112	202212	2023价格	价格修改原因	2023/2019价格变化
3	一厂	5535166183	左前雾灯	S003652	恒东实业有限公司	56.5	65.5	58.07	56.96	52.36	商务谈判	-7%
4	一厂	5538388383	右前雾灯	S003652	恒东实业有限公司	89.71	#N/A	#N/A	#N/A	#N/A	商务谈判	#N/A
5	三厂	5538131283	小纵梁总成	S003652	恒东实业有限公司	81.53	94.73	84.22	79.1	73.41	商务谈判	-10%
6	三厂	5538131383	左后下小纵梁总成	S003652	恒东实业有限公司	83.2	82.8	74.5	86.99	74.29	商务谈判	-11%
7	三厂	5538127883	左车门侧碰撞加强板	S003652	恒东实业有限公司	#N/A	231.28	209.57	221.97	214.19	临时价格	#N/A
8	三厂	5538139683	左后下小纵梁总成	S003652	恒东实业有限公司	83.29	78.49	72.28	72.81	70.32	商务谈判	-16%
9	三厂	5538222883	小纵梁总成	S003652	恒东实业有限公司	208.71	206.51	181.56	161	164.8	商务谈判	-21%
10	三厂	5538222653	右前雾灯	S003652	恒东实业有限公司	207.32	207.92	189.05	178.05	164.78	临时价格	-21%
11	三厂	5538224283	左前雾灯	S003652	恒东实业有限公司	19.78	29.78	14.88	30.19	25.3	商务谈判	28%
12	三厂	5538224383	左后尾灯	S003652	恒东实业有限公司	19.96	21.56	26.32	18.22	30.89	商务谈判	55%
13	三厂	9677275783	左后雾灯	S003652	恒东实业有限公司	49.05	37.85	43.14	32.51	39.61	商务谈判	-19%
14	三厂	9677275653	左车门侧碰撞加强板	S003652	恒东实业有限公司	43.45	37.05	#N/A	#N/A	#N/A	商务谈判	#N/A
15	三厂	9677327683	左后下小纵梁总成	S003652	恒东实业有限公司	26.17	29.37	21.29	19.89	29.09	商务谈判	11%
16	三厂	9677327763	小纵梁总成	S003652	恒东实业有限公司	27.17	29.97	24.69	24.89	22.09	商务谈判	-19%
17	三厂	9689369283	左后尾灯	S003652	恒东实业有限公司	43.98	46.98	40.34	42.6	45.2	商务谈判	3%
18	三厂	9689369383	左前雾灯	S003652	恒东实业有限公司	45.18	51.58	43.14	34.94	35.34	商务谈判	-22%
19	三厂	6533837383	左后下小纵梁总成	S003652	恒东实业有限公司	13.07	21.67	21.42	22.42	24.5	商务谈判	87%
20	三厂	6533837183	左后下小纵梁总成	S003652	恒东实业有限公司	12.54	10.34	17.51	14.29	20.37	商务谈判	62%
21	一厂	6534583483	左车门侧碰撞加强板	S003652	恒东实业有限公司	65	55.4	#N/A	52.74	45.6	商务谈判	-30%
22	一厂	6534583883	左前雾灯	S003652	恒东实业有限公司	52.42	63.42	59.6	47.95	52.21	商务谈判	0%
23	三厂	6535513483	右前雾灯	S003652	恒东实业有限公司	81.94	82.54	78.49	70.12	67.09	商务谈判	-18%
24	三厂	6535513583	左车门侧碰撞加强板	S003652	恒东实业有限公司	91.73	87.93	84.2	64.87	66.81	商务谈判	-27%
25	三厂	6536552783	右前雾灯	S003652	恒东实业有限公司	60.2	47.6	42.48	56.99	40.25	商务谈判	-33%
26	三厂	6539775583	加强板	S003652	恒东实业有限公司	56.96	46.96	52.06	48.02	40.82	商务谈判	-28%
27	三厂	6539775683	左前立柱下加强筋板	S003652	恒东实业有限公司	42.76	49.16	47.06	54.62	46.42	商务谈判	9%

图 2-29

04 接下来要删除所有的错误值"#N/A"。选中F列到J列数据，按Ctrl+G组合键，弹出"定位"对话框，单击"定位条件"按钮，如图2-30所示。

05 在"定位条件"对话框中选择"常量"单选按钮，并取消对"数字""文本""逻辑值"三个复选框的选择，只保持"错误"复选框处于被选中状态，然后单击"确定"按钮，如图2-31所示。

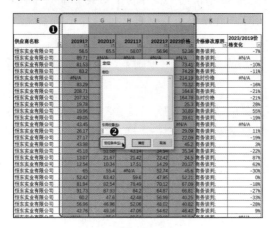
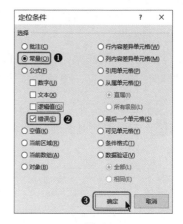

图 2-30　　　　　　　　　　　　　　　　　　　　　　图 2-31

06 可以看到，所有错误值都被选中了。为了方便识别，将所有错误值所在的单元格都加上底色，并按Delete键将错误值一次性删除掉，如图2-32所示。

	A	B	C	D	E	F	G	H	I	J	K	L
2	工厂	零件	名称	供应商代码	供应商名称	201912	202012	202112	202212	2023价格	价格修改原因	2023/2019价格变化
3	一厂	5535166183	左前雾灯	S003652	恒东实业有限公司	56.5	65.5	58.07	56.96	52.36	商务谈判	-7%
4	一厂	5538388383	右前雾灯	S003652	恒东实业有限公司	89.71					商务谈判	#N/A
5	三厂	5538131283	小纵梁总成	S003652	恒东实业有限公司	81.53	94.73	84.22	79.1	73.41	商务谈判	-10%
6	三厂	5538131383	左后下小纵梁总成	S003652	恒东实业有限公司	83.2	82.8	74.5	86.99	74.29	商务谈判	-11%
7	一厂	5538127883	左车门碰撞加强板	S003652	恒东实业有限公司		231.28	209.57	221.97	214.19	临时价格	#N/A
8	三厂	5538139683	左后下小纵梁总成	S003652	恒东实业有限公司	83.29	78.49	72.28	72.81	70.32	商务谈判	-16%
9	三厂	5538222883	小纵梁总成	S003652	恒东实业有限公司	208.71	206.51	181.56	161	164.8	商务谈判	-21%
10	一厂	5538222653	右前雾灯	S003652	恒东实业有限公司	207.32	207.92	189.05	178.05	164.78	临时价格	-21%
11	三厂	5538224283	右前雾灯	S003652	恒东实业有限公司	19.78	29.78	14.88	30.19	25.3	商务谈判	28%
12	三厂	5538224383	左后尾灯	S003652	恒东实业有限公司	19.96	21.56	26.32	18.22	30.89	商务谈判	55%
13	一厂	9677275783	左前雾灯	S003652	恒东实业有限公司	49.05	37.85	43.14	32.51	39.61	商务谈判	-19%
14	一厂	9677275653	左车门碰撞加强板	S003652	恒东实业有限公司	43.45	37.05				商务谈判	#N/A
15	三厂	9677327683	左后下小纵梁总成	S003652	恒东实业有限公司	26.17	29.37	21.29	19.89	29.09	商务谈判	11%
16	三厂	9677327653	小纵梁总成	S003652	恒东实业有限公司	27.17	29.97	24.69	24.89	22.09	商务谈判	-19%
17	一厂	9689369283	左后尾灯	S003652	恒东实业有限公司	43.98	46.98	40.34	42.6	45.2	商务谈判	3%
18	一厂	9689369383	左前雾灯	S003652	恒东实业有限公司	45.18	51.58	43.14	34.94	35.34	商务谈判	-22%
19	三厂	6533837383	左后下小纵梁总成	S003652	恒东实业有限公司	13.07	21.67	21.42	22.42	24.5	商务谈判	87%
20	三厂	6533837183	左后下小纵梁总成	S003652	恒东实业有限公司	12.54	10.34	17.51	14.29	20.37	商务谈判	62%
21	一厂	6534583483	左车门碰撞加强板	S003652	恒东实业有限公司	65	55.4		52.74	45.6	商务谈判	-30%
22	三厂	6534583883	左前雾灯	S003652	恒东实业有限公司	52.42	63.42	59.6	47.95	52.21	商务谈判	0%
23	三厂	6535513483	右前雾灯	S003652	恒东实业有限公司	81.94	82.54	78.49	70.12	67.09	商务谈判	-18%
24	一厂	6535513583	左车门侧碰撞加强板	S003652	恒东实业有限公司	91.73	87.93	84.2	64.87	66.81	商务谈判	-27%
25	三厂	6536552783	右前雾灯	S003652	恒东实业有限公司	60.2	47.6	42.48	56.99	40.25	商务谈判	-33%
26	一厂	6539775583	加强筋板	S003652	恒东实业有限公司	56.96	46.96	52.06	48.02	40.82	商务谈判	-28%
27	一厂	6539775683	左前立柱下加强筋板	S003652	恒东实业有限公司	42.76	49.16	47.06	54.62	46.42	商务谈判	9%

图 2-32

提示 在本案例中，有的在某一年之后就没有价格了（如第4行和第14行的商品），这是正常现象，通常是因为该商品在那一年之后就不再采购了；同理，有的商品在某一年之前没有价格（如第28行和第29行的商品），也是正常现象，原因是该商品在那一年之前还没有采购。只要数据是连续的，即使前后有所缺失，在本案例中都认为是正常的数据。

07 接下来需要将不连续的进价补上，方便统计。补齐的方法是在上一年度与下一年度之间取一个估计值，也可以直接使用上一年度或下一年度的值，比如在第21行缺失了2021年的数据，可以使用2022年的数据来补齐。

08 接下来分析表格中的第L列，即"2023/2019价格变化"列。这一列中还有不少错误值 "#N/A"。这一列的错误值不能按照之前的方法进行删除和补齐，因为这一列的值是用 2023年的数据减去2019年的数据，然后除以2019年的数据，以计算出其变化率，但由于 某些商品缺失2019年或2013年的数据，因此计算出现了错误。所以，我们要修改计算逻 辑，把每个商品的第一个和最后一个数据找出来进行计算即可，而不是一定要2019年或 2023年的数据。

09 接下来在M2单元格输入"第一次出现价格"，在M3单元格输入公式 "=INDEX(F3:J3,MATCH(0,0/(F3:J3),0))"，然后按Ctrl+Shift+Enter组合键，即可得到该 商品第一次出现的价格，然后将该公式复制到该列的其他单元格，即可得到所有商品第 一次出现的价格，如图2-33所示。

图 2-33

> **提示** 细心的读者可能会发现，如果这里直接按 Enter 键来输入公式的话会报错，
> 因为这个公式涉及数组，所以必须用 Ctrl+Shift+Enter 组合键来完成公式的输入。

10 接下来在N2单元格输入"最后一次出现价格"，在N3单元格输入公式 "=LOOKUP(0,0/(F3:J3),F3:J3)"，然后按Ctrl+Shift+Enter组合键，即可得到该商品最后 一次出现的价格，然后将该公式复制到该列的其他单元格，即可得到所有商品最后一次 出现的价格，如图2-34所示。

图 2-34

11 接下来，比较第一次出现的价格与最后一次出现的价格之间的差异，即使用最后一次出现的价格减去第一次出现的价格。在O2单元格输入"价格差异"，然后在O3单元格输入公式"=N3-M3"，并将该公式复制到该列的其他单元格，即可得到所有商品的价格差异，如图2-35所示。

工厂	零件	名称	供应商代码	供应商名称	201912	202012	202112	202212	2023价	价格修改原因	2023/2019价格变化	第一次出现价格	最后一次出现价格	价格差异
一厂	5535166183	左前雾灯	S003652	恒东实业有限公司	56.5	65.5	58.07	56.96	52.36	商务谈判	-7%	56.5	52.36	-4.14
一厂	5538388383	右前雾灯	S003652	恒东实业有限公司	89.71						#N/A	89.71	89.71	0
一厂	5538131283	小纵梁总成	S003652	恒东实业有限公司	81.53	94.73	84.22	79.1	73.41	商务谈判	-10%	81.53	73.41	-8.12
一厂	5538131383	左后下小纵梁总成	S003652	恒东实业有限公司	83.2	82.8	74.5	86.99	74.29	商务谈判	-11%	83.2	74.29	-8.91
一厂	5538127883	左车门侧碰撞加强板	S003652	恒东实业有限公司		231.28	209.57	221.97	214.19	临时价格	#N/A	231.28	214.19	-17.09
一厂	5538139683	左后下小纵梁总成	S003652	恒东实业有限公司	83.29	78.49	72.28	72.81	70.32	商务谈判	-16%	83.29	70.32	-12.97
一厂	5538222883	小纵梁总成	S003652	恒东实业有限公司	208.71	206.51	181.56	161	164.8	商务谈判	-21%	208.71	164.8	-43.91
一厂	5538222653	右后雾灯	S003652	恒东实业有限公司	207.32	207.92	189.05	178.05	164.78	临时价格	-21%	207.32	164.78	-42.54
三厂	5538224283	右前雾灯	S003652	恒东实业有限公司	19.78	29.78	14.88	30.19	25.3	商务谈判	28%	19.78	25.3	5.52
三厂	5538224383	左后尾灯	S003652	恒东实业有限公司	19.96	21.56	26.32	18.22	30.89	商务谈判	55%	19.96	30.89	10.93
三厂	9677275783	右后雾灯	S003652	恒东实业有限公司	49.05	37.85	43.14	32.51	39.61	商务谈判	-19%	49.05	39.61	-9.44
三厂	9677275653	左车门侧碰撞加强板	S003652	恒东实业有限公司	43.45	37.05				商务谈判	#N/A	43.45	37.05	-6.4
三厂	9677327683	左后尾灯	S003652	恒东实业有限公司	26.17	29.37	21.29	19.89	29.09	商务谈判	11%	26.17	29.09	2.92
三厂	9677327653	小纵梁总成	S003652	恒东实业有限公司	27.17	29.97	24.69	24.89	22.09	商务谈判	-19%	27.17	22.09	-5.08
三厂	9689369283	左后尾灯	S003652	恒东实业有限公司	43.98	46.98	40.34	42.6	45.2	商务谈判	3%	43.98	45.2	1.22
三厂	9689369383	左前雾灯	S003652	恒东实业有限公司	45.18	51.58	43.14	34.94	35.34	商务谈判	-22%	45.18	35.34	-9.84

图 2-35

12 接下来计算价差率，即使用价格差异除以第一次出现的价格。在P2单元格输入"价差率"，在P3单元格输入公式"=O3/M3"，并将该公式复制到该列的其他单元格，即可得到所有商品的价差率，如图2-36所示。

工厂	零件	名称	供应商代码	供应商名称	201912	202012	202112	202212	2023价	价格修改原因	2023/2019价格变化	第一次出现价格	最后一次出现价格	价格差异	价差率
一厂	5535166183	左前雾灯	S003652	恒东实业有限公司	56.5	65.5	58.07	56.96	52.36	商务谈判	-7%	56.5	52.36	-4.14	-7%
一厂	5538388383	右前雾灯	S003652	恒东实业有限公司	89.71					商务谈判	#N/A	89.71	89.71	0	0%
一厂	5538131283	小纵梁总成	S003652	恒东实业有限公司	81.53	94.73	84.22	79.1	73.41	商务谈判	-10%	81.53	73.41	-8.12	-10%
一厂	5538131383	左车门下小纵梁总成	S003652	恒东实业有限公司	83.2	82.8	74.5	86.99	74.29	商务谈判	-11%	83.2	74.29	-8.91	-11%
一厂	5538127883	左车门侧碰撞加强板	S003652	恒东实业有限公司		231.28	209.57	221.97	214.19	临时价格	#N/A	231.28	214.19	-17.09	-7%
一厂	5538139683	左后下小纵梁总成	S003652	恒东实业有限公司	83.29	78.49	72.28	72.81	70.32	商务谈判	-16%	83.29	70.32	-12.97	-16%
一厂	5538222883	小纵梁总成	S003652	恒东实业有限公司	208.71	206.51	181.56	161	164.8	商务谈判	-21%	208.71	164.8	-43.91	-21%
一厂	5538222653	右后雾灯	S003652	恒东实业有限公司	207.32	207.92	189.05	178.05	164.78	临时价格	-21%	207.32	164.78	-42.54	-21%
三厂	5538224283	右前雾灯	S003652	恒东实业有限公司	19.78	29.78	14.88	30.19	25.3	商务谈判	28%	19.78	25.3	5.52	28%
三厂	5538224383	左后尾灯	S003652	恒东实业有限公司	19.96	21.56	26.32	18.22	30.89	商务谈判	55%	19.96	30.89	10.93	55%
三厂	9677275783	右后雾灯	S003652	恒东实业有限公司	49.05	37.85	43.14	32.51	39.61	商务谈判	-19%	49.05	39.61	-9.44	-19%
三厂	9677275653	左车门侧碰撞加强板	S003652	恒东实业有限公司	43.45	37.05					#N/A	43.45	37.05	-6.4	-15%
三厂	9677327683	左后尾灯	S003652	恒东实业有限公司	26.17	29.37	21.29	19.89	29.09	商务谈判	11%	26.17	29.09	2.92	11%
三厂	9677327653	小纵梁总成	S003652	恒东实业有限公司	27.17	29.97	24.69	24.89	22.09	商务谈判	-19%	27.17	22.09	-5.08	-19%
三厂	9689369283	左后尾灯	S003652	恒东实业有限公司	43.98	46.98	40.34	42.6	45.2	商务谈判	3%	43.98	45.2	1.22	3%
三厂	9689369383	左前雾灯	S003652	恒东实业有限公司	45.18	51.58	43.14	34.94	35.34	商务谈判	-22%	45.18	35.34	-9.84	-22%

图 2-36

13 微调一下格式，为新增的几列单元格添加边框线，使之更加容易分辨。

14 接下来将价差率大于0的商品筛选出来。选中第2行，单击"数据"选项卡下的"筛选"按钮，使P2单元格的"价差率"出现下拉按钮，如图2-37所示。

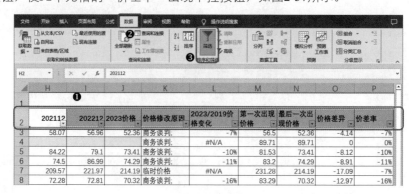

图 2-37

15 单击"价差率"单元格的下拉按钮，在下拉菜单中选择"数字筛选"子菜单下的"大于"选项，如图2-38所示。

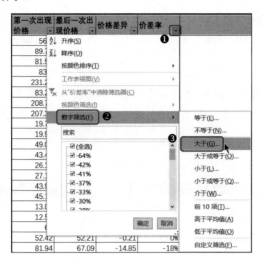

图 2-38

16 弹出"自定义自动筛选"对话框，在"大于"选项右侧的文本框中输入0，然后单击"确定"按钮，如图2-39所示。

图 2-39

17 筛选出所有价差率大于0的商品，也就是涨价的商品，如图2-40所示。

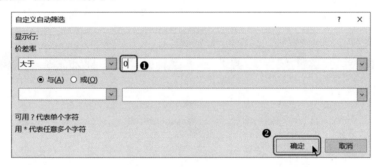

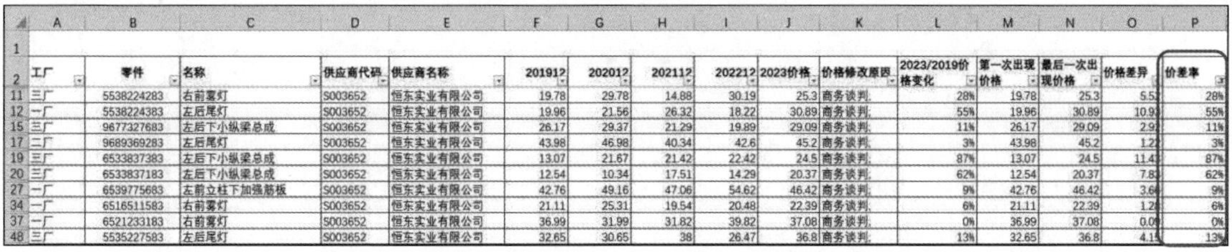

图 2-40

这样方便分析人员对涨价的商品进行研判，看其中是否存在不正常的地方。具体的研判方法和案例分析报告的最终结果这里就不展开讲解了，因为本案例主要讲解的是数据预处理的方法。

2.5　本章习题

（1）数据审核的常见方法有哪几种？

（2）数据预处理的常见方法有哪几种？

（3）打开附赠文档"第 2 章习题.xlsx"的第一张表单，对表 2-21 所示的数据进行预处理，处理效果见表 2-22。

表 2-21

下单日期	客户网名	手机号	类型	颜色	数量	单价	金额
45005	等你去看海	1.38E+10	专供款	粉红	50	490	24500
45005	超级玛丽	1.38E+10	专供款	橄榄绿	50	440	22000
45005	海螺不在家	1.38E+10	专供款	粉红	50	660	33000
45005	墨者	1.38E+10	专供款	橄榄绿	50	1420	71000
45005	一言不合	1.38E+10	专供款	粉红	50	630	31500
45005	中雨	1.38E+10	专供款	橄榄绿	50	700	35000
45039	嘻嘻哈哈	1.38E+10	通用款	粉橙	80	1160	92800
45039	蚂蚁	1.38E+10	通用款	灰蓝	100	480	48000
45039	猎人守护者	1.38E+10	通用款	红色	50	1490	74500
45039	半支烟	1.38E+10	通用款	珊瑚红.	200	670	134000
45039	移动靶子	1.38E+10	通用款	墨蓝	100	460	46000

表 2-22

下单日期	客户网名	手机号	类型	颜色	数量	单价	金额
3/20/2023	等你去看海	13800001231	专供款	粉红	50	490	24,500
3/20/2023	超级玛丽	13800001232	专供款	橄榄绿	50	440	22,000
3/20/2023	海螺不在家	13800001233	专供款	粉红	50	660	33,000
3/20/2023	墨者	13800001234	专供款	橄榄绿	50	1,420	71,000
3/20/2023	一言不合	13800001235	专供款	粉红	50	630	31,500
3/20/2023	中雨	13800001236	专供款	橄榄绿	50	700	35,000
4/23/2023	嘻嘻哈哈	13800001237	通用款	粉橙	80	1,160	92,800
4/23/2023	蚂蚁	13800001238	通用款	灰蓝	100	480	48,000
4/23/2023	猎人守护者	13800001239	通用款	红色	50	1,490	74,500
4/23/2023	半支烟	13800001240	通用款	珊瑚红.	200	670	134,000
4/23/2023	移动靶子	13800001241	通用款	墨蓝	100	460	46,000

第 3 章

财务分析必备的 Excel 函数

Excel 函数在财务分析中扮演着重要的角色。通过使用各种 Excel 函数，财务专业人员可以进行复杂的数据计算、统计和分析，从而深入了解企业的财务状况和绩效表现。这些函数不仅能够快速计算关键的财务指标，如利润率、资产回报率和现金流量，还能进行趋势分析、比较分析和预测模型的构建。Excel 函数的应用使财务分析更加高效和准确，为决策者提供实时且可靠的数据支持，有助于制定明智的战略决策和财务规划。

3.1 函数的基本操作

在使用Excel函数时，掌握函数的基本操作方法是至关重要的。我们需要正确地输入函数，并学会复制函数来提高工作效率，还要能够灵活地修改函数，以满足不同的数据处理和分析要求。

3.1.1 输入函数

输入函数有两种方式，一种是通过对话框输入，另一种是手动输入。对话框输入比较直观，但操作步骤较多；手动输入则正相反。

1. 对话框输入

Excel具有很完善的输入公式的界面，调出"插入函数"对话框及设置函数参数的方法如下：

01 选中要输入公式的单元格，然后单击"公式"选项卡下的"插入函数"按钮，就会弹出"插入函数"对话框，如图3-1所示。在该对话框中可以单击"或选择类别"下拉菜单来选择要输入的公式的类别，如"财务""统计"等，然后选择类别下的函数。这里以平均数函数AVERAGE为例，选择好函数以后，单击"确定"按钮。

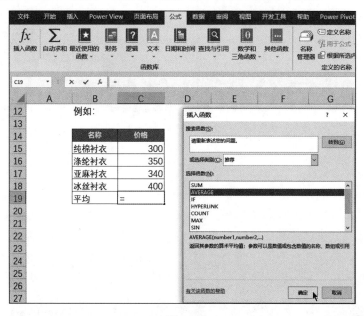

图 3-1

02 弹出"函数参数"对话框，为函数设置参数。在AVERAGE函数中，需要选择所有求平均数的单元格，用鼠标选择几类衬衣的价格（即C15:C18单元格），然后单击"确定"按钮，如图3-2所示。

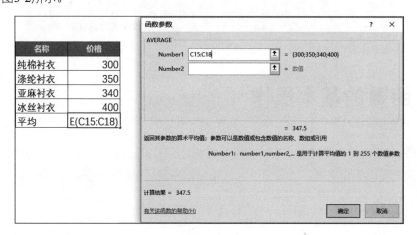

图 3-2

随后即可在C19单元格得到平均值，如图3-3所示。

提示 也可以在选中要输入公式的单元格后，单击上方的 fx 按钮，直接调出"插入函数"对话框，这样比较快捷，如图 3-4 所示。

名称	价格
纯棉衬衣	300
涤纶衬衣	350
亚麻衬衣	340
冰丝衬衣	400
平均	347.5

图 3-3

图 3-4

2．手动输入

手动输入即选中单元格后，使用键盘输入公式"=AVERAGE（C15:C18）"，而不通过"插入函数"对话框，如图3-5所示。

提示 许多人习惯通过"插入函数"对话框来输入函数，因为这种方式较为直观。然而，在练习和实际工作中，推荐使用手动输入函数的方法。手动输入函数可以帮助大家培养对函数的理解能力，尤其在涉及多层嵌套函数时，手动输入的人通常更具有优势。

图 3-5

3.1.2　复制函数

很多时候我们需要将函数复制到其他单元格，避免重复地输入相同的函数。复制函数有3种方式，即拖曳、双击和直接复制。

1．拖曳

在Excel中，如果选中一个或多个单元格以后，再将鼠标悬停在最右下方单元格的右下角，即可看到鼠标变成一个十字光标，这个十字光标通常称为"填充手柄"，如图3-6所示。

总价
6000

图 3-6

此时按住鼠标左键不放，再向下或向右进行拖曳，选中的一个或多个单元格中的内容就会被复制到新的单元格中。

比如，在如图3-5所示的表格中，我们需要计算各类衬衣的总价。首先在Q14单元格中输入公式"=O14*P14"，计算出总价为6000。然后选中Q14单元格，并将鼠标放在单元格右下角上，此时可以看到鼠标变成了填充手柄，如图3-7所示。

此时按住鼠标左键不放，再向下拖曳到Q17单元格，如图3-8所示。

图 3-7　　　　　　　　　　　　图 3-8

放开鼠标以后，公式就被复制到了Q15~Q17这三个单元格，如图3-9所示。

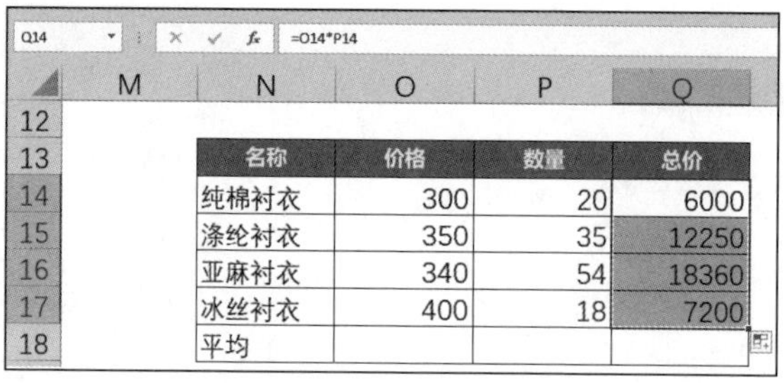

图 3-9

这就是拖曳复制法的使用过程。拖曳复制法适合小批量地复制函数或数据，但如果要大批量复制的话，就显得力有不逮。比如，要将Q14单元格的公式复制到Q15~Q1000单元格，使用拖曳法将不得不拖曳很久。因此，当需要大批量复制函数或数据时，我们通常使用双击法。

2．双击

双击法的操作很简单，同样是选中单元格以后，将鼠标悬停在单元格的右下角，当鼠标变成填充手柄时，双击鼠标左键，Excel会自动将函数或数据复制到最后一行，如图3-10和图3-11所示。

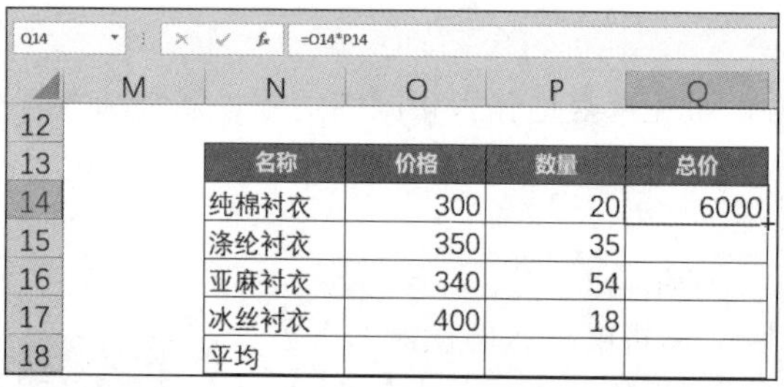

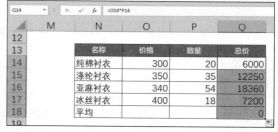

图 3-10

图 3-11

这种复制法有一个小小的弊端，即如果在填充的路径上有数据或公式，也就是存在"挡路"的数据，填充就会停在该数据之前，而不会覆盖或越过该数据继续往下填充。比如，如果在Q16单元格中已经存在数据，自动填充就只会填充到Q15单元格。因此，在使用双击法进行填充时，要检查填充的路径上是否存在"挡路"的数据。

3．直接复制

直接复制很简单，选中要复制的单元格，按Ctrl+C组合键进行复制，然后选中目标单元格，按Ctrl+V组合键进行粘贴即可。很明显，这种复制方法适合复制单个或几个少数的单元格内容。

3.1.3　修改函数

在Excel中，函数经常需要进行修改，以满足不同的需要。要对函数进行修改，可以通过以下两种方式来完成。

1．单击 f_x 图标

选中函数所在的单元格，单击单元格编辑栏左侧的f_x图标，即可调出"插入函数"对话框，对公式进行修改，如图3-12所示。

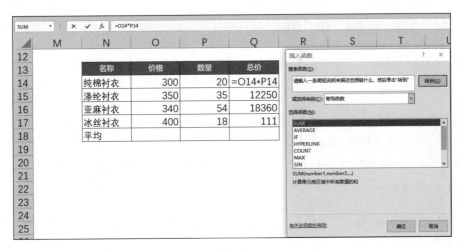

图 3-12

2. 手动修改

手动修改也有两种方法，第一种是选中函数所在的单元格，再单击单元格编辑栏，在编辑栏中进行修改，如图3-13所示；第二种方法是双击函数所在的单元格，直接在单元格中修改函数，如图3-14所示。

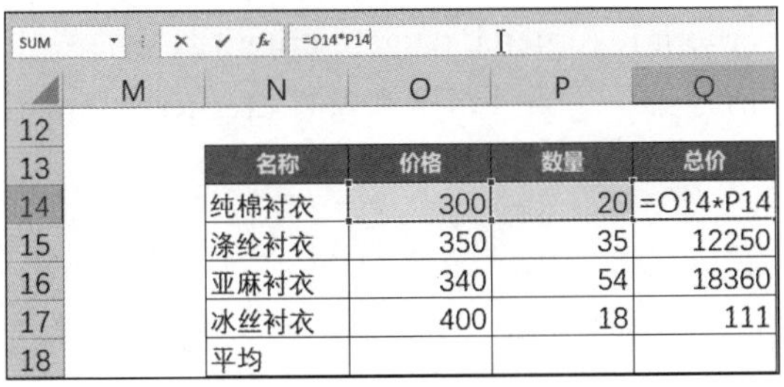

图 3-13 　　　　　　　　　　　　　　　　图 3-14

> 提示　一般来说，较短的公式或函数可以在单元格中进行编辑修改，而较长的公式或函数最好在单元格编辑栏中进行编辑或修改，方便看到整个公式的全貌，便于理解和修改。

3.2　财务数据分析中必备的各类Excel函数

为了能够有效地处理、计算和分析财务数据，进行财务建模、决策制定和预测分析，我们需要学习财务数据分析中常用的Excel函数，这些函数可以用来汇总数据、求取平均值、查找特定值、计算财务指标等，对提高财务分析的准确性、效率和可靠性有很大的帮助。

> 提示　这里不展开讲解函数，如果读者对 Excel 函数完全没有了解，可以通过其他渠道学习。

3.2.1　求和函数：SUM、SUMIF、SUMIFS、SUMPRODUCT

本小节简要介绍常用的求和函数SUM、SUMIF、SUMIFS、SUMPRODUCT。

1. SUM 函数

SUM函数用于计算一组数字的总和，可以一次性输入多个数字，也可以引用包含数字的单元格范围，将它们相加以得到总和。

语法：=SUM(number1, number2,…)，其中number是要求和的数值。

2. SUMIF 函数

SUMIF函数用于根据指定条件对一组数据进行条件求和，例如可以使用SUMIF来计算某类产品的销售总额。

语法：=SUMIF(range, criteria, [sum_range])，其中range是要应用条件的数据范围，criteria是条件，[sum_range]（可选）是要求和的范围，如果省略，则默认为range。

3. SUMIFS 函数

SUMIFS函数用于根据多个条件对一组数据进行条件求和，例如可以使用SUMIFS来计算某个地区、某个产品的销售总额。

语法：=SUMIFS(sum_range, criteria_range1, criteria1, [criteria_range2, criteria2],…)，其中sum_range是要求和的范围，criteria_range1、criteria1是第一个条件范围和条件，[criteria_range2, criteria2]（可选）是额外的条件范围和条件。

4. SUMPRODUCT 函数

SUMPRODUCT函数用于执行按元素相乘后的总和操作，通常用于多个数组的计算，例如可以使用SUMPRODUCT来计算销售数量与销售价格的总收入。

语法：=SUMPRODUCT(array1, array2,…)，其中array1、array2等是要相乘并求和的数组。

为了方便大家理解，这里给出一个饮料厂的统计数据，如表3-1所示。

表 3-1　一个饮料厂的统计数据

	C	D	E	F	G	H
7	销售代码	饮料名称	容量	单位	销售价格	销售量
8	DZ0001	牛奶	330ml	瓶	5.0	2200
9	DZ0002	酸奶	550ml	瓶	8.0	950
10	DZ0003	果汁	330ml	瓶	4.0	1200
11	DZ0004	牛奶	550ml	瓶	8.0	1000
12	DZ0005	酸奶	330ml	瓶	5.0	5510
13	DZ0006	牛奶	330ml	瓶	5.0	4427
14	DZ0007	酸奶	330ml	瓶	5.0	2500
15	DZ0008	果汁	550ml	瓶	7.0	1825

使用SUM、SUMIF、SUMIFS、SUMPRODUCT对表3-1的数据进行计算，结果如表3-2所示。

表 3-2　使用函数对数据进行计算

函　数	结　果	公　式	要　求
SUM	19612	SUM(H8:H15)	求本月销量
SUMIF	7627	SUMIF(D8:D15,"牛奶",H8:H15)	求牛奶的销量
SUMIFS	6627	SUMIFS(H8:H15,D8:D15,"牛奶",E8:E15,"330ml")	求 330ml 牛奶的销量
SUMPRODUCT	106360	SUMPRODUCT(H8:H15*G8:G15)	求销量*销售额的和

3.2.2　计数函数：COUNT、COUNTIF、COUNTIFS

本小节简要介绍常用的计数函数COUNT、COUNTIF、COUNTIFS。

1．COUNT 函数

COUNT函数用于计算一组数据中包含数字的单元格数量，例如可以使用COUNT函数来统计一个区域内包含数字的单元格数量。

语法：=COUNT(value1, value2,…)，其中value1、value2等是要计数的数值或单元格引用。

2．COUNTIF 函数

COUNTIF函数用于根据指定条件计数一组数据中符合条件的单元格数量，例如可以使用COUNTIF函数来统计某个区域内符合特定条件（例如大于10的数值）的单元格数量。

语法：=COUNTIF(range, criteria)，其中range是要应用条件的数据范围，criteria是条件。

3．COUNTIFS 函数

COUNTIFS函数用于根据多个条件计数一组数据中符合所有条件的单元格数量，例如可以使用COUNTIFS函数来统计某个区域内同时符合多个条件的单元格数量，如统计销售额大于1000且产品为A的订单数量。

语法：=COUNTIFS(range1, criteria1, [range2, criteria2],…)，其中range1、criteria1是第一个条件范围和条件，[range2, criteria2]（可选）是额外的条件范围和条件。

仍然以表3-1为例进行计算，函数COUNT、COUNTIF、COUNTIFS对该表中的数据计算后，结果如表3-3所示。

表 3-3　使用函数对数据进行计算

函　数	结　果	公　式	要　求
COUNT	8	COUNT(H8:H15)	求销售批次
COUNTIF	3	COUNTIF(D8:D15,"牛奶")	求牛奶的销售批次
COUNTIFS	2	COUNTIFS(D8:D15,"牛奶",E8:E15,"330ml")	求 330ml 牛奶的销售批次

3.2.3　平均值函数：AVERAGE、AVERAGEIFS

本小节简要介绍常用的平均值函数AVERAGE、AVERAGEIFS。

1. AVERAGE 函数

AVERAGE函数用于计算一组数字的平均值，例如可以使用AVERAGE函数来计算一组考试分数的平均分。

语法：=AVERAGE(number1, number2,…)，其中number1、number2等是要计算平均值的数值或单元格引用。

2. AVERAGEIFS 函数

AVERAGEIFS函数用于根据多个条件计算一组数据中符合所有条件的单元格的平均值，例如可以使用AVERAGEIFS函数来计算某个区域内符合多个条件（例如，地区为A且产品为B）的单元格的平均值。

语法：=AVERAGEIFS(range, criteria_range1, criteria1, [criteria_range2, criteria2],…)，其中range是要计算平均值的范围，criteria_range1、criteria1是第一个条件范围和条件，[criteria_range2, criteria2]（可选）是额外的条件范围和条件。

仍然以表3-1为例进行计算，使用函数AVERAGE、AVERAGEIFS对该表中的数据计算后，结果如表3-4所示。

表 3-4　使用函数对数据进行计算

函　　数	结　　果	公　　式	要　　求
AVERAGE	5.9	AVERAGE(G8:G15)	求所有饮料的平均价格
AVERAGEIF	2542.333333	AVERAGEIF(D8:D15,"牛奶",H8:H15)	求牛奶的平均销量
AVERAGEIFS	3313.5	AVERAGEIFS(H8:H15,D8:D15,"牛奶", E8:E15,"330ml")	求 330ml 牛奶的平均销量

3.2.4　查询相关函数：VLOOKUP、LOOKUP、INDEX、MATCH

本小节简要介绍查询相关函数VLOOKUP、LOOKUP、INDEX、MATCH。

1. VLOOKUP 函数

VLOOKUP函数用于在垂直方向上查找一个值，并返回相应的结果，例如给定员工的姓名，可以使用VLOOKUP函数来查找员工的工资。

语法：=VLOOKUP(lookup_value, table_array, col_index_num, [range_lookup])，其中lookup_value是要查找的值，table_array是包含查找数据的表格范围，col_index_num表示返回结果的列索引，[range_lookup]（可选）用于指定查找方式，TRUE或省略表示近似匹配，FALSE表示精确匹配。

2. LOOKUP 函数

LOOKUP函数用于在一维数据数组中查找一个值，并返回相应的结果，例如可以使用LOOKUP函数来查找学生成绩所对应的等级。

语法：=LOOKUP(lookup_value, lookup_vector, [result_vector])，其中lookup_value是要查找

的值，lookup_vector是包含查找数据的一维数组，[result_vector]（可选）是包含相应结果的一维数组。

3．INDEX 函数

INDEX函数用于根据行号和列号从数组或范围中返回一个值，例如可以使用INDEX函数通过指定行号和列号从数据表中获取特定单元格的值。

语法：=INDEX(array, row_num, [column_num])，其中array是要从中检索数据的数组或范围，row_num表示行号，[column_num]（可选）表示列号。

4．MATCH 函数

MATCH函数用于在一维数据数组中查找一个值的位置，例如可以使用MATCH函数来确定特定产品在产品列表中的位置。

语法：=MATCH(lookup_value, lookup_array, [match_type])，其中lookup_value是要查找的值，lookup_array是包含查找数据的一维数组，[match_type]（可选）匹配的类型有三个取值，0表示精确匹配，1表示查找比lookup_value小的最大值，-1表示查找比lookup_value大的最小值。默认参数为1。

仍然以表3-1为例，使用函数VLOOKUP、LOOKUP、INDEX、MATCH对该表中的数据进行查询后，结果如表3-5所示。

表 3-5 使用函数对数据进行计算

函　　数	结　　果	公　　式	要　　求
VLOOKUP	5.00	VLOOKUP("DZ0006",C69:H76,5,FALSE)	查找销售代码 DZ0006 的销售价格
LOOKUP	DZ0008	LOOKUP(9999,G69:G76,C69:C76)	查找最后一次出现价格的销售代码
INDEX	5510	INDEX(H69:H76,5)	查找销售量区域中第 5 行的数据
MATCH	5	MATCH("销售价格",C68:H68,0)	返回"销售价格"在行标签的位置

3.2.5 排序函数：RANK、MAX、MIN、LARGE、SMALL、COUNTA

本小节简要介绍常用的排序函数RANK、MAX、MIN、LARGE、SMALL、COUNTA。

1．RANK 函数

RANK函数用于确定一组数字在排序顺序中的排名，例如可以使用RANK函数来确定学生在一次考试中的排名。

语法：=RANK(number, ref, [order])。其中number是要确定排名的数字，ref是包含数字的范围，[order]（可选）指定排序顺序，1表示升序（从小到大），0表示降序（从大到小）。

2．MAX 函数

MAX函数用于查找一组数字中的最大值，例如可以使用MAX函数来找到某个数据集中的最大值。

语法：=MAX(number1, number2,…)，其中number1、number2等是要比较的数值或单元格引用。

3．MIN 函数

MIN函数用于查找一组数字中的最小值，例如可以使用MIN函数来找到某个数据集中的最小值。

语法：MIN(number1, number2,…)，其中number1、number2等是要比较的数值或单元格引用。

4．LARGE 函数

LARGE函数用于查找一组数字中的第N大的值，例如可以使用LARGE函数来找到销售额数据中的第三大值。

语法：=LARGE(array, k)，其中array是包含数字的范围，k表示要查找的第N大的值的位置。

5．SMALL 函数

SMALL函数用于查找一组数字中的第N小的值，例如可以使用SMALL函数来找到成绩数据中的第五小值。

语法：=SMALL(array, k)，其中array是包含数字的范围，k表示要查找的第N小的值的位置。

6．COUNTA 函数

COUNTA函数用于计算一组数据中非空单元格的数量，例如可以使用COUNTA函数来统计某个范围内非空单元格的数量，以了解数据的完整性。

语法：=COUNTA(value1, value2,…)，其中value1、value2等是要计算的数值、文本或单元格引用。

为了方便大家理解，这里提供一些上市公司的统计数据，并进行排序，如表3-6所示。

表3-6　一些上市公司的统计数据

	C	D	E
43	上市公司	利润率	利润率排名
44	A	5.0%	6
45	B	8.3%	3
46	C	15.0%	1
47	D	11.0%	2
48	E	6.5%	5
49	F	7.4%	4

使用函数RANK、MAX、MIN、LARGE、SMALL、COUNTA对表3-6中的数据进行排序，结果如表3-7所示。

表3-7　使用函数对数据进行计算

函　　数	结　　果	公　　式	要　　求
RANK	3	RANK(D45,$D$44:$D$49)	B 公司的利润率排名
MAX	15.0%	MAX(D44:D49)	最高利润率
LARGE	11.0%	LARGE(D44:D49,2)	第 2 高利润率
MIN	5.0%	MIN(D44:D49)	最低利润率
SMALL	6.5%	SMALL(D44:D49,2)	第 2 低利润率

3.2.6　取整或四舍五入函数：INT、ROUND

本小节简要介绍常用的取整或四舍五入函数INT、ROUND。

1．INT 函数

INT函数用于将一个数值向下取整到最接近的整数，例如使用INT函数将2.9取整，结果将是2。

语法：=INT(number)，其中number是要取整的数值。

2．ROUND 函数

ROUND函数用于将一个数值四舍五入到指定的小数位数，例如使用ROUND函数将2.9四舍五入到一位小数，结果将是3.0。

语法：=ROUND(number, num_digits)，其中number是要四舍五入的数值，num_digits是要保留的小数位数。

为了方便大家理解，这里提供一些上市公司的统计数据，并进行计算，如表3-8所示。

表 3-8　一些上市公司的统计数据

	C	D
55	上市公司	利润总额
56	A	110,536.26
57	B	46,506.13
58	C	61,334.45
59	D	33,700.63
60	E	106,492.37
61	F	91,664.59

使用函数INT、ROUND对表3-8中的数据进行计算，结果如表3-9所示。

表 3-9　使用函数对数据进行计算

函　　数	结　　果	公　　式	要　　求
INT	110,536.00	INT(D56)	A 公司的利润取整数
ROUND	110,536.30	ROUND(D56,1)	A 公司的利润保留小数点后 1 位小数

3.2.7　行列相关引用函数：ROW、COLUMN

本小节简要介绍常用的行列相关引用函数ROW、COLUMN。

1．ROW 函数

ROW函数用于返回指定单元格的行号。例如，可以使用ROW函数来获取某个单元格的行号。

语法：=ROW(reference)，其中reference是要获取行号的单元格引用。

2．COLUMN 函数

COLUMN函数用于返回指定单元格的列号。例如，可以使用COLUMN函数来获取某个单元格的列号。

语法：=COLUMN(reference)，其中reference是要获取列号的单元格引用。

这里简单给出函数ROW、COLUMN的使用案例，如表3-10所示。

表 3-10 函数 ROW、COLUMN 的使用案例

函　　数	结　　果	公　　式	要　　求
ROW	3	ROW(A3)	返回 A3 的行号
COLUMN	1	COLUMN(A3)	返回 A3 的列号

3.2.8　计算存款还款相关的函数：RATE、FV、PV、PMT、NPER

本小节简要介绍常用的计算存款还款相关的函数RATE、FV、PV、PMT、NPER。

1. RATE 函数

RATE函数用于计算贷款或投资的利率。例如，可以使用RATE函数来计算贷款的年利率。

语法：=RATE(nper, pmt, pv, [fv], [type])，其中nper是期数，pmt是每期支付的金额，pv是现值或贷款的总额，[fv]（可选）是将来值或投资的未来价值，[type]（可选）是付款类型（0表示期初支付，1表示期末支付）。

2. FV 函数

FV函数用于计算投资或贷款在一定期限内的未来价值。例如，可以使用FV函数来确定存款在若干年后的价值。

语法：=FV(rate, nper, pmt, [pv], [type])，其中rate是每期的利率，nper是期数，pmt是每期支付的金额，[pv]（可选）是现值或投资的总额，[type]（可选）是付款类型（0表示期初支付，1表示期末支付）。

3. PV 函数

PV函数用于计算未来价值的现值，也就是投资或贷款的当前价值。例如，可以使用PV函数来确定未来收入的现值。

语法：=PV(rate, nper, pmt, [fv], [type])，其中rate是每期的利率，nper是期数，pmt是每期支付的金额，[fv]（可选）是将来值或投资的未来价值，[type]（可选）是付款类型（0表示期初支付，1表示期末支付）。

4. PMT 函数

PMT函数用于计算贷款的每期付款额。例如，可以使用PMT函数来确定每月的贷款还款额。

语法：=PMT(rate, nper, pv, [fv], [type])，其中rate是每期的利率，nper是期数，pv是现值或贷款的总额，[fv]（可选）是将来值或投资的未来价值，[type]（可选）是付款类型（0表示期初支付，1表示期末支付）。

5. NPER 函数

NPER函数用于计算贷款或投资的期数。例如，可以使用NPER函数来确定需要多少期才能还清贷款。

语法：=NPER(rate, pmt, pv, [fv], [type])，其中rate是每期的利率，pmt是每期支付的金额，pv是现值或贷款的总额，[fv]（可选）是将来值或投资的未来价值，[type]（可选）是付款类型（0表示期初支付，1表示期末支付）。

为了方便大家理解，这里提供一个投资项目的数据，并进行计算，如表3-11所示。

表 3-11 一个投资项目数据

	A	B
100	项目	数据
101	投资总额	5,000,000
102	月支付额	-160,000
103	付款期限(年)	3
104	月投资利率	0.7858%
105	年投资利率	9.43%

使用函数RATE、FV、PV、PMT、NPER对表3-11的数据进行计算，结果如表3-12所示。

表 3-12 使用函数对数据进行计算

函 数	结 果	公 式	要 求
RATE	0.7858%	RATE(3*12,-160000,5000000)	根据已知条件计算月投资利率
PV	5,000,000	PV(D104,36,-160000,,0)	根据已知条件计算现值
FV	6,627,429	FV(D104,D103*12,D102,,)	根据已知条件计算终值
PMT	-160,000	PMT(D104,D103*12,D101,,)	根据已知条件计算月支付金额
NPER	36	NPER(D104,D102,D101,,)	根据已知条件计算支付期限月份

3.2.9 日期相关函数：DATE、EDATE、TODAY、MONTH、EOMONTH

本小节简要介绍常用的日期相关函数DATE、EDATE、TODAY、MONTH、EOMONTH。

1．DATE 函数

DATE函数用于根据给定的年、月和日创建一个日期值。例如，可以使用DATE函数来创建一个特定日期的日期值。

语法：=DATE(year, month, day)，其中year是年份，month是月份，day是日期。

2．EDATE 函数

EDATE函数用于在给定的日期上添加或减去若干月。例如，可以使用EDATE函数来计算一年后的日期。

语法：=EDATE(start_date, months)，其中start_date是起始日期，months是要添加或减去的月数。

3．TODAY 函数

TODAY函数用于返回当前日期。例如，可以使用TODAY函数来获取今天的日期。

语法：=TODAY()，无须输入任何参数。

4．MONTH 函数

MONTH函数用于从日期值中提取月份。例如，可以使用MONTH函数来获取一个日期的月份部分。

语法：=MONTH(serial_number)，其中serial_number是日期值或日期单元格的引用。

5. EOMONTH 函数

EOMONTH函数用于返回某个月的最后一天的日期。例如，可以使用EOMONTH函数来获取下个月的最后一天的日期。

语法：=EOMONTH(start_date, months)，其中start_date是起始日期，months是要添加的月数。

为了方便大家理解，这里提供一些财务数据，并进行计算，如表3-13所示。

表 3-13　一些财务数据示例

	C	D	E	F
116	产品	开票时间	预计回款日期	实际回款时间
117	A	1/25/2023	4/25/2023	6/20/2023
118	B	2/25/2023	5/25/2023	7/28/2023
119	C	1/25/2023	4/25/2023	6/22/2023
120	D	3/25/2023	6/25/2023	8/15/2023

使用函数DATE、EDATE、TODAY、MONTH、EOMONTH对表3-13的数据进行计算，结果如表3-14所示。

表3-14　使用函数对数据进行计算

函　　数	结　　果	公　　式	要　　求
EDATE	4/25/2023	EDATE("2023-1-25",3)	计算开票日期后 3 个月的回款日期
DATE	6/20/2023	DATE(2023,6,20)	返回指定的日期
TODAY	9/5/2023	TODAY()	返回当天日期
MONTH	6	MONTH("2023-6-20")	返回指定日期的月份

3.2.10　逻辑函数：IF、AND、OR

本小节简要介绍常用的逻辑函数IF、AND、OR。

1. IF 函数

IF函数用于根据某个条件返回不同的值。例如，可以使用IF函数来判断成绩是否及格并返回相应的结果。

语法：=IF(logical_test, value_if_true, value_if_false)，其中logical_test是要测试的条件，value_if_true是条件为真时返回的值，value_if_false是条件为假时返回的值。

2. AND 函数

AND函数用于判断多个条件是否同时成立，如果所有条件都成立，则返回TRUE，否则返回FALSE。例如，可以使用AND函数来检查某人是否同时满足多个资格条件。

语法：=AND(condition1, condition2,…)，其中condition1、condition2等是要检查的条件。

3. OR 函数

OR函数用于判断多个条件中是否有一个或多个条件成立，如果至少有一个条件成立，则返回TRUE，否则返回FALSE。例如，可以使用OR函数来判断是否至少有一个产品在销售中。

语法：=OR(condition1, condition2,…)，其中condition1、condition2等是要检查的条件。

为了方便大家理解，这里提供一些产品数据，并进行计算，如表3-15所示。

在预设利润率>10%，定义为利润高，销售量>20000，定义为销量高的前提下，使用函数IF、AND、OR对表3-15的数据进行计算，结果如表3-16所示。

表 3-15　一些产品数据

	C	D	E
137	产品	利润率	销售量
138	A	8%	30000
139	B	2%	15000
140	C	15%	18000
141	D	13%	26000

表 3-16　使用函数对数据进行计算

函　　数	结　果	公式	要　　求
IF	大于 2 万	IF(E138>20000,"大于 2 万","小于 2 万")	销量大于 20000 的显示"大于 2 万"
AND	Y	IF(AND(D141>10%,E141>20000),"Y","")	若利润高于 10%且销量大于 20000，则显示"Y"
OR	Y	IF(OR(D138>10%,E138>20000),"Y","")	若利润高于 10%或销量大于 20000，则显示"Y"

3.3　本章习题

打开附赠文档"第 3 章习题.xlsx"的第一张表单，对表 3-17 所示的数据进行计算。

表 3-17　工资数据

工　　号	姓　　名	岗　　位	基本工资	月度表现	奖　　金	科　　室
N0001	小王	经理	8000	优秀	2000	一科
N0002	小林	主任	13000	良好	1000	一科
N0003	小胡	经理	8100	优秀	2000	一科
N0004	小罗	主管	5000	一般	1000	一科
N0005	小敏	主任	12000	良好	3000	二科
N0006	小威	经理	8500	一般	1000	二科
N0007	小可	主任	12000	良好	2000	二科
N0008	小飞	主管	5600	优秀	1000	二科

（1）计算经理的基本工资平均是多少？

（2）一科的经理合计工资（包括基本工资+奖金）是多少？

（3）该公司有多少经理？多少主管？多少主任？

（4）工资总额最高的是谁？用函数进行判断，并用函数查找出对应的工号和姓名。

（5）查找出N0004号员工的姓名、科室和基本工资。

第 4 章

掌握 Excel 透视表

Excel透视表是一种数据分析工具，它允许用户以简单而直观的方式对大量数据进行汇总和分析。透视表通过将数据按照用户选择的特定字段进行分组和聚合，以生成可读性高、易于理解的汇总报表。用户可以根据需要灵活地调整透视表的布局，以便深入挖掘数据中的关键信息。

透视表的作用非常广泛。它可以帮助用户迅速了解数据的概况，包括数据的总体趋势、关键指标和模式，也可用于识别数据中的异常或趋势，从而支持数据驱动的决策制定。此外，它还能够帮助用户发现不同数据元素之间的关联性，以便更好地理解业务过程或市场趋势。

Excel透视表是一个强大的工具，本章就一起来学习透视表的结构与使用方法。

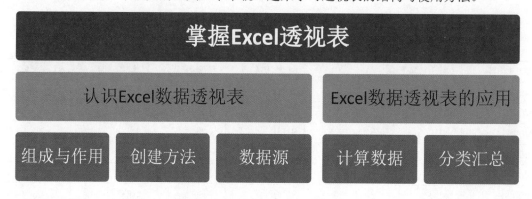

4.1 认识Excel数据透视表

要掌握Excel数据透视表，必须先了解它由哪些部分组成以及各组成部分的作用，并且还要掌握它的创建方法以及与数据源之间的关系。

4.1.1 Excel 数据透视表的组成

Excel数据透视表（以下简称透视表）是一种工具，用于重新组合和排列数据源中的数据以进行统计分析。因此，任何透视表的制作首先要有一个数据源，这个数据源通常包括财务数据、销售数据和生产数据等，如图4-1所示。

	销售地区	分店	制单日期	编码	品名	规格	单位	数量	单价	金额	业务员
1											
2	东北地区	吉林	3/1/2023	M56081	M56081面包机	M56081-800W	台	123	2,000	246,000	温彬
3	东北地区	黑龙江	3/1/2023	K23068	K23068咖啡机	K23068-1500W	台	108	4,430	478,440	李荣
4	东北地区	黑龙江	3/1/2023	K23065	K23065咖啡机	K23065-1000W	台	97	3,200	310,400	张鸣
5	东北地区	辽宁	3/4/2023	Z350-6	Z350-6烤箱	Z350-6-2000W	台	62	8,200	508,400	杨悦
6	东北地区	大连	3/4/2023	M56081	M56081面包机	M56081-800W	台	49	2,000	98,000	付毅
7	东北地区	大连	3/5/2023	K23065	K23065咖啡机	K23065-1000W	台	128	3,200	409,600	李香
8	东北地区	辽宁	3/7/2023	M56081	M56081面包机	M56081-800W	台	85	2,000	170,000	周洁
9	东北地区	黑龙江	3/10/2023	M56090	M56090面包机	M56090-1000W	台	86	3,000	258,000	卢鹤
10	东北地区	辽宁	3/11/2023	Z350-6	Z350-6烤箱	Z350-6-2000W	台	49	8,200	401,800	杨悦
11	东北地区	辽宁	3/11/2023	M56081	M56081面包机	M56081-800W	台	34	2,000	68,000	李文
12	东北地区	辽宁	3/11/2023	M56081	M56081面包机	M56081-800W	台	118	2,000	236,000	周洁
13	东北地区	吉林	3/13/2023	K23065	K23065咖啡机	K23065-1000W	台	104	3,200	332,800	文娜
14	东北地区	黑龙江	3/13/2023	M56090	M56090面包机	M56090-1000W	台	123	3,000	369,000	陈艳
15	东北地区	辽宁	3/13/2023	M56081	M56081面包机	M56081-800W	台	89	2,000	178,000	金宁
16	东北地区	黑龙江	3/14/2023	K23068	K23068咖啡机	K23068-1500W	台	59	4,430	261,370	陈艳
17	东北地区	辽宁	3/14/2023	K23068	K23068咖啡机	K23068-1500W	台	98	4,430	434,140	沈励
18	东北地区	大连	3/14/2023	M56081	M56081面包机	M56081-800W	台	139	2,000	278,000	李香
19	东北地区	辽宁	3/14/2023	M56081	M56081面包机	M56081-800W	台	49	2,000	98,000	李文
20	东北地区	辽宁	3/16/2023	K23068	K23068咖啡机	K23068-1500W	台	63	4,430	279,090	杨悦
21	东北地区	吉林	3/17/2023	Z350-6	Z350-6烤箱	Z350-6-2000W	台	107	8,200	877,400	文娜
22	东北地区	吉林	3/18/2023	Z460-8	Z460-8烤箱	Z460-8-2000W	台	68	9,200	625,600	金玲
23	东北地区	黑龙江	3/19/2023	Z230-3	Z230-3烤箱	Z230-3-2000W	台	95	4,200	399,000	张鸣
24	东北地区	黑龙江	3/19/2023	M56081	M56081面包机	M56081-800W	台	86	2,000	172,000	陈艳
25	东北地区	大连	3/24/2023	K23068	K23068咖啡机	K23068-1500W	台	59	4,430	261,370	李香
26	东北地区	黑龙江	3/26/2023	K23061	K23061咖啡机	K23061-800W	台	44	2,200	96,800	卢鹤
27	东北地区	辽宁	3/26/2023	K23065	K23065咖啡机	K23065-1000W	台	94	3,200	300,800	周洁
28	东北地区	大连	3/27/2023	Z460-8	Z460-8烤箱	Z460-8-2000W	台	40	9,200	368,000	李香
29	东北地区	辽宁	3/29/2023	K23061	K23061咖啡机	K23061-800W	台	127	2,200	279,400	杨悦
30	东北地区	辽宁	4/3/2023	K23068	K23068咖啡机	K23068-1500W	台	69	4,430	305,670	周洁
31	东北地区	大连	4/6/2023	K23068	K23068咖啡机	K23068-1500W	台	47	4,430	208,210	吴雁
32	东北地区	辽宁	4/7/2023	M56090	M56090面包机	M56090-1000W	台	106	3,000	318,000	金宁
33	东北地区	吉林	4/7/2023	M56081	M56081面包机	M56081-800W	台	110	2,000	220,000	沈励
34	东北地区	辽宁	4/8/2023	M56090	M56090面包机	M56090-1000W	台	69	3,000	207,000	金宁
35	东北地区	辽宁	4/8/2023	Z460-8	Z460-8烤箱	Z460-8-2000W	台	129	9,200	1,186,800	金宁
36	东北地区	吉林	4/10/2023	M56090	M56090面包机	M56090-1000W	台	76	3,000	228,000	文娜
37	东北地区	吉林	4/11/2023	Z460-8	Z460-8烤箱	Z460-8-2000W	台	55	9,200	506,000	沈励
38	东北地区	黑龙江	4/11/2023	M56090	M56090面包机	M56090-1000W	台	55	3,000	165,000	卢鹤
39	东北地区	吉林	4/12/2023	K23061	K23061咖啡机	K23061-800W	台	45	2,200	99,000	刘鹏

图 4-1

1. 字段与区域的作用

以图4-1中的表格为数据源建立透视表后，在Excel窗口右侧会出现透视表设置窗格，可以看到透视表的设置部分由字段和区域组成，如图4-2所示。

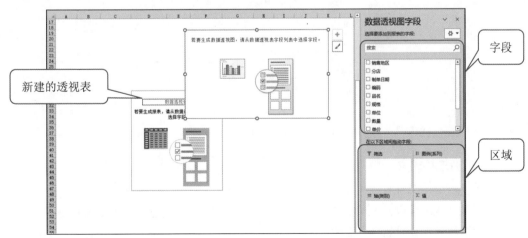

图 4-2

用户可以把不同的字段拖动到不同的区域中进行透视。比如把"地区"字段拖动到行区域，把"品名"字段拖动到列区域，把"金额"字段拖动到Σ值区域，就会得到如图4-3所示的透视表。

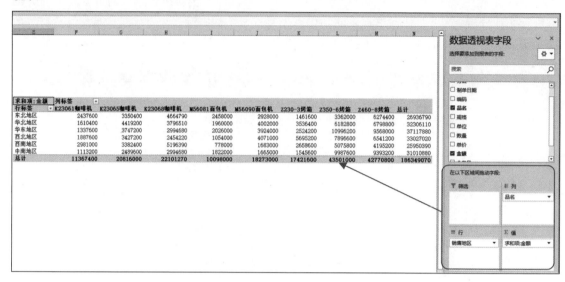

图 4-3

如果把"品名"字段从列区域移除掉，就会得到如图4-4所示的透视表。

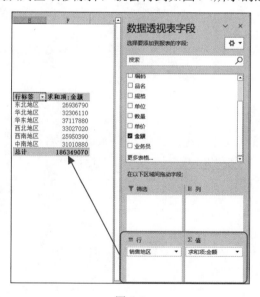

图 4-4

可以拖动的区域有"筛选""列""行"和"Σ值"，每个区域有不同的作用：

- 筛选区域：筛选区域用于筛选数据透视表中要显示的数据。用户可以选择字段，例如日期范围、地理区域、产品类别等。比如将"品名"拖动到筛选区域，表上方就会出现一个"品名"筛选下拉列表，在该下拉列表中，可以选择对任意"品名"字段进行单独统计。当然，也可以现在"选择多项"复选框进行多项合并统计，如图 4-5 所示。

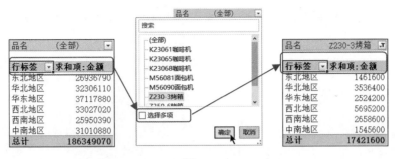

图 4-5

- 列区域：列区域用于定义数据透视表的列维度。用户可以将一个或多个字段拖动到列区域，以将数据按照这些字段的值进行分组。列区域通常用于创建数据透视表的列标题。
- 行区域：行区域用于定义数据透视表的行维度。在这里，用户可以将一个或多个字段拖动到行区域，以将数据按照这些字段的值进行分组。行区域通常用于创建数据透视表的行标题。
- Σ值区域：Σ值区域用于选择要在数据透视表中统计和显示的数值字段。用户可以将数值字段拖动到Σ值区域，然后选择所需的统计函数（如求和、平均值、计数等）。Σ值区域中的字段用于计算数据的统计指标。

提示　多个字段可以拖动到同一个区域进行组合透视。比如，将"销售地区""分店"和"业务员"字段都集中拖动到行区域，将"金额"和"数量"字段都集中拖动到Σ值区域，形成的透视表如图 4-6 所示。

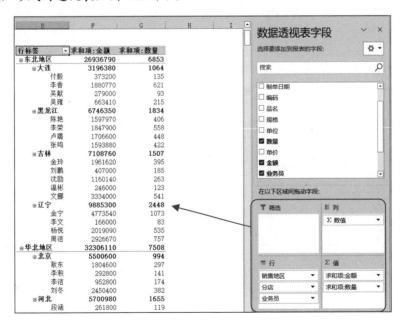

图 4-6

2. 修改计算类型

在透视表中，我们不仅可以对数据进行求和，还可以进行计数、求平均数等操作。在透视表中选择需要修改计算方式的数据并右击，在弹出的菜单中选择"值字段设置"选项，然后在弹出的"值字段设置"对话框中选择计算类型，如图4-7所示。

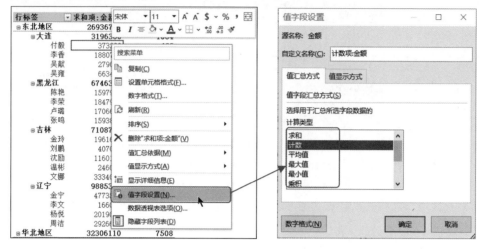

图 4-7

3．行列区域切换

已经拖动到区域中的字段可以进行行列互换，比如，"品名"字段在列区域，"销售地区"字段在行区域，则透视表如图4-8所示。

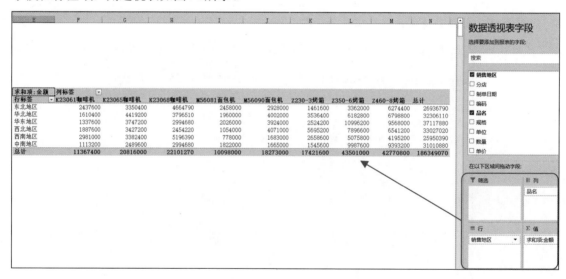

图 4-8

如果将"品名"字段拖动到行区域，再将"销售地区"字段拖动到列区域，则透视表如图4-9所示。

4．字段取消

对于不需要的字段，可以使用两种方法将它取消。一种方法是直接将该字段拖出区域，如图4-10所示；另一种是单击该字段后，在下拉菜单中选择"删除字段"选项，如图4-11所示。

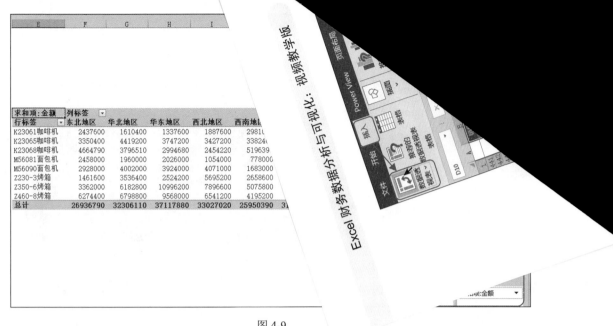

图 4-9

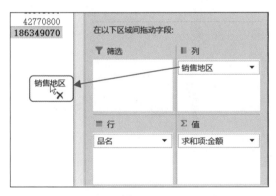

图 4-10

图 4-11

4.1.2 创建 Excel 数据透视表

在了解了透视表的组成以后,再来学习如何从数据源中创建透视表。创建方法通常有两种:一种是直接创建;另一种是先为数据源创建表,再创建透视表。

1. 直接创建

在普通的表上选中所有数据(不能有空行),然后在"插入"选项卡中单击"数据透视表"按钮,如图4-12所示。

> 🎮➕提示 全选数据的方法: 先单击任意一个数据,然后按 Ctrl + A 组合键。

在弹出的对话框中选择透视表的位置,既可以使用新工作表,也可以在现有工作表中选择位置来放置透视表。如果选择了"现有工作表"单选项,则要单击某个单元格指定位置(位置会显示在"位置"文本框中),然后单击"确定"按钮,如图4-13所示。

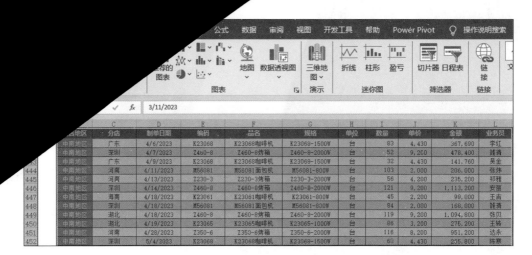

图 4-12

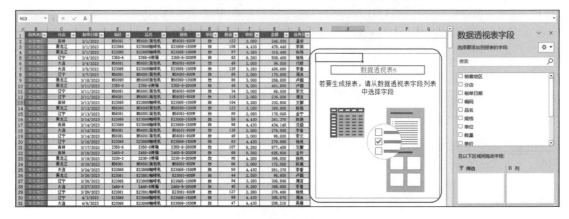

图 4-13

单击"确定"按钮后，指定位置就会出现一个空白的透视表，如图4-14所示。

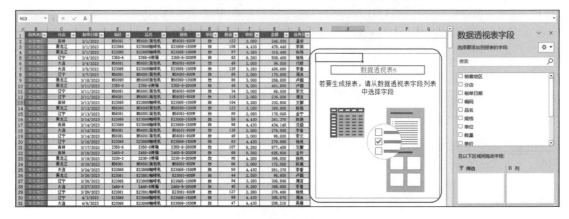

图 4-14

2. 先为数据源创建表，再创建透视表

也可以先为数据源创建表，再创建透视表。什么是为数据源创建表？其实就是为指定的数据源增加一个"名字"，通过这个名字，在这个Excel工作簿中的其他表单、其他函数、其他工具都可以方便地调用该数据源，而不必每次都手工选择数据源。

为数据源创建表的方法很简单，首先选中数据源，然后单击"插入"选项卡下的"表格"按钮，在弹出的"创建表"对话框中，直接单击"确定"按钮，如图4-15所示。

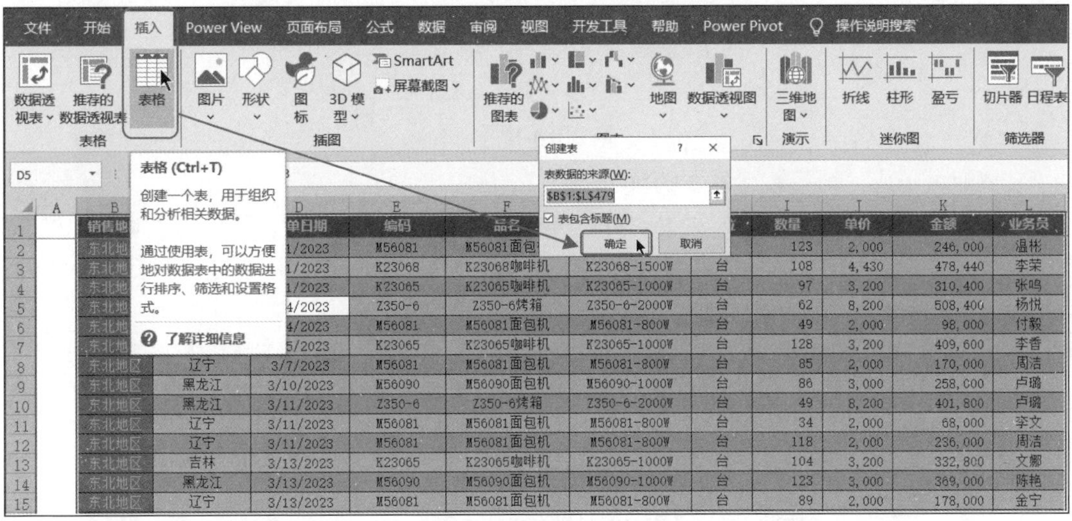

图 4-15

创建成功后，可以看到每个字段（表头）单元格右侧都增加了筛选按钮，此时可在"表设计"选项卡中输入表名称，如"销售数据"，如图4-16所示。

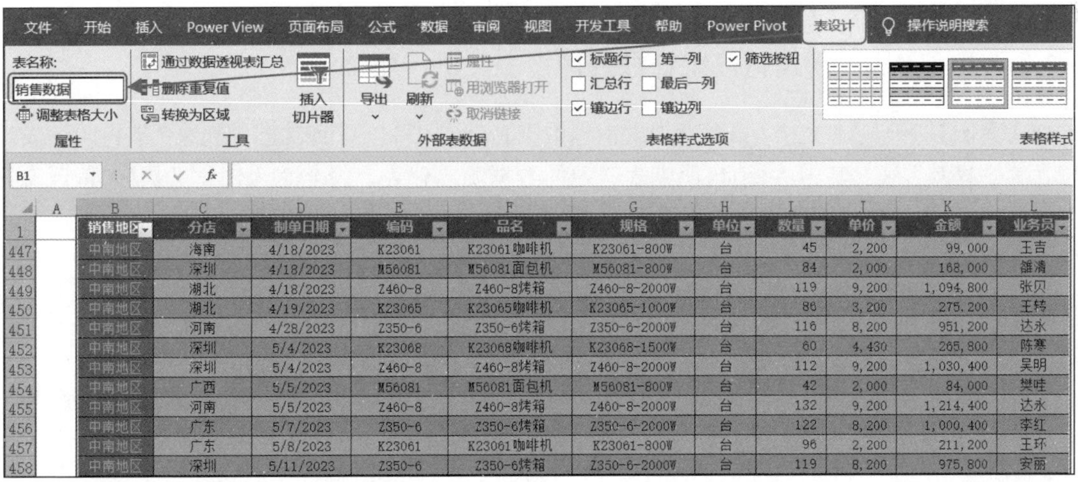

图 4-16

这样这个表就有了一个名称，引用这个名称就相当于引用这个表。要利用表名称来创建透视表，可以选择任意空白单元格后，单击插入选项卡下的"数据透视表"按钮，在弹出的对话框中的"表/区域"文本框中输入表名称"销售数据"，然后单击"确定"按钮，如图4-17所示。

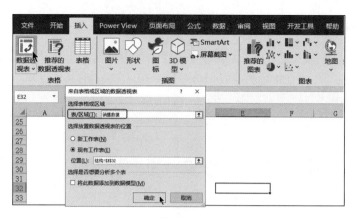

图 4-17

之后即可生成"销售数据"表的透视表。

为数据源创建表的另一个好处是，可以快速地增删数据，比如要增加一行"华北地区"的数据，只需在表下新的一行输入"华北地区"并按回车键，就可以自动创建一整行属于该表的新数据，如图4-18所示。

	A		C	D	E	F	G	H	I	J	K	L
1		销售地区	分店	制单日期	编码	品名	规格	单位	数量	单价	金额	业务员
473		中南地区	广东	5/24/2023	Z350-6	Z350-6烤箱	Z350-6-2000W	台	115	8,200	943,000	李锐
474		中南地区	湖北	5/25/2023	Z460-8	Z460-8烤箱	Z460-8-2000W	台	110	9,200	1,012,000	刘浩
475		中南地区	海南	5/28/2023	K23068	K23068咖啡机	K23068-1500W	台	95	4,430	420,850	王吉
476		中南地区	广东	5/28/2023	M56081	M56081面包机	M56081-800W	台	121	2,000	242,000	李锐
477		中南地区	湖北	5/29/2023	Z350-6	Z350-6烤箱	Z350-6-2000W	台	60	8,200	492,000	王铎
478		中南地区	河南	5/31/2023	Z230-3	Z230-3烤箱	Z230-3-2000W	台	43	4,200	180,600	达永
479		华北地区	北京	5/29/2023	Z230-3	Z230-3烤箱	Z230-3-2000W	台	2	4,200	470,400	耿东
480		华北地区										

图 4-18

提示 在创建了表的数据源中增删数据时，其引用范围会自动调整，不会导致引用的数据出现错误。

4.1.3 上机实战：创建销售统计数据透视表并进行修饰

【案例】打开附赠文档"第4章数据-销售数据1.xlsx"，可以看到文档中包含"销售明细表"与"实战案例"表。其中，"销售明细表"中的数据源已建表，表名为"销售数据"，可以直接引用。切换到"实战案例"表，可看到一个演示透视表，如图4-19所示。

	A	B	C	D	E	F	G	H	I	J	K
1		案例：使用透视表做销售数据统计									
6							分店	北京			
8							品名	数量	金额		
9							K23061咖啡机	54	118,800.00		
10							K23065咖啡机	313	1,001,600.00		
11							M56081面包机	87	174,000.00		
12							M56090面包机	45	135,000.00		
13							Z230-3烤箱	157	1,125,600.00		
14							Z350-6烤箱	164	1,344,800.00		
15							Z460-8烤箱	174	1,600,800.00		
							总计	994	5,500,600.00		

图 4-19

现在我们模仿这个现存的演示透视表，新建一个一模一样的透视表进行练习。

01 选择一个单元格，单击"插入"选项卡下的"数据透视表"按钮，并在弹出的对话框的"表/区域"文本框中输入"销售数据"，然后单击"确定"按钮，如图4-20所示。

02 将"品名"字段拖入行区域，将"数量"和"金额"字段拖入Σ值区域，并将"分店"字段拖入到筛选区域，这样在结构上就与演示透视表一样了，如图4-21所示。

图 4-20

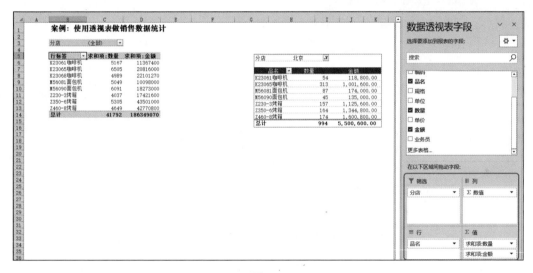

图 4-21

03 在分店下拉菜单中选择"北京"，并单击"确定"按钮，筛选出所有在北京分店中销售的产品，如图4-22所示。

04 接下来把三个表头修改为"品名""数量"和"金额"，如图4-23所示。

图 4-22

图 4-23

> **提示** 由于在本工作簿中已经存在了"数量"和"金额"表头，因此在新透视表中无法输入相同的表头。此时我们可以在新透视表的"数量"和"金额"后面分别添加一个空格，就可以避免错误提示。

05 接下来进行简单的美化。切换到"设计"选项卡，单击"数据透视表样式"下拉按钮，选择"玫瑰红，数据透视表样式中等深浅3"样式，如图4-24所示。

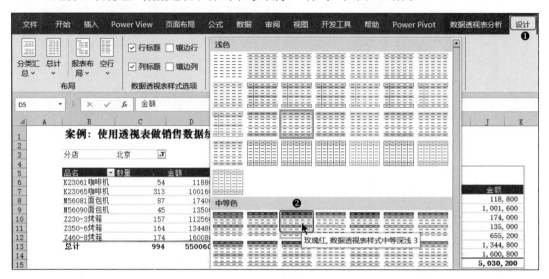

图 4-24

06 将金额设置为千位分隔样式。选择"金额"列，单击"开始"菜单中的"千位分隔样式"按钮，这样所有的金额都会使用逗号进行分隔，如图4-25所示。

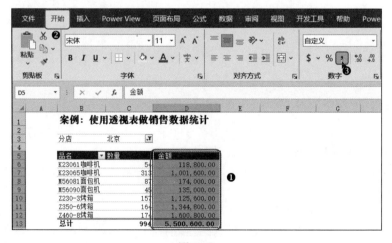

图 4-25

07 最后将表头设置为居中对齐。选择三个表头，单击"开始"菜单中的"居中"按钮，这样三个表头都居中了，如图4-26所示。

这样，就新建了一个和演示透视表一样的新透视表。

图 4-26

4.1.4 Excel 数据透视表刷新数据

为数据源建立透视表以后,数据源可能会涉及修改、删除、插入和新增等操作,数据项目以及数值都可能会发生变动。需要注意的是,数据源变动以后,透视表并不会自动刷新,仍然会显示原来的透视结果,需要用户手动为之刷新。

1. 单个透视表刷新

单个透视表刷新的操作很简单,只需在透视表内任意单元格右击,在弹出的菜单中选择"刷新"选项即可,如图4-27所示。

2. 所有透视表刷新

一个工作簿中可能存在多个透视表,如果逐一进行手工刷新,工作量会较大。此时可以采用全部刷新的方法来更新数据。

图 4-27

选中任意一个透视表中的任意一个单元格,在Excel菜单栏中会出现"数据透视表分析"选项卡。单击"刷新"下拉菜单中的"全部刷新"选项,即可刷新所有的透视表,如图4-28所示。

图 4-28

4.2 Excel数据透视表的应用

在4.1节讲解了Excel数据透视表的创建方法和基本结构，本节就来学习使用Excel数据透视表计算数据以及分类汇总的实战方法。打开附赠文档"第4章数据-销售数据2.xlsx"，可以看到文档中包含"销售明细表""计算数据""分类汇总"和"筛选数据"表单。

4.2.1 上机实战：使用透视表计算销售数据

【案例】在"计算数据"表中，有两个演示透视表，第一个主要用于计算各地区销售数量的求和、计数与平均值，如图4-29所示。第二个主要用于计算各地区销售金额在总销售金额中的占比，如图4-30所示。

行标签	求和项:数量	计数项:数量2	平均值项:数量3
东北地区	6853	81	84.6
华北地区	7507	83	90.4
华东地区	7758	88	88.2
西南地区	6243	73	85.5
总计	28361	325	87.3

行标签	金额	金额占比
东北地区	26936790	22.11%
华北地区	31835710	26.13%
华东地区	37117880	30.46%
西南地区	25950390	21.30%
总计	121840770	100.00%

图 4-29　　　　　　　　　　　　　　　　图 4-30

1. 计算各地区销售数量的求和、计数与平均值

01 选中"销售明细表"中的数据进行建表，并命名为"销售数据"。

02 在"计算数据"表中选中空白单元格，并单击"插入"选项卡下的"数据透视表"按钮，在弹出的对话框的"表/区域"文本框中输入"销售数据"，并单击"确定"按钮，如图4-31所示。

03 在新建的透视表中，将"销售地区"字段拖入行区域，将"数量"字段拖入Σ值区域三次，形成一个四列的透视表，其中第二列到第四列都是对销售数量的求和，如图4-32所示。

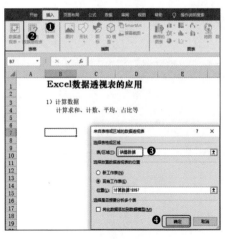

图 4-31　　　　　　　　　　　　　　　　图 4-32

04 修改第三列的数据的计算类型为计数。在透视表第三列的任意数据上右击,在弹出的菜单中选择"值字段设置"选项,如图4-33所示。

05 在弹出的"值字段设置"对话框中,选择计算类型为"计数",并单击"确定"按钮,即可将第三列设置为计数,如图4-34所示。

图 4-33

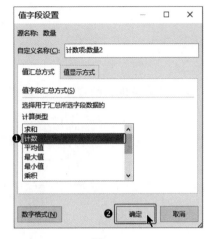

图 4-34

06 按照同样的方法,将第四列的计算类型设置为"平均值",设置完成后,如图4-35所示。

行标签 ▼	求和项:数量	计数项:数量2	平均值项:数量3
东北地区	6853	81	84.60493827
华北地区	7507	83	90.44578313
华东地区	7758	88	88.15909091
西南地区	6243	73	85.52054795
总计	28361	325	87.26461538

图 4-35

07 由于第四列的小数太长,需要进行圆整。选中第四列的数据,单击"开始"选项卡下的"减少小数位数"按钮,将第四列的数据圆整为只显示一位小数,如图4-36所示。

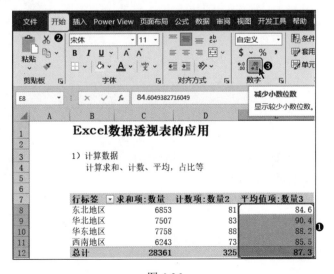

图 4-36

08 接下来进行简单的美化与格式调整。为透视表添加一个样式，完成后效果如图4-37所示，可以看到与演示透视表一样。

行标签	求和项:数量	计数项:数量2	平均值项:数量3
东北地区	6853	81	84.6
华北地区	7507	83	90.4
华东地区	7758	88	88.2
西南地区	6243	73	85.5
总计	28361	325	87.3

图 4-37

2. 计算各地区销售金额在总销售金额中的占比

01 在"计算数据"表中选中空白单元格，新建一个空白透视表，数据源为"销售数据"。

02 在新建的透视表中，将"销售地区"字段拖入行区域，将"金额"字段拖入Σ值区域两次，形成一个三列的透视表，其中第二列到第三列都是对销售数量的求和，如图4-38所示。

图 4-38

03 在第三列的数据上右击，在弹出的菜单中选择"值显示方式"子菜单下的"总计的百分比"选项，如图4-39所示。

04 第三列的数据就变成了总计的百分比，如图4-40所示。

05 接下来为透视表设置一个样式，并设置第二列数据的表头为"金额"，第三列数据的表头为"金额占比"，然后表头格式设置为居中显示，如图4-41所示，可以看到与演示透视表一样。

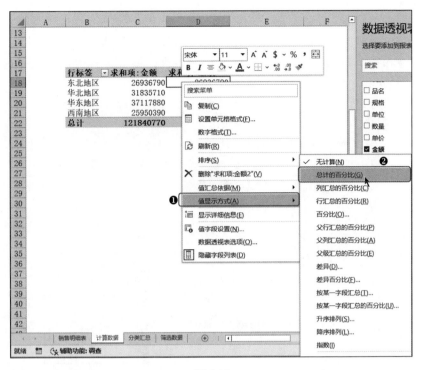

图 4-39

行标签 ▼	求和项:金额	求和项:金额2
东北地区	26936790	22.11%
华北地区	31835710	26.13%
华东地区	37117880	30.46%
西南地区	25950390	21.30%
总计	121840770	100.00%

图 4-40

行标签 ▼	金额	金额占比
东北地区	26936790	22.11%
华北地区	31835710	26.13%
华东地区	37117880	30.46%
西南地区	25950390	21.30%
总计	121840770	100.00%

图 4-41

4.2.2　上机实战：使用数据透视分类汇总销售数据

【案例】打开附赠文档"第4章数据-销售数据2.xlsx"，切换到"分类汇总"表，可以看到表中有一个演示透视表，如图4-42所示。

销售地区 ▼	品名 ▼	数量	金额
东北地区	咖啡机	3208	10,452,790
	烤箱	1440	11,098,000
	面包机	2205	5,386,000
东北地区 汇总		6853	26,936,790
华北地区	咖啡机	2970	9,826,110
	烤箱	2223	16,047,600
	面包机	2314	5,962,000
华北地区 汇总		7507	31,835,710
华东地区	咖啡机	2455	8,079,480
	烤箱	2982	23,088,400
	面包机	2321	5,950,000
华东地区 汇总		7758	37,117,880
西南地区	咖啡机	3585	11,559,790
	烤箱	1708	11,929,600
	面包机	950	2,461,000
西南地区 汇总		6243	25,950,390
总计		28361	121,840,770

图 4-42

要建立一个这样的透视表对销售数据进行分类汇总，可以按照以下步骤来操作。

01 选中空白单元格，新建一个空白透视表，为数据源输入之前命名的"销售数据"。

02 在新建的透视表中，将"销售地区"字段和"品名"字段拖入行区域，将"数量"和"金额"字段拖入Σ值区域，形成一个三列的透视表，其中第一列包含销售地区与品名，如图4-43所示。

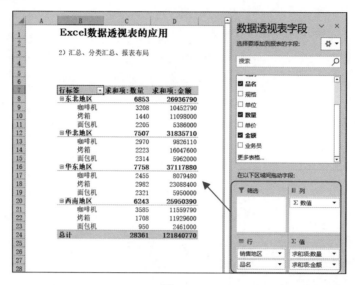

图 4-43

03 在演示透视表中，"销售地区"和"品名"是分开为两列的，因此需要使用新的报表布局来达到这个目的。切换到"设计"选项卡，单击"报表布局"下拉菜单中的"以表格形式显示"选项，如图4-44所示。

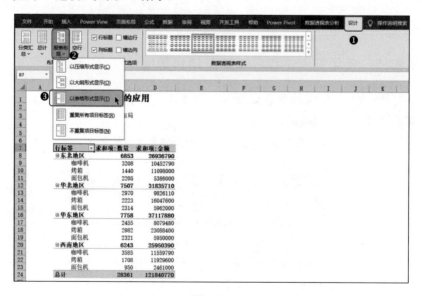

图 4-44

提示　"报表布局"下拉菜单中有5种布局，Excel默认的布局是"以压缩形式显示"，大家可以尝试一下其他的布局，在以后的使用中选择最适合的布局进行展示。

04 切换到"数据透视表分析"选项卡，单击"选项"按钮，在弹出的对话框中选择"合并且居中排列带标签的单元格"复选框，并单击"确定"按钮，如图4-45所示。

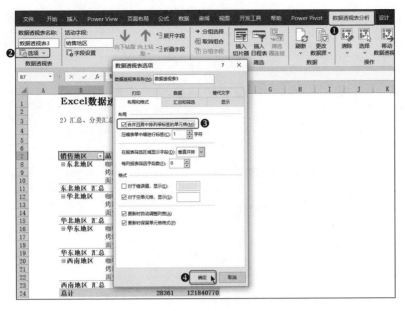

图 4-45

05 切换到"设计"选项卡，单击"数据透视表样式"下拉菜单，选择"玫瑰红，数据透视表样式中等深浅10"样式，为透视表增加样式，如图4-46所示。

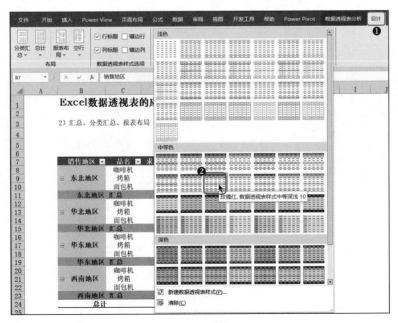

图 4-46

06 接下来要去掉第一列中地区名称前的折叠按钮。切换到"数据透视表分析"选项卡，单击"+/-按钮"按钮，即可去掉折叠按钮，如图4-47所示。

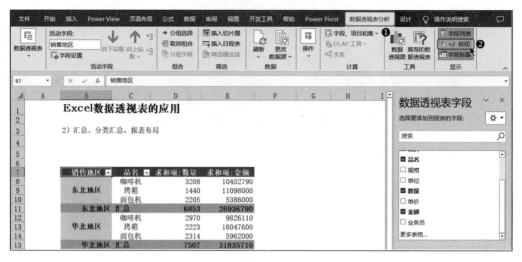

图 4-47

07 接下来要为透视表的所有单元格添加边框线。选择透视表所有单元格后，右击，在弹出的菜单中选择"边框线"下拉菜单中的"所有框线"选项，如图4-48所示。

08 将第三列和第四列的表头修改为"数量"和"金额"，如果提示存在相同的字段，则可按照前面的方法在后面加上空格，即可修改成功。

09 选中"金额"列的数据，设置为千位分隔样式，并将数据圆整为不显示小数点后的数值。设置完成后，即可得到与演示透视表一样的透视表，如图4-49所示。

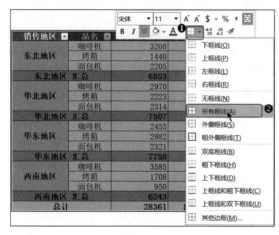

图 4-48

销售地区	品名	数量	金额
东北地区	咖啡机	3208	10,452,790
	烤箱	1440	11,098,000
	面包机	2205	5,386,000
东北地区 汇总		6853	26,936,790
华北地区	咖啡机	2970	9,826,110
	烤箱	2223	16,047,600
	面包机	2314	5,962,000
华北地区 汇总		7507	31,835,710
华东地区	咖啡机	2455	8,079,480
	烤箱	2982	23,088,400
	面包机	2321	5,950,000
华东地区 汇总		7758	37,117,880
西南地区	咖啡机	3585	11,559,790
	烤箱	1708	11,929,600
	面包机	950	2,461,000
西南地区 汇总		6243	25,950,390
总计		28361	121,840,770

图 4-49

提示 如果不想要透视表中的"分类汇总"行，可以单击"设计"选项卡下的"分类汇总"下拉菜单中的"不显示分类汇总"选项，设置后效果如图 4-50 所示，分类汇总行消失了；如果不想要总计行，可以单击"设计"选项卡下的"总计"下拉菜单中的"对行和列禁用"选项，设置后效果如图 4-51 所示，总计行消失了。

销售地区	品名	数量	金额
东北地区	咖啡机	3208	10,452,790
	烤箱	1440	11,098,000
	面包机	2205	5,386,000
华北地区	咖啡机	2970	9,826,110
	烤箱	2223	16,047,600
	面包机	2314	5,962,000
华东地区	咖啡机	2455	8,079,480
	烤箱	2982	23,088,400
	面包机	2321	5,950,000
西南地区	咖啡机	3585	11,559,790
	烤箱	1708	11,929,600
	面包机	950	2,461,000
总计		28361	121,840,770

图 4-50

销售地区	品名	数量	金额
东北地区	咖啡机	3208	10,452,790
	烤箱	1440	11,098,000
	面包机	2205	5,386,000
华北地区	咖啡机	2970	9,826,110
	烤箱	2223	16,047,600
	面包机	2314	5,962,000
华东地区	咖啡机	2455	8,079,480
	烤箱	2982	23,088,400
	面包机	2321	5,950,000
西南地区	咖啡机	3585	11,559,790
	烤箱	1708	11,929,600
	面包机	950	2,461,000

图 4-51

4.2.3　上机实战：使用切片器筛选销售数据

前面已经讲解过在透视表中筛选数据的方法，即将某个字段拖动到筛选区域，即可在透视表上方出现的筛选栏中选择需要的字段进行筛选。同时，使用"切片器"工具也可以实现相同的效果。

【案例】打开附赠文档"第4章数据-销售数据2.xlsx"，切换到"筛选数据"表，可以看到表中有两个演示透视表，第一个是使用筛选区域来筛选数据的透视表，如图4-52所示；第二个是利用切片器来筛选数据的透视表，如图4-53所示。

品名	面包机	
地区	数量	金额
东北地区	2205	5,386,000
华北地区	2314	5,962,000
华东地区	2321	5,950,000
西南地区	950	2,461,000
总计	7790	19,759,000

图 4-52

地区	数量	金额
东北地区	6853	26,936,790
华北地区	7507	31,835,710
华东地区	7758	37,117,880
西南地区	6243	25,950,390
总计	28361	121,840,770

图 4-53

- 对于图 4-52 所示的带筛选功能的透视表，大家可以参照图 4-54 的布局来安排字段的区域，并进行适当的美化与圆整，即可得到与演示透视表一样的结果。

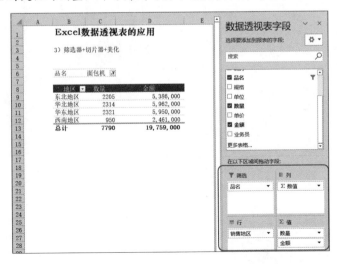

图 4-54

● 对于图 4-53 所示的带切片器的透视表，则可以按照下面的方法进行制作。

⓪1 新建一个透视表，数据源为之前已命名的"销售数据"，将"销售地区"字段拖入行区域，将"数量"和"金额"字段拖入∑值区域。

⓪2 在"数据透视表分析"选项卡中单击"插入切片器"按钮，在弹出的菜单中选择"品名"字段，然后单击"确定"按钮，如图4-55所示。

图 4-55

⓪3 在"切片器"选项卡中，将"列"数量修改为3，即可把切片器从3行1列改为1行3列，如图4-56所示。

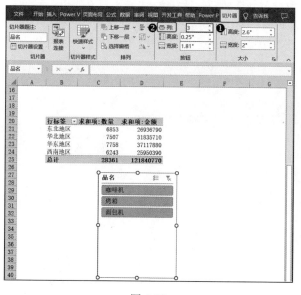

图 4-56

> 提示　"切片器"选项卡只有在选中切片器工具时才会出现。

04 切片器变成3列后，如图4-57所示（左）。可能无法正常显示字段，此时可通过拖动将它变宽，让字段正常显示，并将它移动到透视表上方，如图4-57所示（右）。

05 如果不想显示切片器的页眉（即"品名"字段），可右击切片器，在弹出的菜单中选择"切片器设置"选项，如图4-58所示。

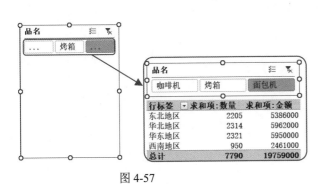

图 4-57

图 4-58

06 在弹出的"切片器设置"对话框中，取消对"显示页眉"复选框的选择，然后单击"确定"按钮，即可隐藏切片器的页眉，如图4-59所示。

07 在"切片器"选项卡中的"切片器样式"下拉菜单中，选择"玫瑰红，切片器样式深色二"样式，给切片器添加样式。再按照前面的方法给透视表添加样式并圆整数据，即可得到和演示测试表一样的结果，如图4-60所示。

图 4-59

图 4-60

> 提示　透视表在筛选数据时，其列宽会自动变化，这是因为 Excel 会自动适配最长的数据，当筛选后的数据不一样长时，就会出现列宽忽长忽短不断切换的现象，非常影响观感。此时需要通过设置来固定列宽。操作方法是在透视表上右击，在弹出的菜单中选择"数据透视表选项"选项，然后在弹出的对话框中取消对"更新时自动调整列宽"复选框的选择，最后单击"确定"按钮即可固定列宽，如图 4-61 所示。

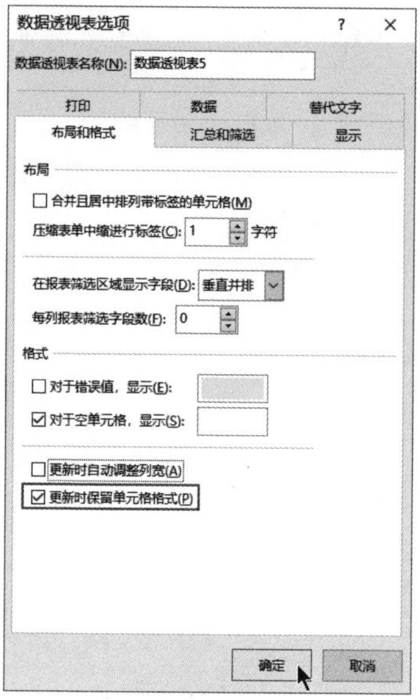

图 4-61

4.3 本章习题

打开附赠文档“第4章习题.xlsx”，可以看到文档中包含“销售明细表”与“要求”两个表单。

（1）将销售明细表的名称修改为“明细表”。

（2）利用切片器和图表制作模型，模型在选择“华东地区”后的效果如图 4-62 所示。

制单日期	销售量	销售金额
3/2/2023	255	626,400
3/4/2023	260	805,400
3/6/2023	124	485,600
3/8/2023	100	820,000
3/9/2023	134	593,620
3/12/2023	117	518,310
3/13/2023	381	2,604,400
3/14/2023	109	893,800
3/15/2023	294	1,549,800
3/16/2023	42	134,400
3/17/2023	228	1,293,000
3/18/2023	281	1,833,600
3/19/2023	103	364,400
3/20/2023	240	1,455,400
3/21/2023	290	825,200
3/24/2023	218	1,320,600
3/25/2023	55	451,000
3/29/2023	223	1,431,500
3/30/2023	135	405,000
4/2/2023	65	130,000
4/4/2023	52	156,000

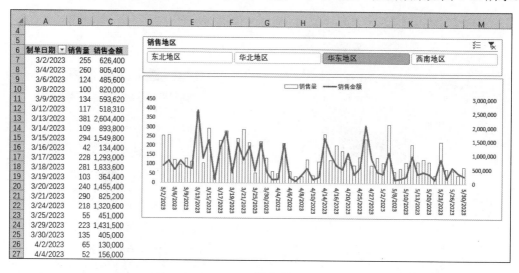

图 4-62

第 5 章

Excel 数据可视化

数据可视化是将复杂的数据以图表、图形或其他可视化形式呈现的过程。它的目的是通过视觉化的方式使数据更易于理解和解释，帮助人们发现数据中的模式、趋势和关联性。数据可视化在各个领域都有广泛的应用，包括商业、科学、教育等。它可以帮助决策者作出更准确的决策，帮助研究人员发现新的见解，以及向观众传达复杂数据的含义。

Excel 图表是数据可视化中常用的工具之一。Excel 提供了多种图表类型，如柱状图、折线图、饼图等，可以根据数据的性质选择合适的图表来展示数据。Excel 图表的应用范围广泛，从个人使用到企业报告，都可以通过 Excel 图表有效地展示和传达数据。因此，了解并掌握 Excel 中的常用图表是非常必要的。

5.1　Excel数据可视化概述

很多人可能对数据可视化并不了解，或者了解得并不深刻。他们可能以为数据可视化就是简单地画上几个折线图或饼图，其实数据可视化远不止这些，它是一个复杂而综合的过程。

数据可视化需要我们明确分析的目的和效果，再结合数据分析的维度和相关性进行选图，最后还要充分利用可视化工具，呈现出数据背后的深层含义。通过选择适当的图表类型，调整颜色和布局，可以有效传达数据的关系和趋势，暴露出数据隐藏的问题。此外，数据可视化也需要关注受众的需求和背景，以确保信息的易读性和可理解性。

因此，深入了解数据可视化的原则和技术，学习使用专业的可视化工具，能够帮助我们创造出精美而有影响力的可视化作品，进而提升我们在数据驱动决策和沟通中的能力。

5.1.1 什么是数据可视化

数据可视化，即通过图形化手段以清晰、有效和快速的方式传达数据信息。它与信息图形、信息可视化、科学可视化以及统计图形密切相关，并在各个领域广泛应用，包括财务、生产、销售、制造、采购、物流和人力资源等领域。

在大数据时代，数据量庞大、维度多且变化速度快。为了适应社会发展，我们不仅需要懂得收集数据，还要具备数据分析和制作数据报告的能力。纯文字和纯表格的数据时代已成为过去，数据可视化成为如今工作中必不可少的工具。

5.1.2 为什么要进行数据可视化

人对图形的理解要比对数字的理解更加快速与直观，尤其是面对大量数据时，根据数据绘制的图形更能帮助人们把握数据的内在特征。数据可视化总的来说有以下几个优点。

1. 直观

数据本身很难直接看出规律，我们可以用手机来举例说明。比如，可以用手机每天记录我们的运动步数。如果把这些数据用折线图表示出来，就能轻松看出自己每天的运动情况。同样的道理，如果把我们的手机支付数据用饼图展示出来，如图5-1所示，就能清楚地看到自己的开销情况，了解钱花在什么地方了。所以，数据可视化让我们更容易理解和分析数据。

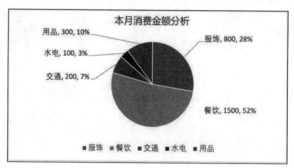

图 5-1

又比如，工作中每周我们都会收集销售数据，仅凭数据本身很难观察到其中的规律或问题所在，如图5-2所示。

周节点	week1	week2	week3	week4	week5	week6	week7	week8	week9	week10
销量	90	95	78	92	95	105	116	130	125	128
周节点	week11	week12	week13	week14	week15	week16	week17	week18	week19	week20
销量	130	135	150	139	148	144	178	145	152	172
周节点	week21	week22	week23	week24	week25	week26	week27	week28	week29	week30
销量	100	90	189	173	168	196	170	241	174	176
周节点	week31	week32	week33	week34	week35	week36	week37	week38	week39	week40
销量	174	187	200	189	199	199	206	200	201	195

图 5-2

然而，如果将以上数据用一个折线图来展示，结果将变得更加直观和清晰，如图5-3所示。

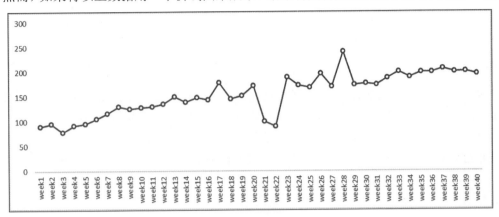

图 5-3

从上面的案例中可以看出，作为财务部门的工作人员，不论是从事财务管理、成本会计还是担任出纳职务，手中都掌握着大量的数据。然而，仅仅拥有数据是不够的，要让这些数据产生价值，就要求我们具备数据分析的能力，通过深入分析数据，提出改善建议，帮助管理层审查账目、减轻负担，为公司的财务决策和业务发展提供有力支持。

2．趋势

数据可视化的应用可以显著减少沟通时间，提高工作效率。随着数据时代的到来，我们面对着海量的数据，维度众多，变化迅速。如果我们没有掌握数据可视化的方法，就会被时代所淘汰，可视化模型、驾驶舱分析等是未来数据分析的趋势。以数据模型和数据驾驶舱等工具为例，它们能够帮助我们快速得出结论。现在，天猫、京东、百度等众多企业都拥有自己的数据驾驶舱，如图5-4所示。

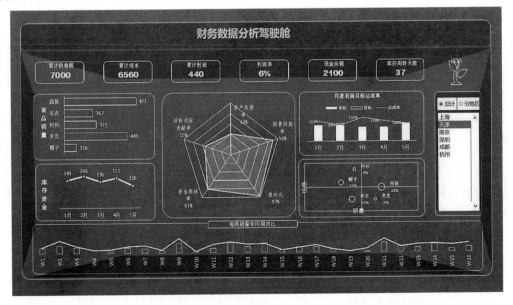

图 5-4

通过数据可视化进行分析，我们能够实现快速响应和决策，这已成为数据分析的趋势。因此，掌握数据可视化技能是至关重要的，它能够帮助我们更好地应对数据挑战，提高工作效率，迎接数据时代的挑战。

3．亲和

数据可视化通过图表的方式呈现，可以使信息更易于理解，提升沟通的亲和力。在职场中，善于运用数据可视化的能力能够使我们从众多同行中脱颖而出。实际上，数据可视化是职业晋升和加薪的重要基石。通过清晰、有说服力的图表展示，我们能够更有效地向上级汇报工作成果，提出战略建议，并与团队成员和合作伙伴分享数据见解。这项技能不仅提升了我们的专业形象，也为我们在职场中的成长和发展奠定坚实的基础，开拓了更多职业晋升和薪资增长的机会。

5.1.3　数据可视化的表达方式有哪些

数据可视化，即使用图形来展示数据。数据可视化的表达方式通常有以下几种。

（1）图片：一般都是静态图，可以在演示文稿、看板等上进行展示和切换。

（2）表格：带有数据条、图标集以及带颜色的表格，相对于单纯的表格而言，这种表格增加了很多可读性。

（3）图形：折线图、饼图、散点图、象限图、地图等。

（4）动态图表：可以通过单击和选取快速生成结果，形成动态统计和分析的模式。

（5）驾驶舱：综合了图片、图形、表格和动态图表等多种元素，支持多维度、多元素的分析，能够快速生成结果，支持快速决策，并以提前定制好的模式呈现。

（6）智能驾驶舱：在驾驶舱的基础上增加了智能化功能，将人工智能和可视化进行完美融合，类似于ChatGPT等智能对话系统。

这些不同的表达方式为数据可视化提供了丰富多样的工具和方法，帮助我们更好地展示和理解数据，支持决策和分析过程。

5.2　认识Excel图表

Excel在图表方面功能强大且灵活，提供多种类型和选项，能直观展示数据趋势和关系。掌握Excel图表可以帮助我们深入理解数据，作出准确决策，提高工作效率和信息传达效果。

5.2.1　一幅图教你看懂图表元素

在制作图表的源数据中，数据被呈现在图表中，会有"系列"和"类别"之分，如图5-5所示。

	类别1	类别2	类别3	类别4	类别5
系列1	5	3	4	3	6
系列2	6	4	5	5	7

图 5-5

从图5-5中可以看出，通常把一行数据称为"系列"，把一列数据称为"类别"，但当图表的行与列进行互换后，那么之前的系列和类别称呼就应当互换。

行与列在Excel图表中有不同的作用。其中：

● 类别可以理解为 Excel 图表中的水平轴，类别名称就是轴标签，可以理解为横坐标标签。

● 系列可以理解为数据的组数，一组数据就是一个系列，数据的大小决定了它在 Excel 图表中垂直轴方向的高度。以柱形图为例，两个系列就有两类柱子，柱子的高度是在垂直轴中体现出来的。

将图5-5中的数据绘制为簇状柱形图进行可视化，可得到如图5-6所示的图表，该图表由图表标题、图例、图表区、绘图区、垂直轴、水平轴等组成。

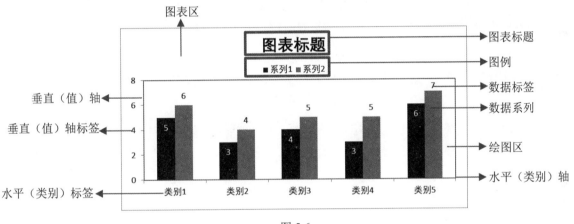

图 5-6

1．图表区

整张图表以及图表中的数据称为图表区。图表区可以理解为绘制图表的画布，用于放置各类图表信息。在图表区中，将鼠标指针停留在图表元素上方，Excel会显示元素的名称，从而方便用户查找图表元素。

2．绘图区

绘图区主要显示数据表中的数据，数据随着源数据的更新而自动更新。此外，绘图区还可以显示网格线、趋势线、数据标签等元素。选择绘图区后，可以调整绘图区的大小。

3．图表标题

创建图表完成后，图表中会自动创建标题文本框，在图表标题文本框中可以输入图表标题，可以是该图表的名称，也可以是由图表得出的总结性的结论，便于用户快速理解图表要表达的信息。

4．坐标轴

坐标轴包括垂直轴和水平轴，垂直轴用于显示系列值的大小，而水平轴用于显示类别。创建图表后，Excel会根据源数据的大小自动确定图表坐标轴中的刻度值，也可以自定义刻度，以满足作图需要。当图表中的数值涵盖范围较大时，可以将垂直坐标轴改为对数刻度。

5．图例

图例用方框表示，用于标识图表中的数据系列所指定的颜色或图案。创建图表后，图例以默认的颜色来显示图表中的数据系列，图例可以放在图表的顶部、底部、左侧或右侧。

6．数据系列

数据系列是源数据中的系列。不同类别下包含多少个系列，图表中就相应地包含多少种数据系列。

7．数据标签

数据标签是数据系列表中值的表现。如果要快速看出图表某系列表示的值，可以为图表系列添加数据标签，在数据标签中可以显示系列名称、类别名称和值等。

8．其他图表元素

除前面介绍的图表元素外，图表中还包含趋势线、网格线、数据表、误差线、线条、涨（跌）柱线等元素。

- 趋势线：趋势线表示数据系列的发展趋势，主要用来做预测和分析。
- 网格线：网格线是坐标轴上刻度线的延伸，并穿过绘图区，便于用户查看数据，包含垂直网格线和水平网格线。
- 数据表：数据表与源数据表格相同，是将源数据以表格的形式添加至图表中，这样在看Excel图表的时候就能直接看到具体数据。
- 误差线：误差线用于显示与数据系列中每个数据标记相关的可能误差量。默认误差值是5%，用户可以根据需要设置误差值大小。
- 线条：线条可以在折线图图表中垂直连接数据点与水平轴，也可在多条折线图中连接最高点与最低点。
- 涨（跌）柱线：涨（跌）柱线用于表示两个变量之间的相关性，常用在折线图中。

总之，Excel的图表元素并不多，掌握起来也很简单。如果暂时记不住也没有关系，可以在后面的学习中加深印象。此外，在工作中经常使用Excel图表，也会帮助我们快速掌握图表元素。

5.2.2　创建 Excel 图表

在Excel中，根据一个数据表格来创建图表是一个非常简单的操作，只需先选中数据表格，然后在"插入"选项卡下找到"图表"一栏并单击需要的图表即可，如图5-7所示。

以柱状图为例，其初始图表效果如图5-8所示，用户也可自行修改图表元素，比如可以修改颜色、添加标签、删除网格线，修改后的效果如图5-9所示。

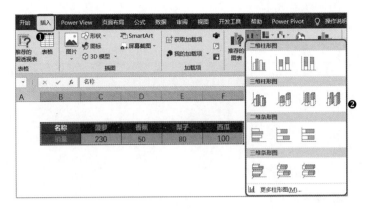

图 5-7

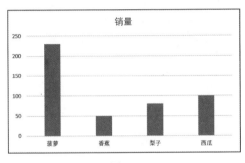

图 5-8

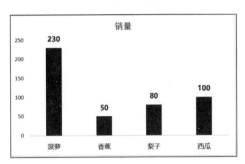

图 5-9

5.3 Excel基本图表的应用

Excel含有很多基本图表，如饼图、柱形图与折线图等。掌握了这些基本图表，才能为制作高级图表打下良好的基础。下面就一一介绍Excel中的基本图表及其应用方法。

5.3.1 饼图

饼图，即将一个圆形的图分割成若干扇形来展示各个数据所占的百分比，因形状像饼，故名饼图，如图5-10所示。

饼图主要用于总体中各组成部分所占比重的研究，对于排列在工作表的一列或一行中的数据，用饼图进行展示比较方便。饼图主要用于单一维度的比重分析，例如薪资结构分析、产品利润贡献度分析、产品利润结构分析、质量索赔分析、销售分析、采购分类占比分析等，应用非常广泛，属于使用率较高的图表。

上机实战：使用饼图展示商品毛利润占比情况

【案例】这里以某公司商品毛利润数据为例，为其绘制饼图来研究各商品毛利润占比。

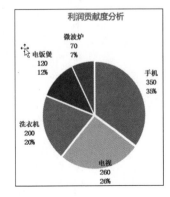

图 5-10

01 选择数据源，单击"插入"选项卡，在"表格"一栏中选择"饼图"，即可看到表格旁边出现一个饼图，如图5-11所示。

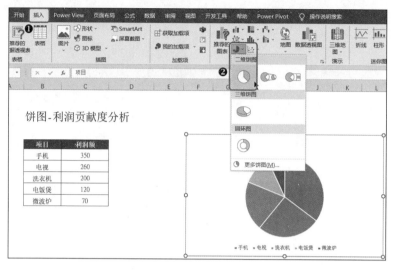

图 5-11

提示　选择数据时，要连表头一并选择，不然生成的饼图没有标签，无法定位各个数据对应的扇形。

02 生成初始的饼图后，还可以对其中的元素进行修改。首先为图表添加标签。在饼图上右击，在弹出的菜单中选择"添加数据标签"选项，如图5-12所示。

03 添加数据标签以后，再设置其格式。在饼图上右击，在弹出的菜单中选择"设置数据标签格式"选项，如图5-13所示。

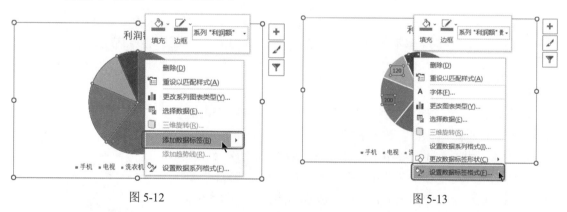

图 5-12　　　　　　　　　　　　　　　　图 5-13

04 在Excel窗口右侧会出现一个设置窗格，可以对标签的格式进行设置，这里我们按照图5-14进行设置，选中"类别名称""值"和"百分比"复选框以显示这些数据，并选中"数据标签外"单选按钮，将数据标签移动到饼图外侧。

05 对扇形的颜色进行修改。先单击饼图，将其整个选中，再单击需要修改颜色的扇形，确保该扇形被单独选中，然后在其上右击，在弹出的菜单中单击"填充"下拉菜单，选择需要的颜色，如图5-15所示。

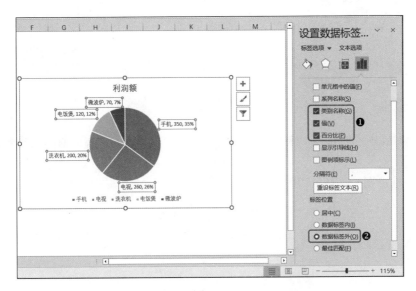

图 5-14

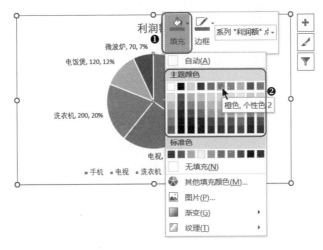

图 5-15

06 修改好颜色以后，还可以把图表标题修改为更加合适的内容，只需双击图表标题就可以进行修改，这里将它修改为"利润贡献度分析"，如图5-16所示。

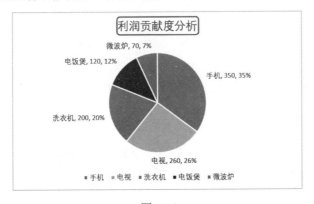

图 5-16

从修改后的图表上可以看到，图表上有类别名称、利润额以及占比。我们可以直观地看到手机、电视和洗衣机这三类产品的占比是最大的，加起来超过了所有利润的80%。这就是饼图的一个典型应用。

5.3.2 柱形图

柱形图，即以垂直的长方形来表示各类别或组的数值大小，长方形的高度与数据的数量或大小成正比。每个长方形代表一个类别或组，可以通过不同的颜色或图案进行区分。因其形状像柱子，故名柱形图，如图5-17所示。

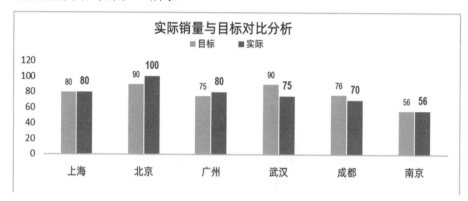

图 5-17

柱形图是一种数据分析中应用非常高频的图表。相较于简单的文字描述或表格，柱形图能够清晰而具体地呈现数据的大小。它利用柱子的高度来反映数据之间的差异，而人眼对于高度差异很敏感，可以直接看出数据之间的差异及规律。柱形图可以应用于多个领域，如销售产品销量对比、利润对比、库存数据对比、成本数据对比、质量索赔数据对比、费用之间对比以及目标与实际对比等，是一种应用非常广泛的图表。

上机实战：财务指标与目标对比分析

【案例】这里以某公司各地区实际销量与目标销量为例，为其绘制柱状图来研究它们之间的对比情况。

01 选择数据源，单击"插入"选项卡，在"表格"一栏中选择"簇状柱形图"，即可看到表格旁边出现一个柱形图，如图5-18所示。

02 单击网格线，按键盘上的Delete键将它删除（很多图表元素都可以这样删除）。然后修改柱状图颜色，并分别为两组柱形图添加数据标签，结果如图5-19所示。

03 为了让数据标签更具有一致性，我们需要将金黄色柱形图的标签也修改为相同的颜色。单击任意一个系列柱形图的数据标签，使所有标签呈现被选中状态，然后在"开始"选项卡下单击"字体颜色"下拉菜单，为数据标签选择与柱状图相同的颜色，如图5-20所示。

04 接下来再修改数据标签的字体。在数据标签被选中的情况下，单击字体下拉列表，这里为数据标签选择自己喜欢的字体，如图5-21所示。

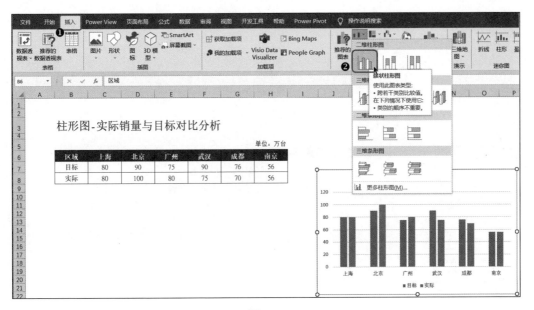

图 5-18

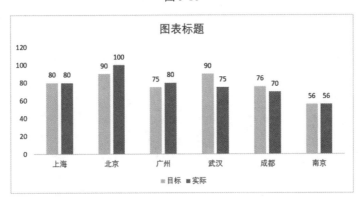

图 5-19

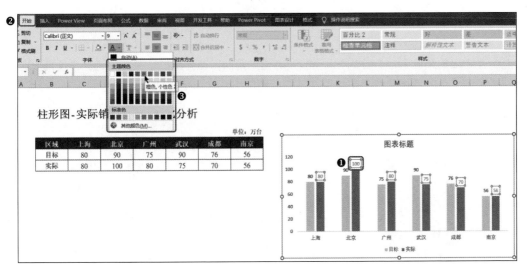

图 5-20

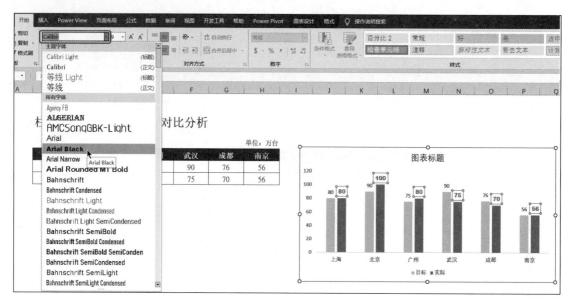

图 5-21

05 接下来调整图例的位置，这里我们把图例的位置从下方调整到上方。选中图例，单击图表右上方的"+"按钮，如图5-22所示。

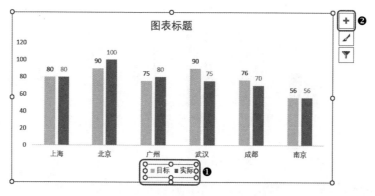

图 5-22

06 在弹出的菜单中，单击"图例"选项右边的箭头，在弹出的子菜单中选择"顶部"选项，可以看到图例移动到了图表顶部，在标题的下方，如图5-23所示。

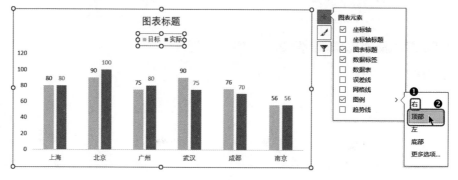

图 5-23

07 接下来修改图表标题为"实际销量与目标对比分析",选择字体,并设置为自己喜欢的字体、字号、加粗,如图5-24所示。

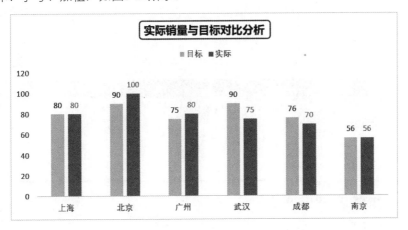

图 5-24

从图5-24中可以看到,北京广州和南京的销量高于预期目标,而武汉和成都的销量则低于预期目标。

> **提示** 可以看到,一些基本的操作是通用的,比如设置文字的字体、字号、格式与颜色等,在后面的操作中就不再重复讲解了。

5.3.3 折线图

折线图,即通过将数据点连接成直线段的方式,揭示出数据随着时间或其他变量连续变化的趋势图表。折线图通常使用直角坐标系来表示,水平轴表示时间或其他连续变量,垂直轴表示相应的数据值,如图5-25所示。

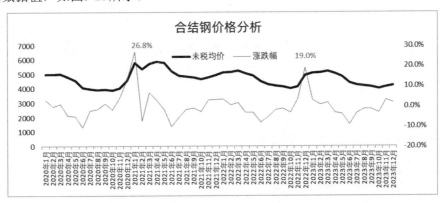

图 5-25

通过折线图可以直观地看出数据的变化情况。折线的形状和走势可以帮助我们观察和分析数据的趋势、周期性和关联性。折线图常用于展示时间序列数据的趋势,如逐月利润情况、逐年成本变化、每日订单出库情况等,也可以用于比较不同组别的数据变化,如不同产品的销售趋势与市场份额变化的对比等。

上机实战：原料价格与涨跌幅分析

【案例】这里以某公司调查的合结钢市场数据为例，来讲解如何绘制折线图。

01 选择数据源中的"日期""未税均价"以及"涨跌幅"三列，单击"插入"选项卡，在"表格"一栏中选择"折线图"，即可看到表格旁出现一个折线图，如图5-26所示。

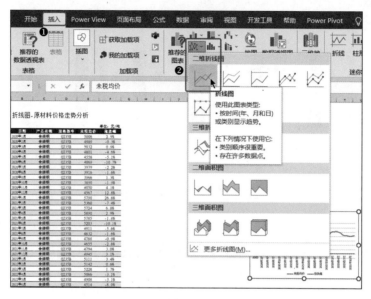

图 5-26

> 提示 由于"日期"列没有与"未税均价"以及"涨跌幅"列直接相连，因此要选中这三列，可以先用鼠标框选"日期"列，再按住 Ctrl 键不放，用鼠标框选其他两列即可。

02 单击"格式"选项卡，单击"图表区"下拉按钮，选择"系列´涨跌幅´"选项，以便选中"涨跌幅"系列，如图5-27所示。

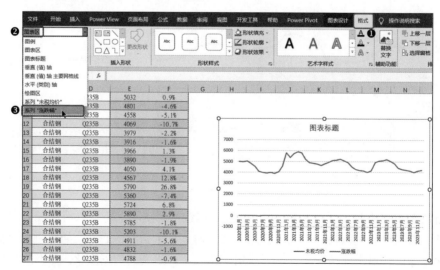

图 5-27

03 当"涨跌幅"系列被选中后，单击"设置所选内容格式"按钮，在右侧弹出的窗口中选择"次坐标轴"单选按钮，可以看到"涨跌幅"系列从一根水平线变成了起伏的折线，如图5-28所示。

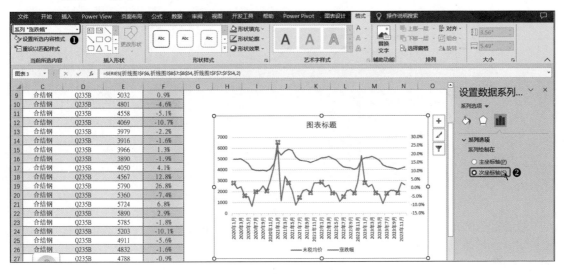

图 5-28

> **提示**　为什么这里要使用次坐标呢？是因为主坐标的数值过大，而涨跌幅的数字过小，俗称"数据级差太大"，导致涨跌幅只能显示为一条直线，失去了比较和可视化的意义。因此，要把涨跌幅显示在另一个坐标系，也就是次坐标系中，这样涨跌幅的起伏就明显了。

04 接下来删除网格线，修改"未税均价"系列折线的粗细为3磅，颜色设置为"橙色，个性色2，50%"，修改"涨跌幅"系列折线的粗细为0.5磅，颜色不变，设置完成后如图5-29所示。

05 接下来为"涨跌幅"折线的两个峰值添加数据标签。单击"涨跌幅"折线，此时会选中所有标记点，然后单击第一个峰值，即可单独选中该标记点，右击该标记点，在弹出的菜单中选择"添加数据标签"选项，如图5-30所示。

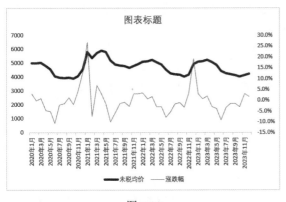

图 5-29

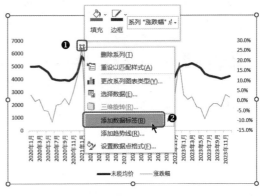

图 5-30

89

06 使用同样的方法为另一个峰值也添加数据标签，将字体颜色改为"橙色，个性色2，淡色40%"，并将标签设置为显示在折线的上方，如图5-31所示。

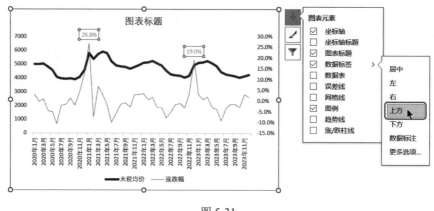

图 5-31

最后将图例易动到图表上方，将图表标题修改为"合结钢价格分析"，并设置喜欢的字体，整个图表就完成了，如图5-32所示。

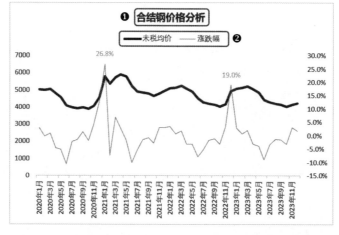

图 5-32

从图表中可以直观地看到合结钢未税均价和涨跌幅的变化，还可以看到2021年1月和2022年12月涨幅是最大的，分别达到了26.8%和19.0%。

> **提示** 本例中最重要的知识点为：当使用折线图来表示两组或多组数据进行比较分析时，出现数据级差过大时，可以使用双坐标（主坐标和次坐标）来表达，避免其中一组数据无法正常显示。

5.3.4 散点图

散点图，即通过在坐标平面上绘制数据点来表示两个变量之间的相关性的图表，因数据散布在图表上，因此得名散点图。每个数据点由两个数值（x,y）变量的值组成，其中一个变量位于水平轴上，另一个变量位于垂直轴上，如图5-33所示。

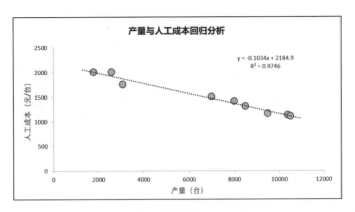

图 5-33

散点图表示因变量随自变量而变化的大致趋势,据此可以选择合适的函数对数据点进行拟合,从而可以研究数据之间的关系，并实现对数据的预测。散点图的应用很广泛，可用于产量与成本分析、销量与利润分析、促销与销量关系分析等方面。

上机实战：产量与人工成本相关分析

【案例】这里以某产品为例，使用散点图对其产量与人工成本进行回归分析，以研究二者的关系。现有1月~9月的产量与人工成本的数据，以及10月~12月的排产量，现在需要根据历史数据来预测10月~12月的人工成本，如图5-34所示。

					现有数据						排产量		
项目	1月	2月	3月	4月	5月	6月	7月	8月	9月		10月	11月	12月
产量（台）	3100	1800	2600	7000	8500	8000	9500	10380	10500		5600	8300	9800
人工成本（元/台）	1750	2000	2000	1500	1300	1400	1150	1120	1100				

图 5-34

01 选择产量与人工成本数据（注意这里只选择数据本身，不要选择表头），在"插入"选项卡的"表格"一栏中选择"散点图"选项，即可看到下方出现一个散点图图表，如图5-35所示。

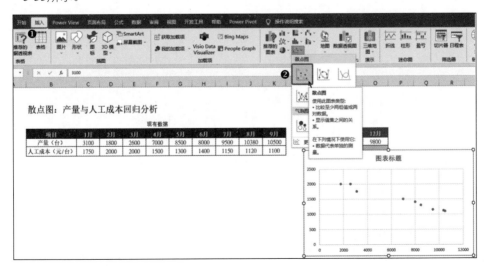

图 5-35

02 在"图表设计"选项卡中，单击"快速设计"下拉菜单，选择其中的"布局5"，即可看到图表中增加了新的元素，如图5-36所示。

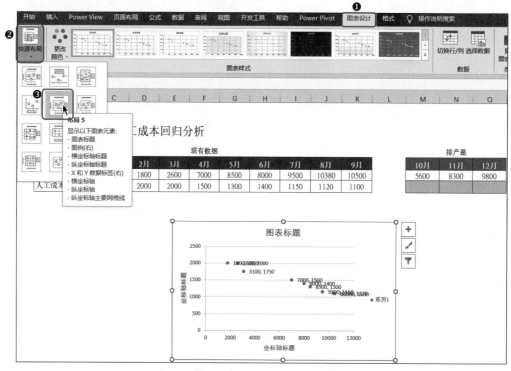

图 5-36

03 修改横坐标与纵坐标的标题，删除数据标签与网格线，效果如图5-37所示。

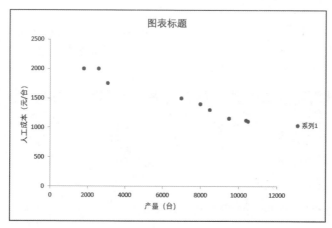

图 5-37

04 接下来设置标记点格式。右击任意一个标记点，在弹出的菜单中选择"设置数据系列格式"选项，在右侧出现的数据格式设置窗格中，将标记点大小设置为10，然后将标记点标签"系列1"也删掉，设置好以后效果如图5-38所示。

05 接下来为图表添加趋势线并设置格式。在标记点上右击，在弹出的菜单中选择"添加趋势线"选项，如图5-39所示。

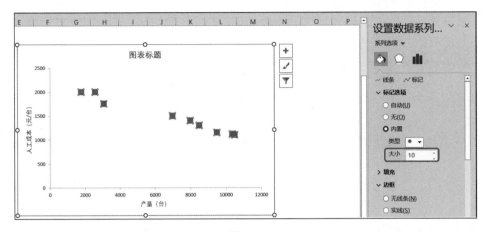

图 5-38

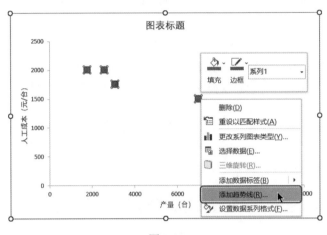

图 5-39

06 在右侧的设置趋势线格式窗格中，设置前推500周期及后推500周期，并选择"显示公式"复选框与"显示R平方值"复选框，如图5-40所示。

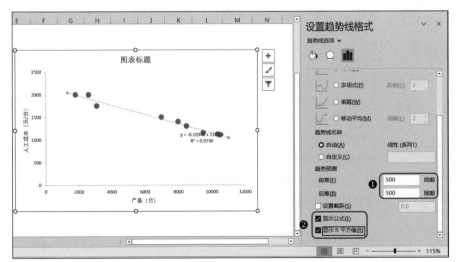

图 5-40

07 接下来移动公式到合适的位置，改变标记点的填充颜色，并为其添加边框，再修改趋势线的颜色，以及把图表标题修改为"产量与人工成本回归分析"，最终效果如图5-41所示。

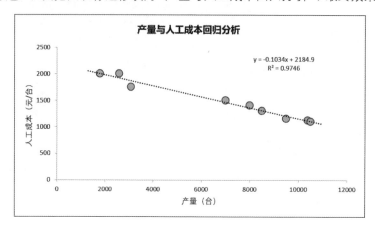

图 5-41

08 图表绘制完毕后，我们就可以根据公式推测出10月到12月的人工成本。复制公式"=-0.1034x+2184.9"到M8单元格，并将公式修改为"=-0.1034*M7+2184.9"，即可在M8单元格中看到预测的人工成本，然后将M8单元格中的公式拖动复制到N8和O8单元格中，得到11月和12月的人工成本，如图5-42所示。

| M8 | ▼ : × ✓ *fx* | =-0.1034*M7+2184.9 | | | | | | | | | | | |

▲	B	C	D	E	F	G	H	I	J	K	L	M	N	O
4														
5					现有数据								排产量	
6	项目	1月	2月	3月	4月	5月	6月	7月	8月	9月		10月	11月	12月
7	产量（台）	3100	1800	2600	7000	8500	8000	9500	10380	10500		5600	8300	9800
8	人工成本（元/台）	1750	2000	2000	1500	1300	1400	1150	1120	1100		1606	1327	1172

图 5-42

可以看到，10月份的排产量为5600，其人工成本预测值在1600左右，基本上是符合趋势线的走势的。11月份和12月份的预测数据也基本符合趋势线。

5.3.5 条形图

条形图，即使用宽度相同的条形的高度或长短来表示数据多少的图形，如图5-43所示。

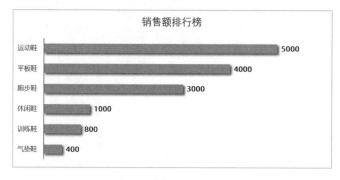

图 5-43

条形图和柱形图本质上是同一类图表，横置称之为条形图，纵置时称为柱形图。条形图主要用于显示各个类别之间的比较情况，作用与柱形图差不多，能够使人们一眼看出各个数据的大小，也让人们易于比较数据之间的差别。条形图常用于产品销售排行榜、销售人员业绩排行榜、产品利润排行榜、供应商供货金额排行榜、质量索赔排行榜等不同情境下的数据展示。

上机实战：商品销售额排序分析

【案例】下面就以商品销售额排序分析为例，绘制条形图来直观展示数据之间的区别。

01 选择数据源，单击"插入"选项卡，再选择"柱形图"标识，然后选择"簇状条形图"，即可看到表格旁边出现一个条形图，如图5-44所示。

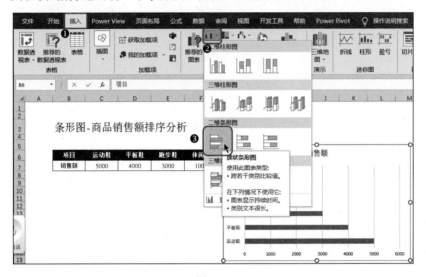

图 5-44

02 接下来需要设置垂直轴的格式，使销量高的在上面。右击垂直轴，在弹出的菜单中选择"设置坐标轴格式"选项，如图5-45所示。

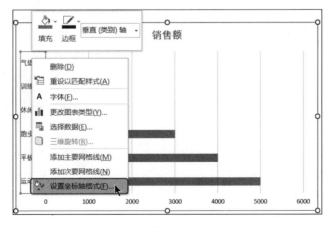

图 5-45

03 在右侧的窗格中单击"坐标轴选项"按钮，展开"坐标轴选项"菜单，选择"逆序类别"复选框，即可看到销量高的产品排到了上面，之后再删掉网格线，如图5-46所示。

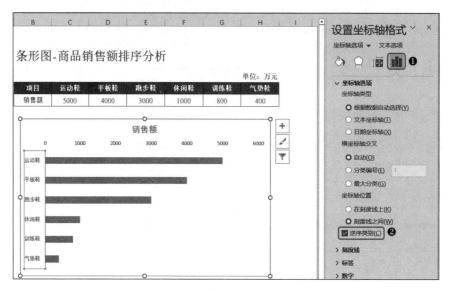

图 5-46

04 接下来设置条形的格式。将条形的填充色修改为"橙色，个性色2，淡色40%"，并将其间隙宽度修改为92%，效果如图5-47所示。

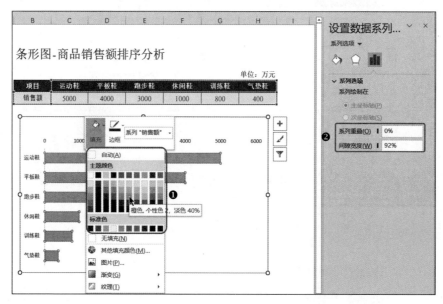

图 5-47

05 保持条形被选中的情况下，单击"格式"选项卡，然后单击"形状效果"下拉菜单，选择其下的"阴影"子菜单下的"右下"阴影选项，为条形添加阴影，使之更加立体，如图5-48所示。

06 接下来要移除水平轴。单击选中水平轴，在其上右击，在弹出的菜单中选择"设置坐标轴格式"选项，如图5-49所示。

07 在右侧的格式设置窗格中单击"坐标轴选项"按钮，展开"标签"下拉菜单，将标签位置设置为"无"，水平轴就不再显示了，如图5-50所示。

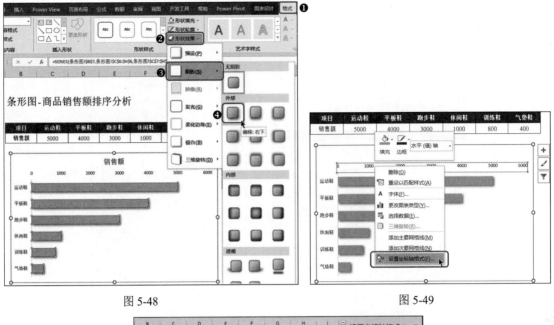

图 5-48　　　　　　　　　　　　　　　　　图 5-49

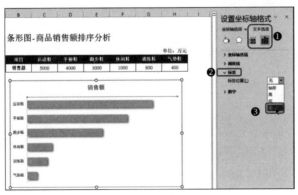

图 5-50

08 接下来图表格式进行微调。将垂直轴的文字颜色修改为"橙色，个性色2"并加粗；将图表标题修改为"销售额排行榜"，字体设置为自己喜欢的字体，字号设置为12号；添加数据标签，并将字体设置为自己喜欢的字体，字号设置为8号，颜色修改为"橙色，个性色2，深色25%"，设置好以后如图5-51所示。

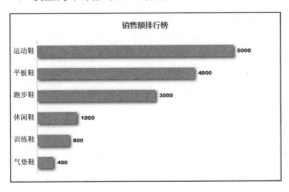

图 5-51

09 最后设置垂直轴的格式。选中垂直轴，在其上右击，在弹出的菜单中选择"设置坐标轴格式"选项，在右侧的窗格中将坐标轴颜色设置为"橙色，个性色2，深色25%"，并将粗细设置为1.25磅，如图5-52所示。

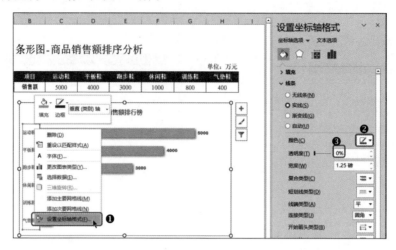

图 5-52

最后的设置效果如图5-53所示。

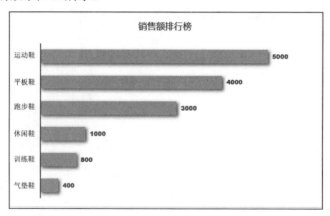

图 5-53

从图表中可以看到，运动鞋的销量是最好的，而气垫鞋的销量最差。条形图和柱形图本质上都是一样的，根据需要可以互换。

5.3.6 柱线复合图

柱线复合图，即在同一图表中同时展示柱形图和折线图，通过将这两种图表形式组合在一起来实现数据分析的图表类型，如图5-54所示。

柱线复合图的优势在于它能够同时显示不同类型的数据，并提供更全面的数据分析视角，使得观众能够更准确地理解数据之间的关系和变化。通过柱形图可以清晰地展示各类别或组之间的数量差异，而通过折线图可以观察到数据的连续性变化和趋势。柱线复合图常用于对比销量与变化率、销售金额同比和环比、利润额与增长率、资产与资产负债率、投资与收益率等方面。

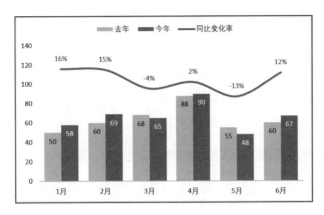

图 5-54

上机实战：商品销量同比变动率分析

【案例】下面就以某商品两年的销量数据为例，通过绘制柱线复合图直观地展示其同比变动率。注意，有些前面已经讲解过的格式设置方法这里就不再重复讲解了。

01　选择数据源，插入柱状图，然后在"格式"选项卡中选中"同比变化率"系列，并将该系列显示在次坐标上，如图5-55所示。

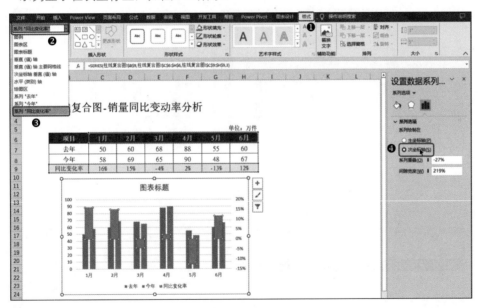

图 5-55

02　可以看到，同比变化率是以柱状图形式覆盖在了去年和今年的销量柱状图上，这样不利于观察，可以将它设置为折线形式。在同比变化率图形被选中的情况下，单击"插入"选项卡下的"折线图"选项，即可将同比变化率改为折线图形式，如图5-56所示。

03　为销量和变动率加上标签，如图5-57所示。

04　现在的图表看上去还是比较凌乱，需要进一步优化。首先要通过修改主坐标和次坐标的上下限，把柱状图和折线图分离开来。在主坐标上右击，在弹出的菜单中选择"设置坐标轴格式"选项，可以看到右侧弹出一个"设置坐标轴格式"窗格，如图5-58所示。

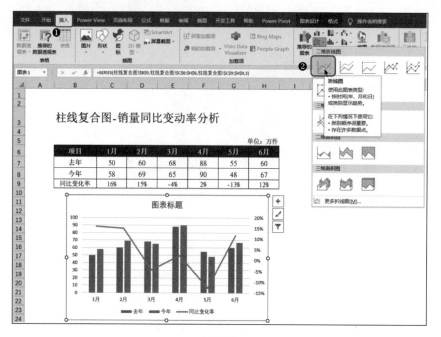

图 5-56

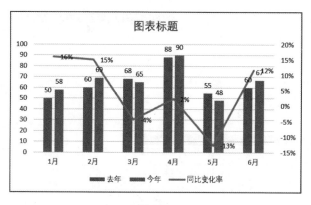

图 5-57

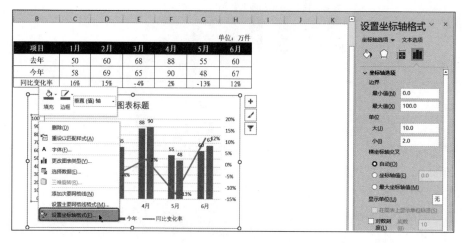

图 5-58

05 为了将柱状图往下压缩，这里将主坐标轴的最大值设置为140，设置后柱状图变短了，也就是相对于坐标轴上的最大值，柱状图的高度变小了，效果如图5-59所示。

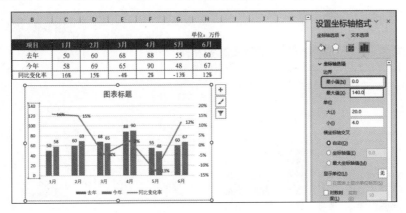

图 5-59

06 使用同样的方法，将次坐标轴的最小值设置为-1，这样柱状图和折线图就完全分离开来了，如图5-60所示。

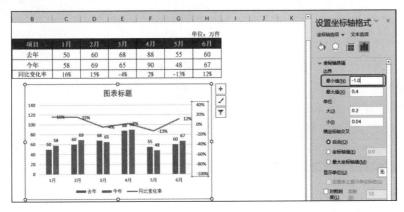

图 5-60

07 接下来删除网格线，并将折线图标签移动到折线图上方，再将标签字体颜色修改为"绿色，个性色6，深色25%"，修改后的效果如图5-61所示。

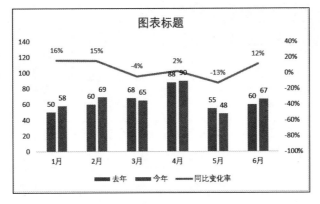

图 5-61

08 接下来选中折线并设置其格式。将折线设置为"实线"，颜色设置为"绿色，个性色6，淡色40%"，再选择"平滑线"复选框，如图5-62所示。

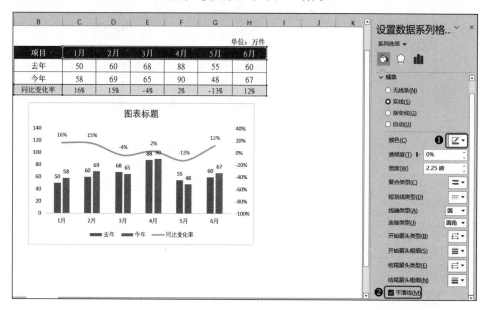

图 5-62

09 接下来调整两个柱状图之间的间隙。选中蓝色柱状图，在右侧的"设置数据系列格式"窗格中单击"系列选项"按钮，将"系列重叠"设置为"0%"，即可看到两个柱状图之间的间隙消失了，如图5-63所示。

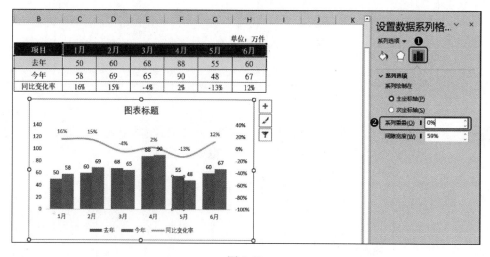

图 5-63

提示 注意，"系列重叠"用于控制柱状图之间的间隙大小，"间隙宽度"用于控制柱状图本身的宽度。

10 然后调整柱状图颜色并将其标签位置调整到柱状图内部，再将图例调整到图表上方，删除标题并隐藏次坐标，最后的效果如图5-64所示。

从图中可以清楚地看到，1月份、2月份和6月份的同比变化率较高，而5月份较低，这样就可以针对这些月份进行调查，看看是什么原因造成同比变化率的大幅度变化，总结出有利因素与不利因素。

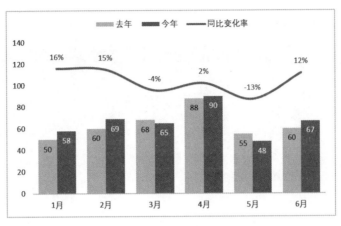

图 5-64

5.3.7　堆积柱形图

堆积柱形图，即将多个指标在同一柱上使用不同颜色进行呈现的一种统计图表。在该类图表中，每一条柱的高度代表多个指标之间的叠加值，这些指标之间通常存在相关性。由于图表由多个不同指标的数值叠加显示，因此形成堆积效果，如图5-65所示。

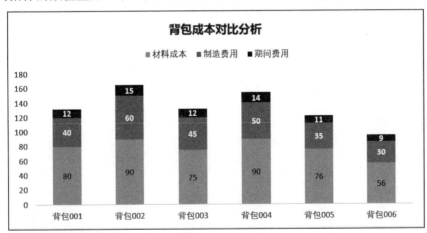

图 5-65

堆积柱形图的优势在于可以同时使用多个指标，诸如对比分析、趋势分析、排序分析等。通过将组成成分的指标堆积在柱状图上，该图表能够展现整体趋势,同时揭示底层的变动原因。它不仅能够呈现各个局部因素在整体中的变化情况，还能让我们了解当前情况是如何形成的。这种综合性展示的特点使得堆积柱形图成为数据分析中一种十分有用的工具,在分析不同产品成本结构对比、同一产品不同时点的成本构成对比、库存结构对比、销售结构不同周期占比、采购资金结构不同时期占比、不同年份的资产结构对比等方面具有一定的优势。

上机实战：产品成本叠加对比分析

【案例】下面就以某厂生产的多款背包为例，使用堆积柱形图来分析材料成本、制造费用和期间费用之间的关系。

01 选择数据源，插入堆积柱状图，如图5-66所示。

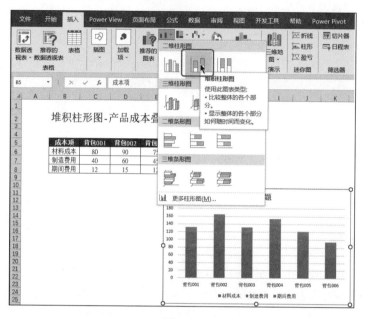

图 5-66

02 删除网格线，修改图表颜色并为它添加标签，将标签颜色修改为所需的颜色并调整字号到合适的大小。

提示 多个堆积的标签之间最好采用反差较大的颜色，这样便于辨认。此外，数据标签的字体颜色也要和柱状图颜色有较大反差，这样才能让标签的内容更清楚。

03 把图例移动到顶部，修改标题为"背包成本对比分析"，设置其字体字号，添加加粗格式，并将柱状图的"间隙宽度"调整为120%，使柱状图变宽，最后的效果如图5-67所示。

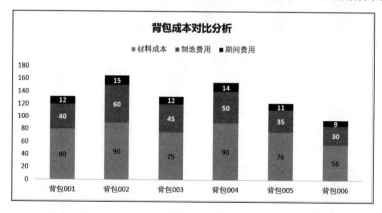

图 5-67

从图表中可以看到，背包002和背包004的制造成本虽然是一样的，但是背包004的其他成本较低，这说明背包002的工艺流程还有一定的优化空间，背包003和背包005也存在同样的情况。

5.3.8　象限图

象限图，即将数据点分为4个象限，根据两个维度的高低关系，显示它们在平面上的位置的一种统计图表，如图5-68所示。

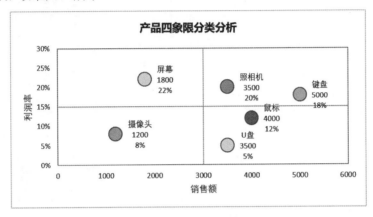

图 5-68

象限图是一种常用于聚类和SWOT分析的工具，通过将双维度数据进行象限分析，帮助我们快速了解自身的优势和薄弱点，同时也能发现产品或企业运营中存在的问题，并为管理者提供有益的提示。在象限分析中，通常会选取两个不同元素作为维度，如量、价、额、差、率等。举例来说，可以进行量利分析，即将产品利润和销量进行象限分析；或进行量价分析，例如将销售量和销售价进行象限分析等。这种方法适用于多个领域，为决策提供有用的数据支持。

上机实战：商品象限分类分析

【案例】下面就以常用计算机外设销售数据为例，使用象限图来分析它们的销售额与利润率之间的关系，选出高价值高利润的产品，作为后期调整生产方向的理论依据。

由于象限图本质上是一个散点图，只不过横坐标和纵坐标不再位于图表的左侧和下方，而是位于图表的中间，相互交叉，从而形成4个象限，让所有的点归于这4个象限。因此，要制作象限图，主要的工作就是调整横坐标与纵坐标的位置。

01 在数据源中仅选择数据并插入散点图，选择数据点后右击，在弹出的菜单中选择"设置数据系列格式"选项，在右侧出现的窗格中单击"填充与线条"按钮，然后展开"填充"折叠菜单，选择"依数据点着色"复选框，然后展开"标记选项"折叠菜单，选择"内置"单选按钮并将"大小"设置为15，如图5-69所示。

02 展开"标记"折叠菜单，选择"实线"单选按钮，并将颜色修改为"橙色，个性色2，深色25%"，为数据点添加上橙色的边框，如图5-70所示。

03 接下来图表应用一个布局，在此布局上进行修改。单击"图表设计"选项卡下的"快速布局"下拉菜单，选择其中的"布局5"选项，如图5-71所示。

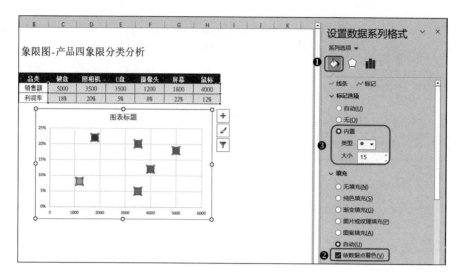

图 5-69

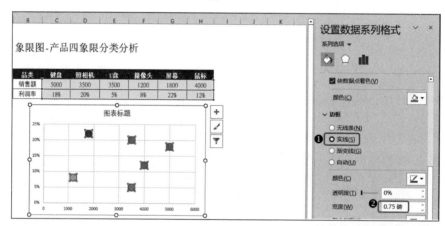

图 5-70

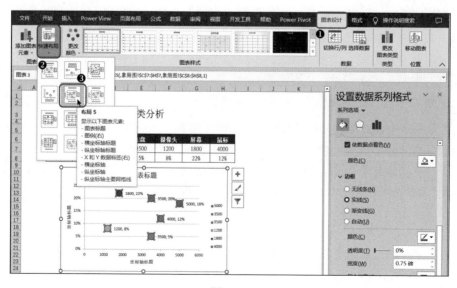

图 5-71

04 将横坐标名称修改为"销售额",纵坐标名称修改为"利润率",并删除网格线。

05 接下来要调整横坐标和纵坐标的范围以及位置,将它们置于图表正中进行交叉。单击纵坐标,在右侧窗格中单击"坐标轴选项"按钮,展开"坐标轴选项"折叠菜单,将"最大值"设置为0.3,再单击"坐标轴值"单选按钮,并设置其值为0.15(即其最大值的一半),这样就可以把横坐标移动到图表中间,如图5-72所示。

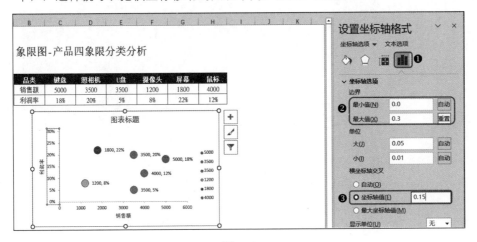

图 5-72

06 接下来单击横坐标,将"坐标轴值"设置为3000,即可将纵坐标移动到图表中间,如图5-73所示。

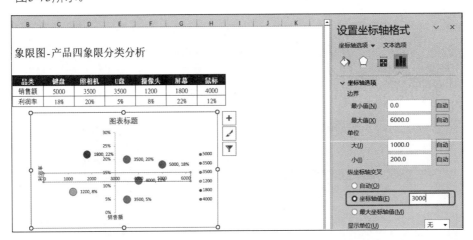

图 5-73

07 由于横坐标与纵坐标的数据标签紧贴着坐标轴,显得凌乱,因此可以将数据标签移动到图表边界上。选择横坐标,在右侧窗格中单击"坐标轴选项"按钮,展开"标签"折叠菜单,将标签位置设置为"低",并以同样的方法将纵坐标的标签位置也设置为"低",如图5-74所示。

08 接下来为两个坐标加上边框,让4个象限看起来更明显。在两个坐标范围内任意一个空白处右击,在弹出的菜单中单击"边框"下拉菜单,并选择"橙色,个性色2",如图5-75所示。

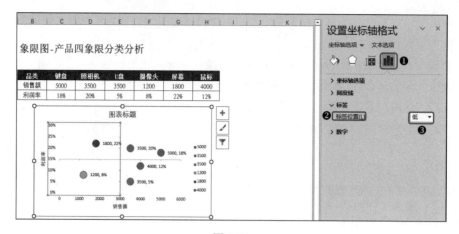

图 5-74

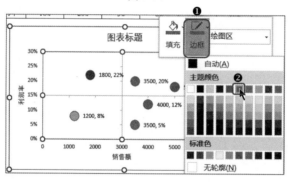

图 5-75

09 横坐标和纵坐标上还有刻度线，也需要去掉，使之更美观。选择横坐标，在右侧的窗格中单击"坐标轴选项"按钮，展开"刻度线"折叠菜单，将"主刻度线类型"设置为"无"，并以同样的方法将纵坐标的"主刻度线类型"设置为"无"，如图5-76所示。

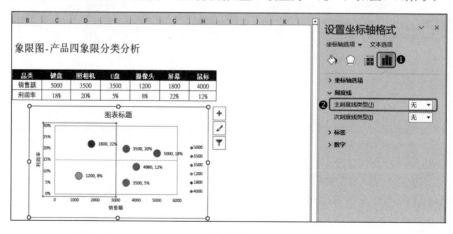

图 5-76

10 接下来设置数据点的标签格式。单击任意一个数据点标签，在右侧的窗格中单击"标签选项"按钮，再选择"单元格中的值"复选框，弹出一个对话框，选择"键盘"到"鼠标"这6个单元格，然后单击对话框中的"确定"按钮，如图5-77所示。

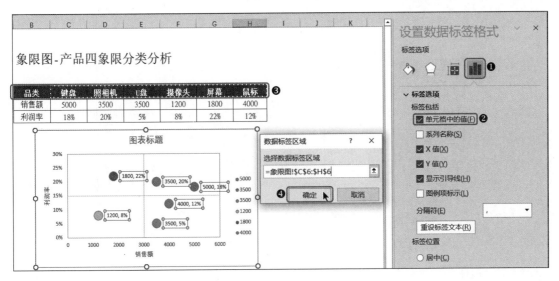

图 5-77

11 可以看到，数据点标签已经增加了产品名称。但由于标签内容太长，有的标签已经盖住了其他的数据点，因此需要重新排列标签内容。这里在右侧窗格的"分隔符"下拉菜单中选择"(新文本行)"选项，如图5-78所示。

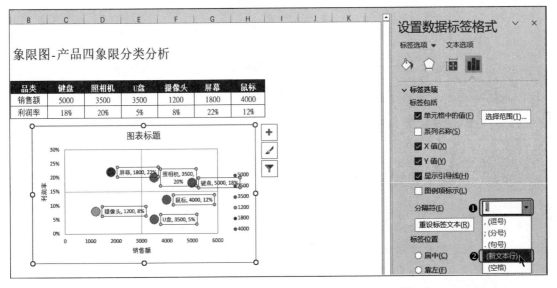

图 5-78

12 可以看到，数据点标签内容已经变成了三行，宽度变小了，也不会影响其他数据点了。接下来修改每个数据点的颜色为需要的颜色，再将图表标题修改为"产品四象限分类分析"并进行适当的修饰，即可得到最后的图表，效果如图5-79所示。

从图表中可以看到，照相机和键盘是销售和利润率"双高"的产品，而摄像头则是"双低"的产品，后期摄像头进行限制性生产或限制性销售，或者调高销售价格或采取降本增效等改进措施，将所有"双低"或"单低"的产品都尽量改善到"双高"区域。

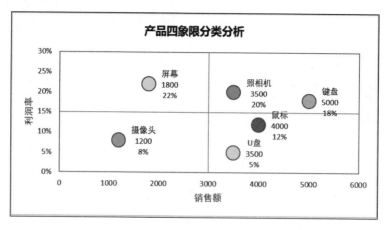

图 5-79

5.3.9 漏斗图

漏斗图,即通过梯形面积的表示来展示某个环节的业务量与上一个环节之间的差异的图表，因其上大下小，形似漏斗，所以得名漏斗图，如图5-80所示。

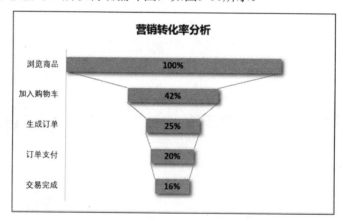

图 5-80

漏斗图从上到下有逻辑上的顺序关系，显示了随着业务流程的推进，各阶段业务目标完成情况的变化，整个流程通常是不可逆的。漏斗图适用于分析具有规范性、周期长和环节多的业务流程，能够清晰地呈现整个业务流程的数据情况。

通过将每个环节的数量信息绘制成漏斗图，我们可以清楚地分析当前业务流程中的薄弱环节和流量转化的瓶颈。这有助于我们更加专注于改进薄弱环节，从而提高整个流程的产出效率。漏斗图可用于营销转化率分析、零件在加工环节中的重量分析等，帮助分析出在哪个环节存在问题。也可以进行"反漏斗分析"，分析商品价格在流通环节的变化，分析出是哪个环节加价最多。

上机实战：营销转化率分析

【案例】下面就以某电商营销数据为例，使用漏斗图来分析各个环节的转化效率，找出瓶颈，解决问题。

01 选择数据源，插入堆积柱形图。单击垂直坐标轴，在弹出的菜单中选择"设置坐标轴格式"选项，在窗口右侧弹出"设置坐标轴格式"窗格。

02 选择"逆序类别"复选框，让转化率从高到低排列，如图5-81所示。

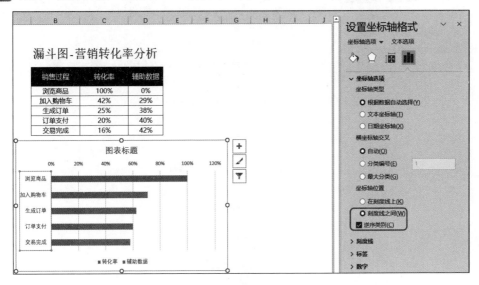

图 5-81

03 接下来需要将蓝色的柱形图移动到图表中心，这就需要调整橙色柱形图到蓝色柱形图的左边。在任意一个橙色柱形图上右击，在弹出的菜单中选择"选择数据"选项，如图5-82所示。

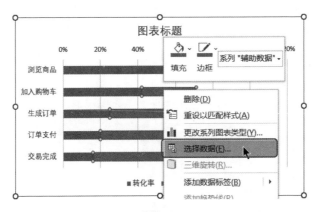

图 5-82

04 在弹出的对话框中单击向下箭头，并单击"确定"按钮，可以看到橙色柱形图移动到了蓝色柱形图的左边，蓝色柱形图位置变为居中了，如图5-83所示。

🔧提示　可能有些读者不太明白数据源中"辅助数据"的作用。其实辅助数据的作用就是将转化率"顶"到图表中间，形成漏斗。辅助数据的计算方法为(1 - 转化率)÷2。

05 接下来将辅助数据隐藏起来，只留下转化率。在任意一个橙色柱形图上右击，在弹出的菜单中单击"填充"下拉菜单，选择"无填充"选项，如图5-84所示。

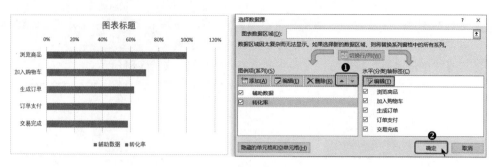

图 5-83（颜色参见下载资源中的相关图片文件）

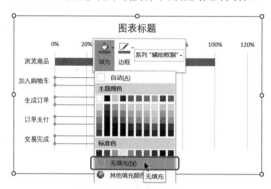

图 5-84

06 将转化率柱形图填充颜色修改为"橙色，个性色2，淡色40%"。

07 接下来要为所有柱形图的左右两边添加连线，让其看起来更具有漏斗的特点。在"图表设计"选项卡单击"快速布局"下拉菜单，选择"布局8"，即可看到柱形图两边出现了连线，如图5-85所示。

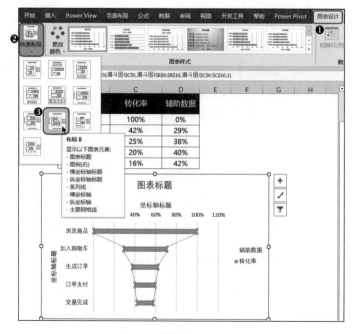

图 5-85

08 最后对图表格式进行一些微调，包括删除图例、调整柱形图间隙、设置阴影效果、删除坐标轴标题、修改图表标题并设置格式、隐藏水平轴标签、删除网格线、为柱形图添加标签并设置格式，最后的效果如图5-86所示。

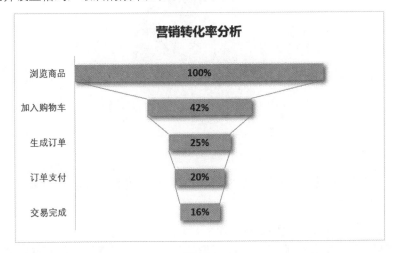

图 5-86

提示 要为柱形图添加阴影，可在"格式"选项卡中单击"形状效果"下拉菜单，从中选择需要的阴影效果。

从图表中可以看到，在100个浏览商品的买家中，只有42个加入了购物车，这说明商品详情页可能不够吸引买家，所以导致加入购物车的买家数量偏少。因此，后期应该着重改进商品详情页的内容，吸引更多的买家将商品加入购物车。加入购物车的商品数量增加了，最后完成交易的次数自然也会增加。这就是漏斗图在营销分析中的作用。

5.4　本章习题

（1）某公司全年 4 个季度的销售数据如表 5-1 所示。

表 5-1　某公司 4 个季度销售数据

季度	销售量
1 季度	5000
2 季度	3500
3 季度	6000
4 季度	4000

请根据数据进行可视化分析，分析结果参照如图5-87所示的样图。

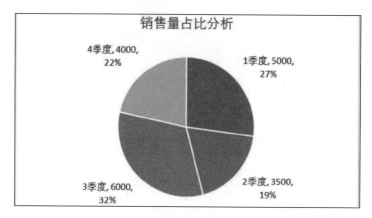

图 5-87

（2）某公司通过 4S 店、淘宝、京东、自媒体渠道进行销售，各个渠道的销售占比如表 5-2 所示。

表 5-2 某公司各个渠道的销售占比

区域	4S 店	淘宝	京东	自媒体
电风扇	25%	28%	23%	24%
空调	64%	4%	26%	6%
冰箱	68%	14%	10%	8%
洗衣机	88%	5%	4%	3%

请根据数据绘制堆积条形图，结果请参考如图5-88所示的样图。

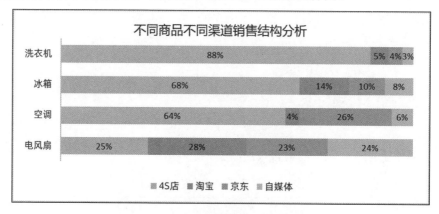

图 5-88

（3）某公司上半年的销售数量和环比率如表 5-3 所示。

表 5-3 某公司上半年的销售数量和环比率

年份	1 月	2 月	3 月	4 月	5 月	6 月
销售（万台）	60	65	80	99	66	78
环比率（%）		108%	123%	124%	67%	118%

请根据数据进行可视化分析，分析结果请参考如图5-89所示的样图。

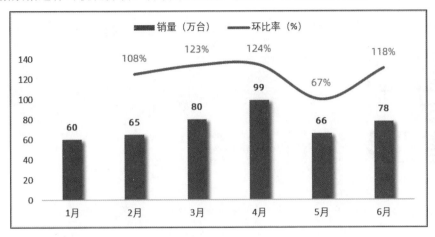

图 5-89

第 6 章

销售业务统计分析

进行销售业务统计分析至关重要，因为它能够帮助我们深入理解商品或服务的市场表现，明确哪些策略有效，哪些需要调整。通过这种分析，我们可以分析销售趋势、客户行为和潜在机会，从而优化商品设计、改变定价和营销策略以提高利润。此外，统计分析还可以对销售情况进行模拟和预测，使企业能够提前做好准备和规划，实现业务持续增长。

销售业务统计分析方法很多，这里以常用的商品销售结构分析、分月目标达成分析以及年度销售预测为例来进行讲解。

销售业务统计分析		
商品销售结构分析	分月目标达成分析	年度销售预测

6.1 上机实战：商品销售结构分析

商品销售结构分析是指对销售数据进行细致的统计和分析，以了解不同商品的销售比例、销售额和销售数量等信息，从而揭示商品销售的组成结构。这种分析可以帮助企业了解不同商品的市场表现和销售趋势，为制定合理的销售策略和优化商品组合提供依据。

在商品销售结构分析中，可以通过对销售数据进行分类和细致划分，比如按商品类别、品牌、SKU等因素进行分类，从而了解不同类别、品牌或规格的商品的销售表现。通过对销售比例、销售额和销售数量等指标的分析，可以了解不同商品在销售结构中所占的比例和贡献度，进而确定销售的主导商品和次要商品，以及可能存在的滞销商品。

同时，商品销售结构分析还可以揭示商品的销售趋势和消费者需求的变化，比如通过对销售数据的时间序列分析，了解不同商品的销售增长率、销售季节性和周期性差异，从而判断商品的市场潜力和发展方向。基于销售结构分析的结果，企业可以调整商品组合，增加热销商品的供应量，优化滞销商品的销售策略，以提高销售业绩并满足市场需求。

总之，商品销售结构分析是一个重要的市场分析工具，通过对销售数据的精细分类和分析，可以揭示商品销售组成的结构，了解不同商品的销售比例和趋势，以便优化商品组合和调整销售策略，提高销售业绩和满足市场需求。

【案例】已知HF公司的销售明细表，包括商品类别、尺码、销售单价、销售数量、日期等信息，现在需要对商品销售结构进行分析。

> 提示　这里我们将要讲解的商品销售结构分析，其原始数据来自附赠文档“第 6 章数据-销售业务数据.xlsx”的第一张表，名为“销售明细表”。

要进行商品销售结构分析，我们需要统计销售的金额和销售的占比。打开附赠文档“第6章数据-销售业务数据.xlsx”的第二张表，即名为“商品销售结构分析”的表，可以看到初始表格如图6-1所示。

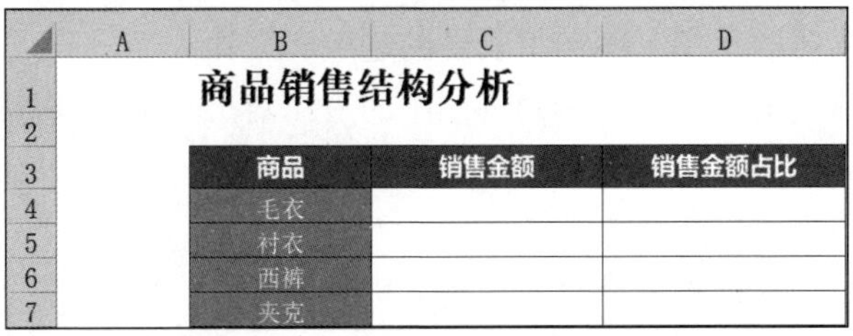

	A	B	C	D
1		商品销售结构分析		
2				
3		商品	销售金额	销售金额占比
4		毛衣		
5		衬衣		
6		西裤		
7		夹克		

图 6-1

6.1.1　填入数据并计算各类商品的销售金额占比

占比通常以百分比形式表示，用来描述某个部分在整体中所占的比例。它可以帮助我们了解分析元素的相对大小、重要性或者分布情况。计算占比的方法是将指定部分除以整体，并将结果乘以100，得到一个百分比表示该部分在整体中的占比。这种表示方式有助于直观地比较不同部分的相对大小，并从中获得更多的信息。

以数量为例，计算占比的一般步骤如下：

01 获取要计算的部分数量和总体数量。

02 将部分数量除以总体数量，得到一个小数。这表示部分在总体中的比例。

03 将这个小数乘以100，将结果转换为百分比。

04 最终得到的百分比表示占比的大小。

假设某个部门有100名员工，其中男性员工有60名。要计算男性员工在该部门中的占比，可以进行如下计算：

占比 = (男性员工数/总员工数) ×100%

占比 = (60 / 100)×100% = 60%

因此，男性员工在该部门中的占比为60%。这样的计算可以帮助我们了解男性员工在整体员工中所占的比例。

计算各类商品销售金额在总销售额中的占比可以提供很多有意义的信息。

假设有三类商品A、B、C，它们的销售金额分别为1000元、2000元、3000元，总销售额为6000元。

首先，计算每个商品的销售占比：

商品A的销售占比 = (1000元 / 6000元) ×100% = 16.7%

商品B的销售占比 = (2000元 / 6000元) ×100% = 33.3%

商品C的销售占比 = (3000元 / 6000元) ×100% = 50%

通过这些计算，我们可以得到每个商品在总销售额中的相对重要程度。例如，商品C的销售占比最大，占总销售额的50%，说明该商品在销售中非常重要，而商品A的销售占比最小，只占总销售额的16.7%，说明该商品在销售中相对较不重要。

这些销售占比的计算结果可以帮助我们了解销售结构，看哪个商品销售最好或最差，从而发现销售机会和问题。还可以用于评估市场份额，比较不同商品在市场中的竞争力。同时，监测销售占比的变化可以帮助我们了解销售表现的趋势和变化。

因此，计算各类商品销售金额在总销售额中的占比对于了解销售结构、发现机会与问题、评估市场份额以及监测销售表现都非常有意义。

下面我们来计算各类商品的销售金额占比。

首先从原始数据中提取销售金额填入结构分析表中，再以此计算各类商品销售金额在总销售金额中的比例。这里可以用透视表来实现，也可以用函数来实现。下面使用函数sumif来实现。

01 在C4单元格中输入"=sumif("，如图6-2所示。

图 6-2

02 切换到"销售明细表"，选择整个E列，即"商品"列，然后输入一个逗号","作为间隔，如图6-3所示。

03 切换回"商品销售结构分析"表，选择B4单元格后输入一个逗号","，如图6-4所示。

04 再切换到"销售明细表"，选择整个I列，即"销售金额"列，如图6-5所示。

`=SUMIF(销售明细表!E:E,` ❷

SUMIF(range, **criteria**, [sum_range])

	月份	日期	编码	商品	尺码	销售单价	销售数量	销售金额	业务员	门店
2	1月	01/05	M-001	毛衣	38	470	37	17,390	小可	北1环
3	1月	01/15	C-001	衬衣	38	480	21	10,080	小雷	西2环
4	2月	02/05	X-001	西裤	41	400	55	22,000	小可	东1环
5	2月	02/15	J-001	夹克	43	450	24	10,800	小可	西2环
6	3月	03/05	X-002	西裤	41	440	32	14,080	小宇	北1环
7	3月	03/15	C-002	衬衣	42	410	10	4,100	小宇	东1环
8	4月	04/05	M-002	毛衣	40	490	36	17,640	小宇	南1环
9	4月	04/15	J-002	夹克	40	370	14	5,180	小冬	西2环
10	5月	05/05	C-003	衬衣	40	300	46	13,800	小冬	东1环
11	5月	05/15	M-003	毛衣	41	400	16	6,400	小宇	北1环
12	6月	06/05	X-003	西裤	39	360	59	21,240	小宇	东1环
13	6月	06/15	M-004	毛衣	39	480	33	15,840	小可	西2环
14	7月	07/05	C-004	衬衣	40	430	33	14,190	小可	北1环

图 6-3

`=SUMIF(销售明细表!E:E,产品销售结构分析!B4,`

SUMIF(range, criteria, [sum_range])

商品销售结构分析

商品	销售金额	销售金额占比
毛衣	析!B4,	
衬衣		
西裤		
夹克		

图 6-4

`=SUMIF(销售明细表!E:E,产品销售结构分析!B4,销售明细表!I:I)`

	月份	日期	编码	商品	尺码	销售单价	销售数量	销售金额	业务员	门店
2	1月	01/05	M-001	毛衣	38	470	37	17,390	小可	北1环
3	1月	01/15	C-001	衬衣	38	480	21	10,080	小雷	西2环
4	2月	02/05	X-001	西裤	41	400	55	22,000	小可	东1环
5	2月	02/15	J-001	夹克	43	450	24	10,800	小可	西2环
6	3月	03/05	X-002	西裤	41	440	32	14,080	小宇	北1环
7	3月	03/15	C-002	衬衣	42	410	10	4,100	小宇	东1环
8	4月	04/05	M-002	毛衣	40	490	36	17,640	小宇	南1环
9	4月	04/15	J-002	夹克	40	370	14	5,180	小冬	西2环
10	5月	05/05	C-003	衬衣	40	300	46	13,800	小冬	东1环
11	5月	05/15	M-003	毛衣	41	400	16	6,400	小宇	北1环
12	6月	06/05	X-003	西裤	39	360	59	21,240	小宇	东1环
13	6月	06/15	M-004	毛衣	39	480	33	15,840	小可	西2环
14	7月	07/05	C-004	衬衣	40	430	33	14,190	小可	北1环
15	7月	07/15	J-003	夹克	43	390	32	12,480	小宇	东1环

图 6-5

05 之后按回车键，整个公式输入完成，C4单元格中出现了毛衣的销售额，如图6-6所示。

`=SUMIF(销售明细表!E:E,产品销售结构分析!B4,销售明细表!I:I)`

商品销售结构分析

商品	销售金额	销售金额占比
毛衣	102,870	
衬衣		
西裤		
夹克		

图 6-6

06 接下将公式向下填充。将鼠标悬停在C4单元格右下角，出现十字形光标时按住鼠标左键不放，拖动光标到C7单元格，这样就把C4单元格中的公式复制到C5~C7单元格，或者出现十字形光标时，双击十字形光标，结果如图6-7所示。

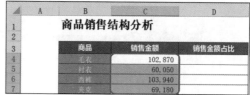

图 6-7

07 接下来在D4单元格输入公式"=C4/SUM($C$4:$C$7)"，即可计算出毛衣销售额占比。再将D4单元格中的公式复制到D5~D7单元格，如图6-8所示。

商品	销售金额	销售金额占比
毛衣	102,870	31%
衬衣	60,050	18%
西裤	103,940	31%
夹克	69,180	21%

图 6-8

> **提示** 注意这里 SUM 函数中的两个单元格要采用绝对引用方式，也就是要在行和列号前面加上"$"。

6.1.2 用饼图直观展示各类商品销售金额的占比情况

在实际工作中，商品的类别可能较多，通过数字研究它们的占比并不直观。因此，我们可以绘制饼图来清晰地展示各个类别的占比，使其直观地呈现在我们面前。

01 选中商品销售结构分析表中的"商品"列与"销售金额"列，然后选择"插入"选项卡下的"饼图"选项，如图6-9所示。

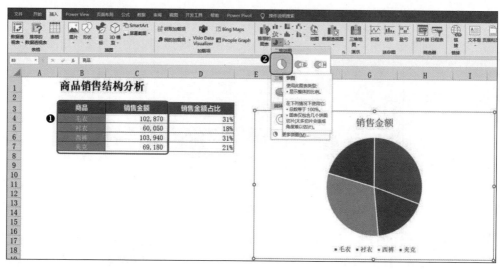

图 6-9

02 然后添加标签，修改标签格式，调整标签位置，修改饼图颜色，具体做法不再赘述，可参见第5章饼图的做法。最终的效果如图6-10所示。

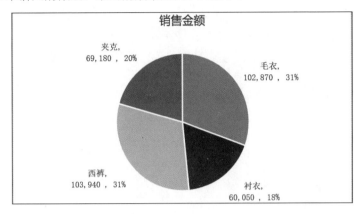

图 6-10

可以看到，生成一个饼图还是非常简单的。有了饼图以后，我们就可以对各类别商品的占比情况有了一个直观的了解。但如果商品类别过多，或者某些占比很小的类别过多，就会造成饼图色块过多，显得非常拥挤，甚至会看不清，此时就需要别的图形来进行诠释了。

6.2 上机实战：销售目标达成率分析

销售目标达成率分析对于企业来说至关重要。通过分析销售目标达成率，可以评估销售团队的绩效，对实际销售业绩与目标进行对比分析，为管理者提供各个团队的优劣和改进方向。管理者还可以通过它来预测未来业绩趋势，调整目标设定，并提供必要的资源和支持，以确保整体业务目标的实现。

目标一般情况是不做调整的，俗称"目标刚性"。对于数据分析而言，目标好比是一个定值，一个基准值，实际情况与目标的比较俗称"基比"，这是一种常见的分析方法，也是对比分析方法之一。

基比是指保持一个基准数据不变，并以实际数据与基准数据进行计算得出一个比例的方法。这个基准数据可以是我们自己设定的，比如在财务方面，可以使用每年12月的价格作为下一年度的基准价，作为下一年的起点，本年度的每月价格与基准价比较称为基比。

对于目标达成率，我们可以将其视为每个月都要销售的必达金额，例如500万。我们将逐月检查销售额是否达到了500万，这样500万就成为一个基准。其计算相对简单，即将实际值减去基准值，然后除以基准值，这样就得到了差异。如果要求差异率或者达成率，只需将这个差异除以基准值即可。

【案例】已知HF公司每月的实际销售额情况，又知每月的销售额目标，现在需要对商品的销售目标完成情况进行分析。

要进行销售目标达成率分析，我们需要统计销售的目标金额和实际金额的差异。打开附赠文档“第6章数据-销售业务数据.xlsx”的第三张表，即名为“分月目标达成分析”的表，可以看到初始表格如图6-11所示。

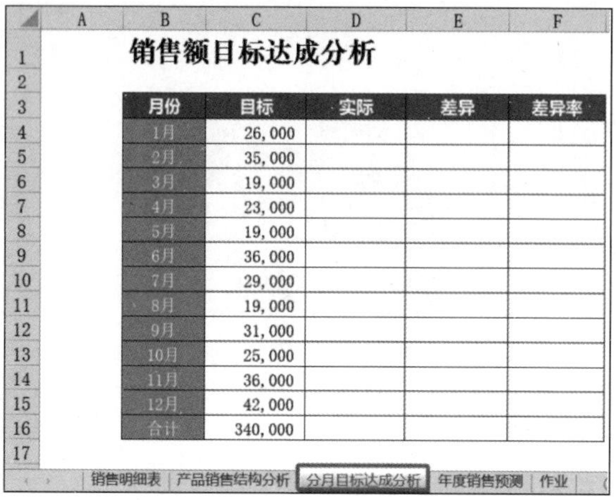

销售额目标达成分析

月份	目标	实际	差异	差异率
1月	26,000			
2月	35,000			
3月	19,000			
4月	23,000			
5月	19,000			
6月	36,000			
7月	29,000			
8月	19,000			
9月	31,000			
10月	25,000			
11月	36,000			
12月	42,000			
合计	340,000			

图 6-11

6.2.1 填入实际销售数据并计算差异与差异率

首先我们要从原始数据中提取实际销售金额填入分析表中，再以此计算二者的差异以及差异率。这里sumif函数仍然是主要使用的函数。

01 按照6.1.1节中的操作方法，销售明细表不变。在D4单元格中输入以下公式“=SUMIF(销售明细表!B:B,分月目标达成分析!B4,销售明细表!I:I)”，按回车键后，结果如图6-12所示。

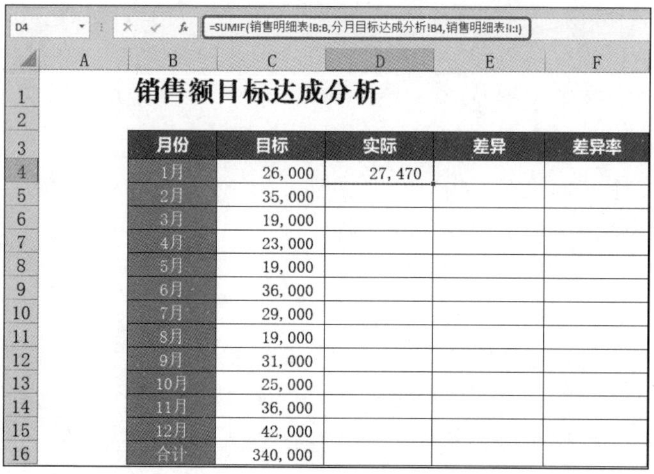

销售额目标达成分析

月份	目标	实际	差异	差异率
1月	26,000	27,470		
2月	35,000			
3月	19,000			
4月	23,000			
5月	19,000			
6月	36,000			
7月	29,000			
8月	19,000			
9月	31,000			
10月	25,000			
11月	36,000			
12月	42,000			
合计	340,000			

图 6-12

> **提示** B4 单元格可能会被公式说明遮挡住，无法直接选择，此时可以先选择 B3 单元格，然后按一下键盘上的向下箭头键来选择 B4 单元格。

02 使用6.1.1节中拖动十字光标的方法将D4单元格中的公式复制到D5~D15单元格，再将C16单元格中的公式复制到D16单元格，如图6-13所示。

图 6-13

03 接下来计算差异。用实际金额减去目标金额就是差异，因此可以在E4单元格中输入公式"=D4-C4"，然后将公式拖动复制到E5~E15单元格,再将D16单元格中的公式复制到E16，求出差异的总和，如图6-14所示。

图 6-14

04 接下来计算差异率。用差异金额除以目标金额就可以得到差异率，因此可以在F4单元格中输入公式"=E4/C4"，然后将公式拖动复制到F5~F16单元格，从而计算出每个月份的差异率以及合计的差异率，如图6-15所示。

图 6-15

输入公式时，可以使用鼠标来选择目标单元格，也可以手工输入整个公式，具体采用哪种方式可以根据自己的习惯来选择。

6.2.2　用柱状图展示销售达成分析结果

饼图比较适合用于观察少数几类数据的百分比，而柱状图则比较适合用于观察较多数据互相之间的关系。由于销售目标达成分析有12个月的数据，因此这里使用柱状图来展示比较合适。

01 首先选择要绘制的数据。这里先框选"月份""目标"和"实际"三列的数据（不包括合计），然后按住Ctrl键不放，再选择"差异率"一列的数据，如图6-16所示。

月份	目标	实际	差异	差异率
1月	26,000	27,470	1,470	6%
2月	35,000	32,800	-2,200	-6%
3月	19,000	18,180	-820	-4%
4月	23,000	22,820	-180	-1%
5月	19,000	20,200	1,200	6%
6月	36,000	37,080	1,080	3%
7月	29,000	26,670	-2,330	-8%
8月	19,000	19,320	320	2%
9月	31,000	30,990	-10	0%
10月	25,000	21,480	-3,520	-14%
11月	36,000	37,750	1,750	5%
12月	42,000	41,280	-720	-2%
合计	340,000	336,040	-3,960	-1%

图 6-16

02 选择好数据以后，单击"插入"选项卡下的"二维柱形图"下的"簇状柱形图"，如图6-17所示。

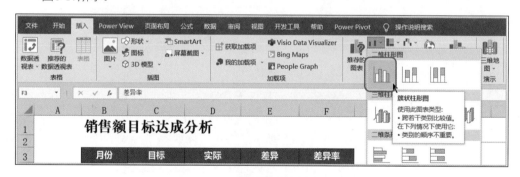

图 6-17

03 插入图表以后，可以看到由于差异率数值过小，几乎看不到，因此需要为它添加一个次坐标。在"格式"选项卡下单击"图表区"下拉列表，选择"系列'差异率'"选项，如图6-18所示。

04 选择后在窗口右侧会出现"设置数据系列"窗格，单击"系列选项"下拉按钮，选择"次坐标轴"单选按钮，可以看到图表上出现差异率的图形，如图6-19所示。

05 由于差异率的图形是条状的，不便于观察，因此还需要重新设置为折线图。保持对差异率图形选择的情况下，单击"插入"选项卡下"折线"下拉菜单下的"带数据标记的折线图"选项，可以看到差异率的图形变成了折线，如图6-20所示。

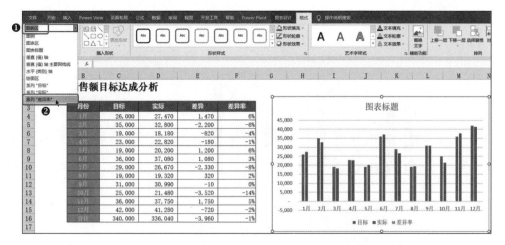

图 6-18

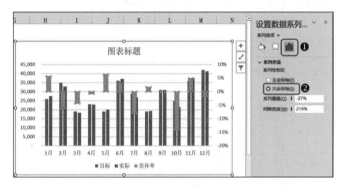

图 6-19

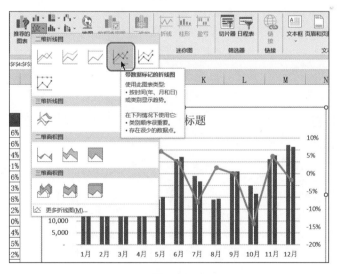

图 6-20

06 由于折线图与销售额图形是重叠的，因此需要修改主、次坐标的上下限，将它们分开。
首先选择主坐标，然后在右侧的"设置坐标轴格式"窗格单击"坐标轴选项"按钮，再
单击"坐标轴选项"下拉按钮，将"最大值"设置为50000，如图6-21所示。

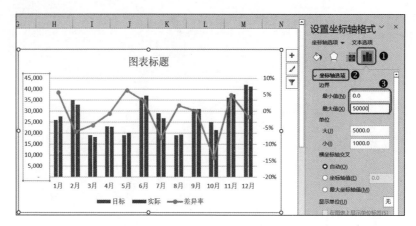

图 6-21

07 此时可看到主坐标的最大值从45000变成了50000。之后再用同样的方法修改次坐标的最小值为-0.5，修改后可以看到折线与柱状图基本分离开来了，如图6-22所示。

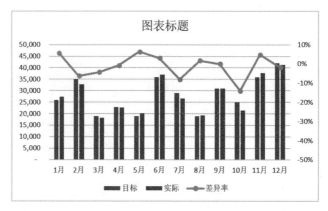

图 6-22

08 接下来对图表进行一些美化。首先选中背景上的横线，我们称之为"网格线"，并按键盘上的Delete键将它删除，结果如图6-23所示。

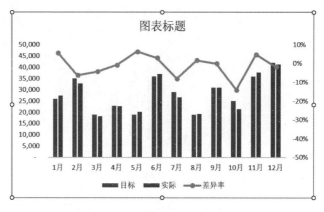

图 6-23

09 在折线图上右击鼠标，在弹出的菜单中选择"设置数据系列格式"选项，如图6-24所示。

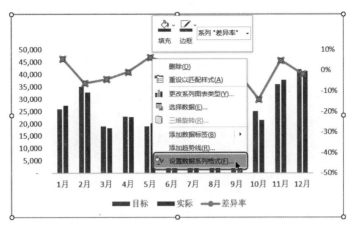

图 6-24

10 单击"填充与线条"按钮,再单击"标记"按钮,展开"标记选项"下拉按钮,选择"内置"单选按钮,大小设置为5,然后展开"填充"菜单,选择"纯色填充"单选按钮,并将颜色设置为白色,如图6-25所示。之后选择"实线"单选按钮,将颜色设置为需要的颜色,这里设置为"蓝-灰"色,如图6-26所示。

图 6-25

图 6-26

11 设置完毕后,折线图就变成了蓝色线条、白色节点的格式。接下来更换柱形图的颜色。右击任意一个"目标"柱形图(即两个并排的柱形图中左边的柱形图),在弹出的菜单中单击"填充"下拉按钮,并选择需要的颜色,这里选择的是白色(深色15%),如图6-27所示。

12 使用同样的方法将"实际"柱形图的颜色修改为需要的颜色,这里选择"玫瑰红",如图6-28所示。

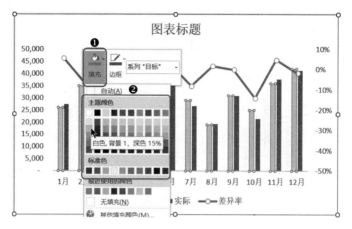

图 6-27

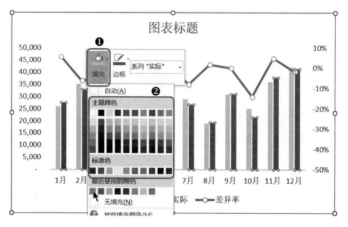

图 6-28

13 接下来为折线图添加标签，并调整标签位置。在折线图上右击，在弹出的菜单中单击"添加数据标签"选项，如图6-29所示。

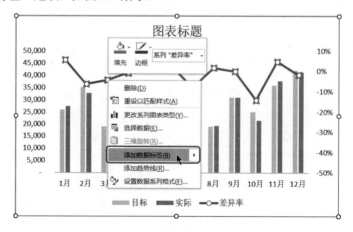

图 6-29

14 单击任意一个标签，在右侧的窗格中单击"标签选项"按钮，然后在"标签位置"一栏中选择"靠上"单选按钮，让标签呈现在折线的上方，如图6-30所示。

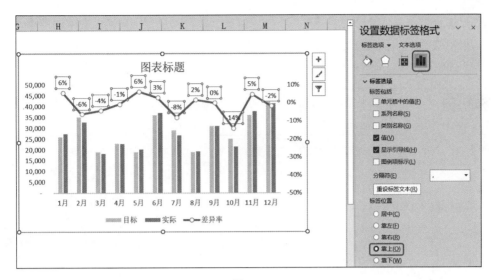

图 6-30

⓯ 按照同样的方法将图例也移动到上方，如图6-31所示。

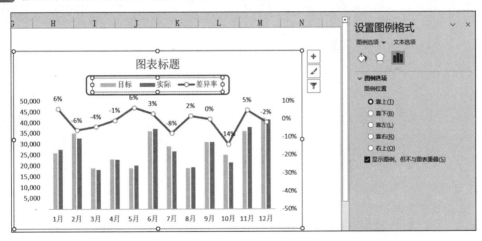

图 6-31

⓰ 图表标题也可以设置为分析结果，比如"实际销售33.6万，未达标，差异3960，差异率1.2%"，如图6-32所示。

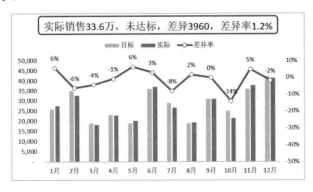

图 6-32

17 如果觉得没有必要显示副坐标，也可以将之隐藏起来，方法是选择副坐标，在右侧的窗格中单击"坐标轴选项"按钮，再单击"标签"下拉按钮，将"标签位置"设置为"无"，如图6-33所示。

> **提示** 次坐标不能够直接删除，一旦删除了，次坐标就没有了，折线图就会来到主坐标，这样就失去了次坐标的意义。

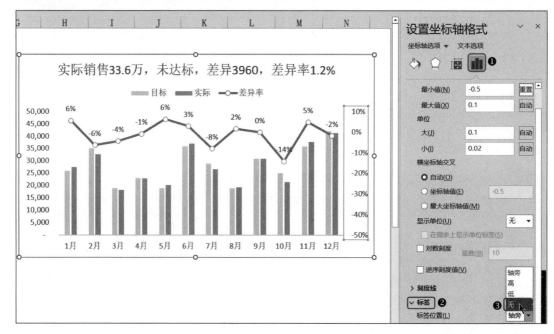

图 6-33

最终完成的效果如图6-34所示。

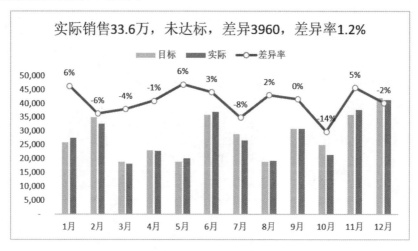

图 6-34

从图中可以清楚地看到目标销售额与实际销售额的对比及差异率，其中10月份未达标且差异率最大，而1月份与5月份超过目标且差异率最大。

6.3 上机实战：销售趋势与预测分析

销售趋势与预测分析是制定正确商业策略的重要手段之一。通过销售趋势与预测分析，企业可以预判市场变化，为企业的生产、营销、库存等企业运营的各个方面提供决策参考。

在商业领域和生产领域，预测通常是指基于历史数据，通过回归方法来预测未来数据的一种常见方法。其实现很简单，首先建立一个回归方程，通过分析变量之间的关系（例如销售量和时间的关系、利润和时间的关系）得到一个能够描述关系的公式。然后，我们可以在该公式中输入未来的时间点来预测销售量或利润率。

【案例】已知HF公司2010—2022年每年的销售额情况，现在要预测2023年的销售额，目的是让生产提前做好产能准备，采购提前做好资源准备。

打开附赠文档“第6章数据-销售业务数据.xlsx”的第四张表，即名为“年度销售预测”的表，可以看到从2010年到2022年的销售额数据，如图6-35所示。通过这些数据来预测2023年的销售额，并进行可视化处理。

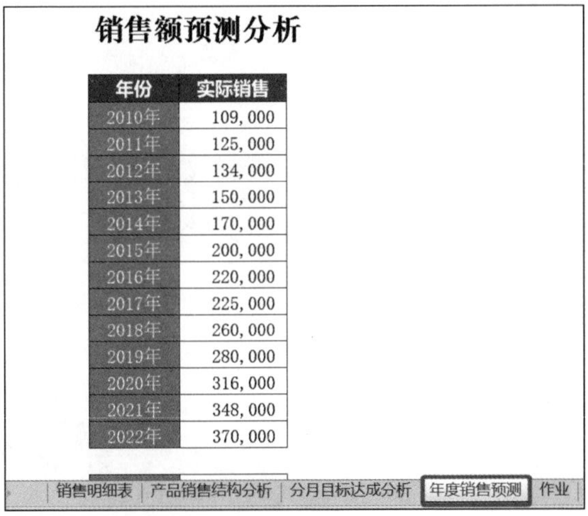
销售额预测分析

年份	实际销售
2010年	109,000
2011年	125,000
2012年	134,000
2013年	150,000
2014年	170,000
2015年	200,000
2016年	220,000
2017年	225,000
2018年	260,000
2019年	280,000
2020年	316,000
2021年	348,000
2022年	370,000

图 6-35

6.3.1 为销售历史数据绘制折线图

在Excel中，折线图可以帮助用户清晰地展示数据的趋势和变化，而带数据标记的折线图则可以更直观地突显关键数据点，使用户更容易识别和分析数据的关键特征。这里我们就为数据绘制带数据标记的折线图。

01 首先选中“年份”与“实际销售”列，再单击“插入”选项卡下的“二维折线图”下的“带数据标记的折线图”选项，如图6-36所示。

02 图形出现后，将标题修改为“销售额预测”，并在折线上右击，在弹出的菜单中单击“添加趋势线”选项，如图6-37所示。

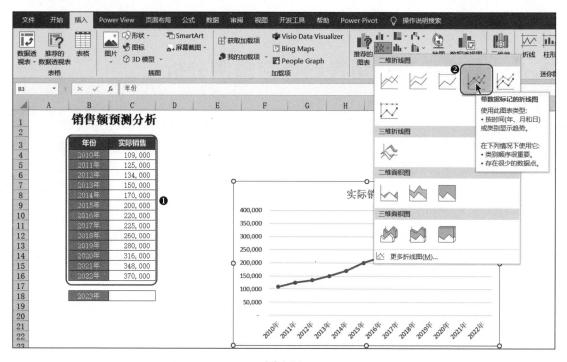

图 6-36

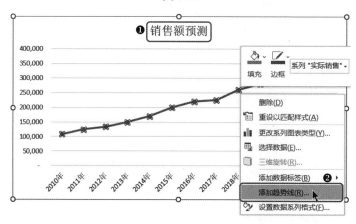

图 6-37

03 添加趋势线以后，按照前面讲解过的方法将折线的标记选项设置为"内置"，大小为5，使用白色进行纯色填充，然后将折线的颜色修改为需要的颜色，设置完毕后，效果如图6-38所示。

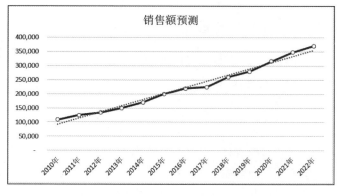

图 6-38

6.3.2 使用销售历史数据预测次年销售额

接下来要将趋势线所代表的公式显示出来，并利用此公式来预测2023年的销售额。

01 右击趋势线，在弹出的菜单中选择"设置趋势线格式"选项，然后在右侧的窗格中单击"趋势线选项"按钮，并选择"多项式"单选按钮，将"阶数"设置为4，如图6-39所示。

02 再选择窗格下方的"显示公式"和"显示R平方值"复选框，之后图表上会出现公式与R^2的值，如图6-40所示。

> **提示** R^2表示趋势线与实际数据之间的拟合程度，其值越接近1，就说明趋势线与实际数据之间的拟合度越高。本例中R^2的值为0.9961，说明拟合度相当好，因此可以利用此公式来预测，预测结果也是非常可靠的。

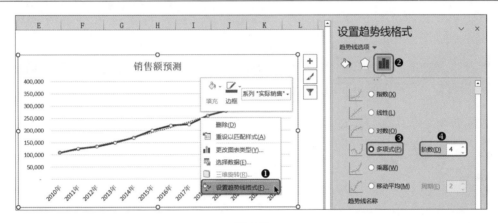

图 6-39

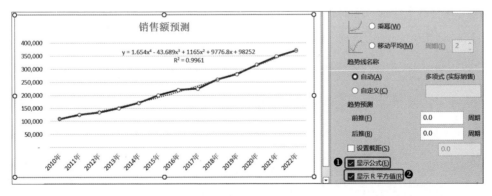

图 6-40

03 将公式复制后，将X替换为14，并修改为如下形式：

=1.654*14^4-43.689*14^3+1165*14^2+9776.8*14+98252

将修改好的公式填入C18单元格，即可得到2023年的预测销售额407 125，如图6-41所示。

> **提示** 为什么要将公式中的 X 替换为 14？因为历史数据一共有 13 个（2010—2022年），而 2023 年为第 14 个，因此要将 X 替换为 14。

=1.654*14^4-43.689*14^3+1165*14^2+9776.8*14+98252 ❶

销售额预测分析

年份	实际销售
2010年	109,000
2011年	125,000
2012年	134,000
2013年	150,000
2014年	170,000
2015年	200,000
2016年	220,000
2017年	225,000
2018年	260,000
2019年	280,000
2020年	316,000
2021年	348,000
2022年	370,000
2023年	407,125 ❷

图 6-41

从本章的内容可以看到，分析销售数据的结构与达成率，并对未来的销售额进行预测，并不困难。当然，在实际工作中，可能数据会更加庞大和复杂，但是只要掌握了本章讲解的方法，就可以应用自如，得出准确可靠的分析和预测结果。

6.4 本章习题

打开附赠文档“第6章习题.xlsx”文件，可以看到文档中包含一个名为“销售明细”表单，如图6-42所示。

序号	物料编码	名称	销售量	销售单价	销售金额	大类	小类
1	CH4010H5-TA03A	主轴	100	49.50	4,950.00	铸件	主轴
2	CH4010H5-TK01A	轴承	170	55.00	9,350.00	总成件	轴承
3	CH4010H5-TM01A	制动鼓	80	61.60	4,928.00	铸件	制动鼓
4	CH4010H5-TM01V	主轴	270	35.46	9,574.20	锻件	主轴
5	CH4010H5-TQ01A	轮毂	100	68.95	6,895.00	铸件	轮毂
6	CH401TAS11B-0H5	轴承	160	61.04	9,766.40	总成件	轴承
7	CH401TB-0H5000	轮毂	55	64.70	3,558.50	铸件	轮毂
8	CH3A07B-04071	轴承	80	75.60	6,048.00	总成件	轴承
9	CH3C-0407H000	轮毂	100	55.86	5,586.00	铸件	轮毂
10	CH3E-0407H000	轴承	100	38.10	3,810.00	总成件	轴承
11	CH4010H5-KWHW	轮毂	160	61.99	9,918.40	铸件	轮毂
12	CH4010H5-NT99A	轴承	40	37.54	1,501.60	总成件	轴承
13	CH401B05B-0H5A	主轴	60	53.64	3,218.40	锻件	主轴
14	CH401E-0H5-B	主轴	200	46.74	9,348.00	锻件	主轴
15	CH401N1H-0H5	主轴	50	49.86	2,493.00	锻件	主轴
16	CH401RCS01-0H5	轴承	200	19.94	3,988.00	总成件	轴承
17	CH4010H5-KH500	制动鼓	80	67.40	5,392.00	铸件	制动鼓
18	CA4010A5-TA03A	轴承	100	67.17	6,717.00	总成件	轴承
19	CH4010H5-TH10B	制动鼓	40	52.62	2,104.80	铸件	制动鼓
20	CA4010A5-TK01AA	制动鼓	56	40.45	2,265.20	铸件	制动鼓

图 6-42

（1）请根据销售数据统计每个大类的销售量和销售金额。

（2）请根据销售数据统计每个小类的销售金额和占比情况，并用可视化图表呈现，呈现方式由自己确定。

第 7 章

应收账款管理与分析

应收账款管理与分析可以帮助企业有效管理和优化其客户信贷政策，确保资金流畅并最大限度地降低风险。通过监控客户的付款行为和分析应收账款的构成，企业可以及时识别潜在的收款问题，采取适当的措施，减少坏账损失，提高现金流，并改善财务稳定性。此外，应收账款分析还能为企业提供有关市场和客户信用状况的宝贵信息，有助于制定战略决策和改进企业运营。

在应收账款管理中，余额统计、账龄分析和坏账分析是三个关键方面，它们各自具有重要的作用。本章就从应收账款余额统计、应收账款账龄分析以及对应收账款账中坏账的提取与计算这三方面来进行讲解。

应收账款管理与分析	• 应收账款余额统计 • 应收账款账龄分析 • 坏账的提取与计算

7.1 应收账款余额统计

应收账款是指企业在正常经营过程中因销售商品、提供服务和履行劳务等业务而应当向购买单位收取的款项，这些款项包括购买单位或接受劳务单位应承担的税金、代购买方垫付的各种运杂费等费用。应收账款伴随着企业的销售活动而形成，涵盖已经形成的债权以及未来可能形成的债权。已经形成的债权指的是已明确确立的债务关系，而未来可能形成的债权则是指尽管尚未实际发生，但在未来必定会产生的债务关系。

7.1.1　应收账款余额统计的重要性

应收账款余额统计的重要性在于它能够提供关于企业资产和资产结构的详细信息，为管理者提供决策支持。首先，应收账款指标能够准确反映出企业应收账款的规模和构成，有助于企业及时了解应收账款的状况，从而采取相应措施，加速应收账款的回收，降低坏账风险。其次，持续的应收账款统计能够揭示应收账款的构成和变化情况，进一步确定企业的主要客户和主要欠款单位，分析欠款原因和回收难度，为企业管理层提供决策依据。

这些信息有助于制定有效的信贷政策、催收策略和客户关系管理，以维护良好的现金流和财务健康。因此，应收账款余额统计在企业管理中扮演着至关重要的角色。

7.1.2　上机实战：根据原始数据制作应收账款余额统计表

【案例】YK公司是一家专业生产家用电器的公司，主要给大型超市、工贸家电、连锁商超供货，已知6月应收账款的期末余额，以及7月的销售明细和收款明细，现在要统计7月的期末余额。

应收账款余额统计表的数据通常来源于其他数据表格，如销售数据表、收款明细表等。这里就以YK公司的多个原始数据表单为例来讲解如何制作应收账款余额统计表。

打开附赠文档"第7章数据-应收账款余额统计表.xlsx"，可以看到文档中包含3个原始数据表单，分别名为"销售明细表""期初余额表"和"收款明细表"，以及一个等待填写数据的表单，名为"余额统计表"，如图7-1所示。

销售日期	收货单位	产品编号	产品名称	单位	开票单价	销售数量	开票金额
销售明细表							
2023-07-01	百联有限公司	KQG-001	空气炸锅	台	350	150	52,500
2023-07-01	百联有限公司	GYG-001	高压锅	台	500	110	55,000
2023-07-02	万家工贸公司	WBL-001	微波炉	台	400	50	20,000
2023-07-03	百联有限公司	DKX-001	电烤箱	台	600	40	24,000
2023-07-05	润万家大商场	DBD-001	电饼铛	台	450	30	13,500
2023-07-05	百联有限公司	DBD-001	电饼铛	台	450	55	24,750
2023-07-06	利民连锁超市	GYG-001	高压锅	台	500	60	30,000
2023-07-07	百联有限公司	DFB-001	电饭煲	台	450	55	24,750
2023-07-08	润万家大商场	DFB-001	电饭煲	台	450	20	9,000
2023-07-08	润万家大商场	GYG-001	高压锅	台	500	50	25,000
2023-07-12	润万家大商场	DFB-001	电饭煲	台	450	100	45,000
2023-07-15	润万家大商场	WBL-001	微波炉	台	400	40	16,000
2023-07-16	润万家大商场	GYG-001	高压锅	台	500	45	22,500
2023-07-16	润万家大商场	DFB-001	电饭煲	台	450	100	45,000
2023-07-17	润万家大商场	DKX-001	电烤箱	台	600	60	36,000

定义　销售明细表　期初余额表　收款明细表　余额统计表

图 7-1

01　首先从期初余额表中统计出期初余额，切换到"余额统计表"表单，在D5单元格输入公式"=VLOOKUP(C5,期初余额表!\$B\$5:\$C\$8,2,FALSE)"，然后将公式复制到D6~D8单元格，如图7-2所示。

提示　公式"=VLOOKUP(C5,期初余额表!\$B\$5:\$C\$8,2,FALSE)"的含义是，查找的内容是 C5 单元提供的内容，查找的区域是"期初余额表!\$B\$5:\$C\$8"，然后输出 \$B\$5:\$C\$8 区域内相对列第 2 列的数值，如果找不到内容，则会报错。

图 7-2

02　接下来要从销售明细表中统计出销售总额。在"余额统计表"表单的E5单元格输入公式
"=SUMIF(销售明细表!\$B\$3:\$B\$30,余额统计表!C5,销售明细表!\$H\$3:\$H\$30)"，然后将
公式复制到E6~E8单元格，如图7-3所示。

E5			✕ ✓ fx	=SUMIF(销售明细表!\$B\$3:\$B\$30,余额统计表!C5,销售明细表!\$H\$3:\$H\$30)		
A	B	C	D	E	F	G

应收账款余额统计表

统计日期：2023/7/31

序号	单位名称	期初余额	本期发生额		期末余额
			借方	贷方	
1	百联有限公司	5,400.00	266,500.00		
2	万家工贸公司	6,500.00	206,500.00		
3	润万家大商场	4,900.00	212,000.00		
4	利民连锁超市	5,030.00	175,500.00		
	合　计				

图 7-3

提示　公式 "=SUMIF(销售明细表!\$B\$3:\$B\$30,余额统计表!C5,销售明细
表!\$H\$3:\$H\$30)" 的含义是条件区域是 "销售明细表!\$B\$3:\$B\$30"，求和条件是 C5，
求值区域是 "销售明细表!\$H\$3:\$H\$30"。

03　接下来要从收款明细表中统计出已收到的货款总额。在"余额统计表"表单的F5单元格
输入公式 "=VLOOKUP(C5,收款明细表!\$C\$4:\$F\$7,4,FALSE)"，然后将公式复制到F6~F8
单元格，如图7-4所示。

F5			✕ ✓ fx	=VLOOKUP(C5,收款明细表!\$C\$4:\$F\$7,4,FALSE)		
A	B	C	D	E	F	G

应收账款余额统计表

统计日期：2023/7/31

序号	单位名称	期初余额	本期发生额		期末余额
			借方	贷方	
1	百联有限公司	5,400.00	266,500.00	30,400.00	
2	万家工贸公司	6,500.00	206,500.00	34,520.00	
3	润万家大商场	4,900.00	212,000.00	6,780.00	
4	利民连锁超市	5,030.00	175,500.00	98,000.00	
	合　计				

图 7-4

提示 公式 "=VLOOKUP(C5,收款明细表!$C$4:$F$7,4,FALSE)" 的含义理解同步
骤 01。

04 然后将期初余额加上借方货款，再减去已收到的货款，就是期末余额。在"余额统计表"
表单的G5单元格输入公式 "=D5+E5-F5"，然后将公式复制到G6~G8单元格，如图7-5
所示。

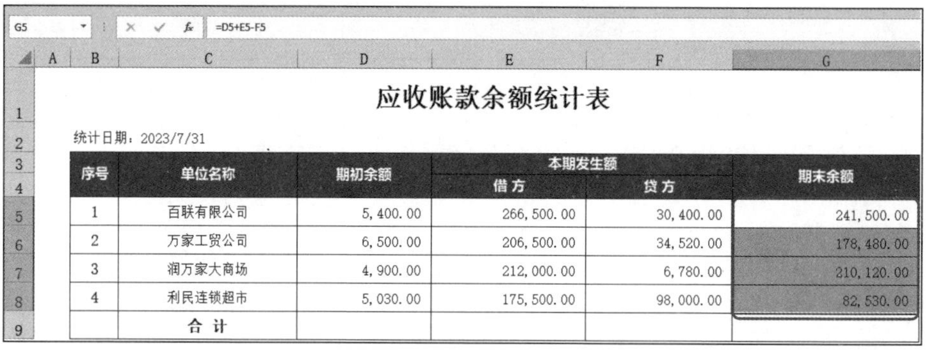

图 7-5

05 最后将各项数据进行合计。在D9单元格输入公式 "=D5+E5-F5"，并将公式复制到E9~G9
单元格，如图7-6所示。

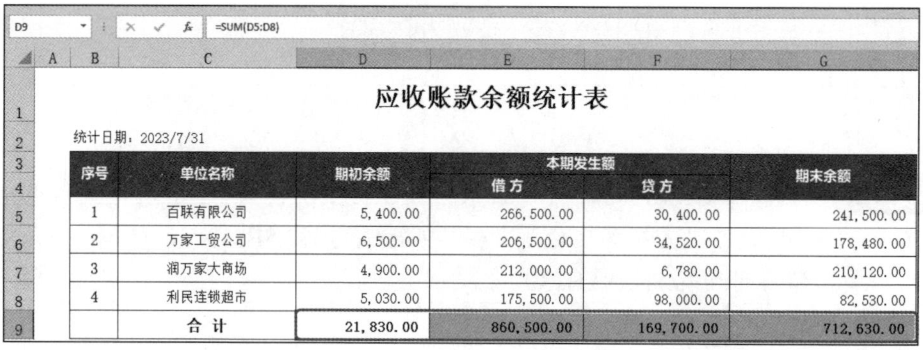

图 7-6

灵活运用 VLOOKUP 函数从各个原始数据表单中提取数据，这个技能是非常重要的，读
者一定要熟练掌握。

7.2 应收账款账龄分析

账龄是指自企业销售商品或提供服务之日起至应收账款收取之日的时间跨度，通常以天数
来计算，作为会计期间的一部分。简单来说，账龄反映了债务人欠款的时间长度，账龄越长，
坏账风险越高。具体的计算方法是将账单生成日期与当前日期相减，例如，如果账单生成日期
为 2024 年 1 月 1 日，而今天是 2024 年 1 月 31 日，那么账龄就是 31 天。

7.2.1　应收账款账龄分析的作用

账龄分析是企业对应收账款和其他应收款按照账龄长短进行分类,并分析其可回收性的方法。这种分析有助于企业更好地了解债务人欠款的情况,帮助确定应该提取多少坏账准备金。账龄分析通过衡量不同时间段内的账款金额、客户欠款情况以及账款状态,来评估企业应收账款的质量和催收效率。具体做法包括将应收账款按时间拆分为不同的期间段,然后统计每个期间段的金额,或者将其按客户和账款状态进行分类,并分别统计金额。

账龄分析提供了一个重要的依据,用以评估企业是否能够按时收回应收账款。通过账龄分析,企业可以调整其收款政策,以提高应收账款的回收率,降低坏账风险,从而改善企业的财务状况。此外,企业还可以将强有力的催款机制视为账龄分析的补充手段,以加强对回款的监控和控制。

7.2.2　上机实战：根据应收账款明细表分析应收账款账龄

【案例】假设今天是 2023-3-1,YK 公司有一份应收账款明细表,包括客户名称、发票号码、应收账款金额、发货日期等信息,现在要计算应收账款的账龄天数。

打开附赠文档"第 7 章数据-应收账款账龄分析表.xlsx",可以看到文档中包含 2 个原始数据表单,分别名为"应收账款明细表"和"应收账款账龄分析表",如图 7-7 和图 7-8 所示。

图 7-7

图 7-8

我们要先计算应收账款明细表中每一个客户的账龄天数，并据此在应收账款账龄分析表中进行分析。

01 账龄天数就是用当天的日期减去发货日期。在应收账款明细表的E3单元格中输入公式"=DATE(2023,3,1)-D3"，并将该公式复制到E4~E19单元格，即可得到所有应收账款的账龄，如图7-9所示。

	A	B	C	D	E	F
	\multicolumn{6}{c}{应收账款明细表}				
2	客户名称	发票号码	应收账款	发货日期	账龄天数	经办人
3	天宇集团	N11091	650,027	2022/10/17	135	小李
4	天宇集团	N11730	240,802	2021/9/5	542	小李
5	天同集团	N13909	685,587	2023/2/8	21	刘丽
6	泰山集团	N16330	33,234	2022/1/31	394	王晶
7	泰山集团	N21344	248,426	2022/3/3	363	王晶
8	飞宇集团	N10967	765,589	2022/12/4	87	刘丽
9	百利集团	N25012	468,004	2023/1/3	57	刘丽
10	双环集团	N19320	58,223	2022/2/11	383	江于
11	长城集团	N19568	575,662	2023/1/3	57	陈媛
12	飞宇集团	N24324	534,026	2023/1/7	53	刘丽
13	永盛集团	N22742	685,766	2022/11/18	103	李宇
14	长城集团	N22156	268,276	2023/1/8	52	陈媛
15	长城集团	N26531	548,865	2023/2/6	23	陈媛
16	长城集团	N12274	888,853	2023/2/15	14	陈媛
17	宝玉集团	N23363	8,687	2023/3/1	0	江于
18	宝玉集团	N15759	206,340	2023/1/3	57	江于
19	双环集团	N13104	2,324	2023/1/17	43	江于

图 7-9

提示 如果要使用某个指定的日期来计算账款账龄，可以使用 DATE()函数，如果要使用当天日期来计算，则可以使用 TODAY()函数，比如"=TODAY()-D3"。

02 切换到应收账款账龄分析表，可以看到这里账龄分为6组，从0~30天为一组，31~60天为一组，依此逻辑分组，具体参考图7-8。在C3单元格输入公式"=SUMIFS(应收账款明细表!$C$3:$C$19,应收账款明细表!$A$3:$A$19,应收账款账龄分析表!B3,应收账款明细表!$E$3:$E$19,"<=30")"，然后将此公式复制到C4~C11单元格，即可得到所有账龄在30天内的账款，如图7-10所示。

	A	B	C	D	E	F	G	H
1		\multicolumn{7}{c}{应收账款账龄分析表}						
2		客户名称	0~30天	31~60天	61~90天	91~120天	121~180天	180天以上
3		天宇集团	-					
4		天同集团	685,587					
5		泰山集团	-					
6		飞宇集团	-					
7		百利集团	-					
8		双环集团	-					
9		长城集团	1,437,718					
10		永盛集团	-					
11		宝玉集团	8,687					
12		合计						

图 7-10

⊞提示 公式"=SUMIFS(应收账款明细表!$C$3:$C$19,应收账款明细表!$A$3:$A$19,
应收账款账龄分析表!B3,应收账款明细表!$E$3:$E$19,"<=30")"的含义："应收账款明
细表!$C$3:$C$19"是求和区域，"应收账款明细表!$A$3:$A$19"是第 1 个求和条件区
域，"应收账款账龄分析表!B3"是第 1 个求和条件，"应收账款明细表!$E$3:$E$19"
是第 2 个求和条件区域，"<=30"是第 2 个求和条件。

03 接下来计算31~60天账龄的账款，将上面公式的条件部分修改为大于30，并小于或等于60
即可。在D3单元格输入公式"=SUMIFS(应收账款明细表!$C$3:$C$19,应收账款明细
表!$A$3:$A$19,应收账款账龄分析表!B3,应收账款明细表!$E$3:$E$19,"<=60",应收账款明
细表!$E$3:$E$19,">30")"，然后将此公式复制到D4~D11单元格，即可得到所有账龄在
31~60天内的账款。

04 在E3单元格输入公式"=SUMIFS(应收账款明细表!$C$3:$C$19,应收账款明细
表!$A$3:$A$19,应收账款账龄分析表!B3,应收账款明细表!$E$3:$E$19,"<=90",应收账款明
细表!$E$3:$E$19,">60")"，然后将此公式复制到E4~E11单元格，即可得到所有账龄在
61~90天内的账款。

05 在F3单元格输入公式"=SUMIFS(应收账款明细表!$C$3:$C$19,应收账款明细
表!$A$3:$A$19,应收账款账龄分析表!B3,应收账款明细表!$E$3:$E$19,"<=120",应收账款
明细表!$E$3:$E$19,">90")"，然后将此公式复制到F4~F11单元格，即可得到所有账龄在
91~120天内的账款。

06 在G3单元格输入公式"=SUMIFS(应收账款明细表!$C$3:$C$19,应收账款明细
表!$A$3:$A$19,应收账款账龄分析表!B3,应收账款明细表!$E$3:$E$19,"<=180",应收账款
明细表!$E$3:$E$19,">120")"，然后将此公式复制到G4~G11单元格，即可得到所有账龄
在121~180天内的账款。

07 在H3单元格输入公式"=SUMIFS(应收账款明细表!$C$3:$C$19,应收账款明细
表!$A$3:$A$19,应收账款账龄分析表!B3,应收账款明细表!$E$3:$E$19,">180")"，然后将
此公式复制到H4~H11单元格，即可得到所有账龄大于180天的账款。

08 在C12单元格输入公式"=SUM(C3:C11)"，计算出C列的账款总和，并将公式复制到
D12~H12单元格，即可得到所有账龄账款的总和，如图7-11所示。

应收账款账龄分析表

客户名称	0~30天	31~60天	61~90天	91~120天	121~180天	180天以上
天宇集团	-	-	-	-	650,027	240,802
天同集团	685,587	-	-	-	-	-
泰山集团	-	-	-	-	-	281,660
飞宇集团	-	534,026	765,589	-	-	-
百利集团	-	468,004	-	-	-	-
双环集团	-	2,324	-	-	-	58,223
长城集团	1,437,718	843,938	-	-	-	-
永盛集团	-	-	-	685,766	-	-
宝玉集团	8,687	206,340	-	-	-	-
合计	2,131,991	2,054,632	765,589	685,766	650,027	580,685

图 7-11

09 接下来对各账龄账款进行图形化展示。选择C12~H12单元格，然后单击"插入"选项卡下的"二维饼图"选项，插入一个饼图，如图7-12所示。

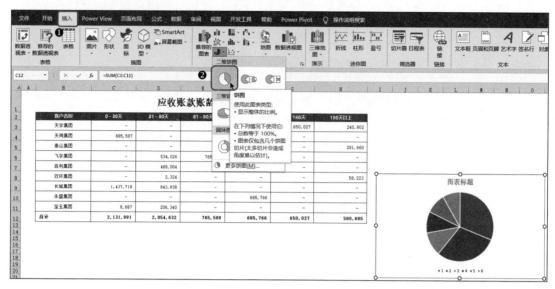

图 7-12

10 按照第5章讲解的方法，为饼图添加数据标签并对饼图格式进行调整，最后得到一个完整的应收账款账龄占比情况图，如图7-13所示。

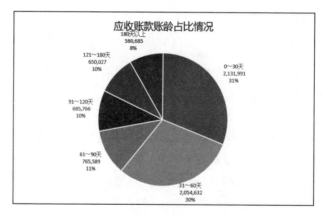

图 7-13

从图7-13中可以看到，0~30天和31~60天这两个账龄的账款占了所有账款的61%，公司应该对此情况采取有针对性的措施。

7.3 坏账的提取与计算

坏账是在经过仔细核实后确认无法收回的贷款，或者其收回可能性极小的应收款项。与此相关的损失被称为坏账损失。在企业经营中，发生坏账并因此产生损失是一种常见的现象。

7.3.1　坏账计提的重要性

企业进行坏账计提是极为重要的，因为这一措施有助于有效管理风险、减少逾期欠款，同时还能够确保财务报表的准确性。此外，在某些情况下，坏账计提还能够获得税务优惠，通过降低应纳税所得额来减轻企业的税务负担。

这一举措有助于确保企业财务稳健，提高财务透明度，以便投资者、债权人和其他利益相关方能够更好地评估企业的健康状况。通过坏账计提，企业能够提前识别潜在的坏账风险，采取适当的措施来减少损失，保护企业的资金流和盈利能力。因此，坏账计提不仅仅是一项财务规定，更是企业风险管理和战略规划的一部分，对企业的长期可持续发展具有积极影响。

7.3.2　上机实战：根据计提标准对坏账进行提取与计算

【案例】YK 公司根据会计准则制定了自己公司的坏账计提标准，账龄在半年内按 10% 计提，半年到 1 年按 20% 计提，1~2 年按 40% 计提，2~3 年按 80% 计提，3 年以上按 100% 计提；现有一份应收账款明细表，包括客户名称、发票号码、应收账款金额、发货日期等信息，现在要计算应收账款的账龄年限，并根据计提标准计算计提金额。

打开附赠文档"第 7 章数据-坏账的提取与计算.xlsx"，可以看到文档中包含 1 个原始数据表单，名为"坏账的提取与计算"，如图 7-14 所示。

可以看到，表单中除数据外，右侧还有计提标准；此外，计算日期也指定为2023年3月1日，计算时使用DATE()函数而不是TODAY()函数，与前一个案例一样。

客户名称	发票号码	应收账款	发货日期	账龄年限	坏账准备
天宇集团	N11091	650,027	2022/10/17		
天宇集团	N11730	240,802	2021/9/5		
天同集团	N13909	685,587	2023/2/8		
泰山集团	N16330	33,234	2022/1/31		
泰山集团	N21344	248,426	2022/3/3		
飞宇集团	N10967	765,589	2022/12/4		
百利集团	N25012	468,004	2023/1/3		
双环集团	N19320	58,223	2022/2/11		
长城集团	N19568	575,662	2023/1/3		
飞宇集团	N24324	534,026	2023/1/7		
永盛集团	N22742	685,766	2022/11/18		
长城集团	N22156	268,276	2023/1/8		
长城集团	N26531	548,865	2023/2/6		
长城集团	N12274	888,853	2023/2/15		
宝玉集团	N23363	8,687	2023/3/1		
宝玉集团	N15759	206,340	2023/1/3		
双环集团	N13104	2,324	2023/1/17		

坏账的提取与计算　今天：2023.3.1

账龄年限	坏账比例
0.5年以内	10%
0.5-1年	20%
1-2年	40%
2-3年	80%
3年以上	100%

图 7-14

01 首先计算账龄年限。使用当前日期减去发货日期并保留一位小数即可得到账龄年限。在 E3单元格输入公式"=ROUND((DATE(2023,3,1)-D3)/365,1)"，并将公式复制到同列其他单元格，计算出账龄年限，如图7-15所示。

> ☷➕提示　公式"=ROUND((DATE(2023,3,1)-D3)/365,1)"的含义是先用 date 函数计算 2023/3/1 与单元格 D3 之间的差异天数，然后除以 365 天，从而计算出年限，最后用 round 函数进行四舍五入，保留小数点后 1 位数。

图 7-15

02 接下来按照计提标准计算坏账。计提标准有5个档次，我们使用IF函数嵌套来确定坏账。在F3单元格中输入公式"=IF(E3<0.5,C3*0.1,IF(E3<=1,C3*0.2,IF(E3<=2,C3*0.4,IF(E3<=3,C3*0.8,E3*1))))"，并将公式复制到该列其他单元格中，即可计算出所有账款对应的坏账，如图7-16所示。

图 7-16

提示 公式"=IF(E3<0.5,C3*0.1,IF(E3<=1,C3*0.2,IF(E3<=2,C3*0.4,IF(E3<=3,C3*0.8,E3*1))))"的含义为：第 1 层 IF 嵌套"IF(E3<0.5,C3*0.1"表示，如果年限小于 0.5，则按C3 单元格的 10%计提；判断完小于 0.5 年的，其余就是大于或等于 0.5 年的，第 2 层嵌套"IF(E3<=1,C3*0.2"表示年限小于或等于 1 年的，按 C3 单元格的 20%计提，以此类推。

7.4　本章习题

打开附赠文档"第7章习题.xlsx"，可以看到文档中包含"已知条件"表单，表单中的数据为YK公司2023年7月之前的收款明细，以及7月的销售情况和收款情况，如图7-17所示。

序号	客户名称	发票号码	应收账款	发货日期	账龄天数	经办人
	2023年7月之前应收款明细表					
1	上海金丰	N011971	204,761	2/10/2023	171	李艳
2	上海金丰	N014232	163,808	12/6/2022	237	李艳
3	上海金丰	N015803	122,856	9/19/2022	315	李艳
4	上海金丰	N018289	114,666	6/25/2023	36	李艳
5	上海金丰	N011269	49,143	12/7/2022	236	李艳
6	上海金丰	N015392	65,523	6/5/2023	56	李艳
7	上海金丰	N015238	16,381	6/24/2023	37	李艳
8	上海金丰	N015479	16,381	3/8/2023	145	李艳
9	郑州东科	N013545	72,461	6/13/2023	48	李艳
10	郑州东科	N012393	57,969	9/29/2022	305	李艳
11	郑州东科	N015996	43,477	4/23/2023	99	李艳
12	郑州东科	N015669	40,578	5/16/2023	76	李艳
13	郑州东科	N012986	17,391	4/3/2023	119	李艳
14	郑州东科	N018756	23,188	4/4/2023	118	李艳
15	上海本普	N010751	100,209	5/1/2022	456	李艳
16	上海本普	N012238	71,578	3/31/2023	122	李艳
17	上海本普	N015187	14,316	3/9/2023	144	李艳
18	上海本普	N015014	40,084	6/23/2023	38	李艳
19	广州云普	N017072	1,884	3/30/2023	123	李艳
20	广州云普	N017247	1,507	6/24/2023	37	李艳
21	广州云普	N012199	1,130	11/16/2022	257	李艳
22	广州云普	N017102	1,055	7/7/2023	24	李艳
23	武汉拓林	N011387	233,767	7/13/2023	18	李艳
24	武汉拓林	N010645	187,013	1/7/2023	205	李艳
25	武汉拓林	N018137	140,260	6/24/2023	37	李艳
26	武汉拓林	N011196	130,909	5/6/2023	86	李艳

7月销售情况如下：

客户简称	7月销货金额
上海金丰	954,760
郑州东科	72,461
上海本普	571,577
广州云普	1,884
武汉拓林	233,766

7月收款情况如下：

客户简称	7月收款金额
上海金丰	764,223
郑州东科	443,451
上海本普	90,576
广州云普	464,472
武汉拓林	342,355

图 7-17

（1）分客户计算 7 月末应收账款余额。

（2）分客户做 7 月末应收账款账龄分析，要求账龄区间为 1~30 天、31~60 天、61~90 天、91~180 天、181~360 天、360 天以上，并采用可视化图表呈现，图表自选。

（3）按习题（2）的账龄区间计提坏账准备，要求 180 天以内按 5%计提，181~360 天按10%计提，360 天以上按 50%计提。

第 **8** 章

进销存数据分析

　　进销存数据记录了一个企业或组织的产品进货、销售和库存情况。这些数据通常包括产品的数量、价格、供应商信息、销售记录以及库存水平等关键信息。分析进销存数据有助于企业更好地管理其库存，实施销售和采购策略。通过深入研究这些数据，企业可以更准确地预测需求，避免库存积压或短缺，降低成本，提高效率，优化供应链，以及增强客户满意度。

　　下面以进销存数据统计、库存资金结构分析和库存账龄分析为例，讲解常用的进销存数据分析方法与思路。

进销存数据分析		
进销存数据统计	库存资金结构分析	库存账龄分析

8.1　了解进销存管理

　　进销存是企业日常经营活动的核心组成部分，通过记录和分析产品的采购、销售和库存情况，企业能够更好地管理资源、增效降本。因此，作为财务人员或企业管理人员，我们有必要深入了解进销存。

8.1.1　什么是进销存

　　进销存又称为购销链，是指企业管理过程中采购（进）→ 入库（存）→ 销售（销）的动态管理过程。

- 进：指询价、采购到入库与付款的过程。
- 销：指报价、销售到出库与收款的过程。
- 存：指除入库外，包括领料、退货、盘点、借入、借出、调拨等影响库存数量的动作。

8.1.2　分析进销存数据的好处

当企业对进销存数据进行分析时，可以获得多方面的好处。

- 提高运营效率：帮助企业更有效地处理产品的采购、销售和库存，提升整体运营效率。
- 优化库存管理：通过数据分析，避免库存积压和缺货情况，从而减少库存相关成本。
- 简化销售管理：识别销售趋势，优化销售策略，简化销售管理流程。
- 改进采购管理：通过数据分析选择供应商和采购策略，降低采购成本，提高采购效率。
- 加强数据管理与分析：提高企业的数据管理和分析能力，为决策提供更强大的支持。
- 提升客户满意度：更准确地满足客户需求，提供更优质的服务，增强客户满意度。

因此，进销存数据分析对于企业的成功和效率至关重要。

8.2　上机实战：电子厂元件进销存数据统计

对进销存数据进行统计是非常有必要的，因为这种分析有助于企业实时跟踪库存水平、销售趋势和采购需求，帮助管理者及时作出决策，优化库存管理，降低过剩或缺货风险，提升企业的盈利能力。

【案例】TL电子厂的元件存在一定的库存，其物料编码、名称、规格型号，物料的上月结存明细表、本月入库明细表、本月出库明细表，以及产品价格表。要求通过索引对应物料的价格，计算上月结存数据、本月入库明细数据以及出库明细，并统计本月的结存数据。

打开附赠文档"第8章数据-进销存数据分析.xlsx"文件，可以看到文档中包含"价格表""上月结存""入库明细表""出库明细表"和"本月结存"几个表单，如图8-1所示。

14	SP-0009	志维电子	DR0006	电容	90F	支	6.20
15	SP-0010	时代电器	XS0001	线束	A1.5*050	根	58.00
16	SP-0011	志杰电子	XS0002	线束	A1.5*055	根	75.00
17	SP-0012	三安电子	XS0003	线束	A1.5*060	根	80.00
18	SP-0013	威海科技	XS0004	线束	A1.5*065	根	95.00
19	SP-0014	佳佳电子	XS0005	线束	A1.5*070	根	105.00
20	SP-0015	友声电子	XS0006	线束	A1.5*075	根	126.00
21	SP-0016	宇宏电器	XS0007	线束	A1.5*080	根	182.00
22							
23							

定义　价格表　上月结存　入库明细表　出库明细表　本月结存　Sheet1　+

图 8-1

我们需要分别填写"上月结存""入库明细表"和"出库明细表"这三个表单中元件的单价与金额，然后计算出"本月结存"表单中各元件的上月结存、出库明细和本月结存信息。统计要点在于：在"上月结存""入库明细表"和"出库明细表"这三个表单中，元件信息是重复的，同一个元件可能在不同车间生产出不同的数量；而在"本月结存"表单中，元件信息是唯一的，这就需要经过一个"去重"的操作，再进行统计。

8.2.1　填写表单中的单价信息并计算金额

"上月结存""入库明细表"和"出库明细表"这三个表单中的单价与金额，都需要根据"价格表"表单中的信息来填写。由于步骤几乎一致，这里就以填写"上月结存"表单为例进行讲解。

01 打开"上月结存"表单，在G3单元格输入公式"=VLOOKUP(B3,价格表!C:G,5,FALSE)"，并按回车键，即可从"价格表"表单中提取出B3单元格物料的单价，如图8-2所示。

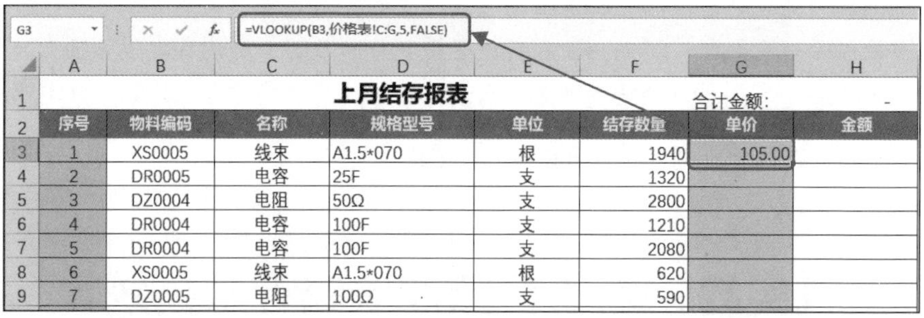

图 8-2

> **提示**　公式"=VLOOKUP(B3,价格表!C:G,5,FALSE)"的含义是：在"价格表"表单的 C~G 列中查找 B3 单元格"物料编码"对应的单价，也就是 C~G 数据区域内相对列第 5 列的数值。如果存在，则返回其查找值；如果不存在，则会报错。

02 在H3单元格输入公式"=G3*F3"，即将单价乘以结存数据，得到该物料的结存金额，如图8-3所示。

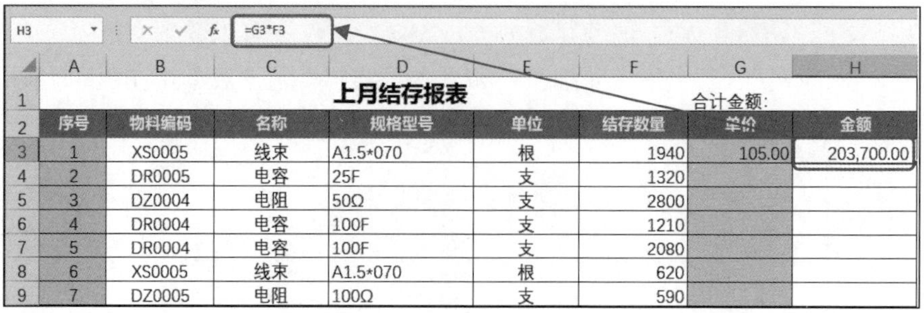

图 8-3

03 将G3的公式复制到G4~G27，将H3的公式复制到H4~H27，得到其他物料的单价与金额，如图8-4所示。

04 计算总金额。在H1单元格输入公式"=SUM(H3:H27)"，计算出结存电子元件的总金额，如图8-5所示。

按照同样的思路填写"入库明细表"和"出库明细表"的单价与金额并计算出总额即可。

序号	物料编码	名称	规格型号	单位	结存数量	单价	金额
							合计金额:
1	XS0005	线束	A1.5*070	根	1940	105.00	203,700.00
2	DR0005	电容	25F	支	1320	2.50	3,300.00
3	DZ0004	电阻	50Ω	支	2800	1.50	4,200.00
4	DR0004	电容	100F	支	1210	6.80	8,228.00
5	DR0004	电容	100F	支	2080	6.80	14,144.00
6	XS0005	线束	A1.5*070	根	620	105.00	65,100.00
7	DZ0005	电阻	100Ω	支	590	3.50	2,065.00
8	DZ0005	电阻	100Ω	支	710	3.50	2,485.00
9	DZ0005	电阻	100Ω	支	1830	3.50	6,405.00
10	XS0007	线束	A1.5*080	根	1950	182.00	354,900.00
11	DR0001	电容	10F	支	870	1.60	1,392.00
12	DR0006	电容	90F	支	1260	6.20	7,812.00
13	XS0002	线束	A1.5*055	根	1890	75.00	141,750.00
14	XS0005	线束	A1.5*070	根	1980	105.00	207,900.00
15	DR0001	电容	10F	支	1190	1.60	1,904.00
16	DZ0006	电阻	300Ω	支	2730	5.50	15,015.00
17	XS0006	线束	A1.5*075	根	2230	126.00	280,980.00
18	DZ0001	电阻	22Ω	支	2450	0.21	514.50
19	XS0001	线束	A1.5*050	根	1610	58.00	93,380.00
20	XS0002	线束	A1.5*055	根	2510	75.00	188,250.00
21	DZ0006	电阻	300Ω	支	2980	5.50	16,390.00
22	DZ0002	电阻	25Ω	支	2710	0.32	867.20
23	DR0005	电容	25F	支	1510	2.50	3,775.00
24	DZ0004	电阻	50Ω	支	2410	1.50	3,615.00
25	XS0004	线束	A1.5*065	根	2880	95.00	273,600.00

图 8-4

上月结存报表

H1　=SUM(H3:H27)

序号	物料编码	名称	规格型号	单位	结存数量	单价	金额
						合计金额:	1,901,671.70
1	XS0005	线束	A1.5*070	根	1940	105.00	203,700.00
2	DR0005	电容	25F	支	1320	2.50	3,300.00
3	DZ0004	电阻	50Ω	支	2800	1.50	4,200.00
4	DR0004	电容	100F	支	1210	6.80	8,228.00
5	DR0004	电容	100F	支	2080	6.80	14,144.00
6	XS0005	线束	A1.5*070	根	620	105.00	65,100.00
7	DZ0005	电阻	100Ω	支	590	3.50	2,065.00
8	DZ0005	电阻	100Ω	支	710	3.50	2,485.00
9	DZ0005	电阻	100Ω	支	1830	3.50	6,405.00
10	XS0007	线束	A1.5*080	根	1950	182.00	354,900.00
11	DR0001	电容	10F	支	870	1.60	1,392.00
12	DR0006	电容	90F	支	1260	6.20	7,812.00
13	XS0002	线束	A1.5*055	根	1890	75.00	141,750.00
14	XS0005	线束	A1.5*070	根	1980	105.00	207,900.00
15	DR0001	电容	10F	支	1190	1.60	1,904.00
16	DZ0006	电阻	300Ω	支	2730	5.50	15,015.00
17	XS0006	线束	A1.5*075	根	2230	126.00	280,980.00
18	DZ0001	电阻	22Ω	支	2450	0.21	514.50
19	XS0001	线束	A1.5*050	根	1610	58.00	93,380.00
20	XS0002	线束	A1.5*055	根	2510	75.00	188,250.00
21	DZ0006	电阻	300Ω	支	2980	5.50	16,390.00
22	DZ0002	电阻	25Ω	支	2710	0.32	867.20
23	DR0005	电容	25F	支	1510	2.50	3,775.00
24	DZ0004	电阻	50Ω	支	2410	1.50	3,615.00
25	XS0004	线束	A1.5*065	根	2880	95.00	273,600.00

图 8-5

提示　为了简化计算，本例使用的产品价格是固定不变的。在实际情况中，产品价格通常会有变动，例如涨价、降价现象。通常情况下，我们会使用加权平均来计算上月结存产品的价格，而对本月入库的产品会采用实际的价格。每月如此循环，保持总的金额不变。也有些企业会用年初的价格作为标准价，价格差异金额在每月进行账面调整。总之，价格的计算方式根据企业的实际情况确定。

8.2.2　计算本月结存的数量与金额

切换到"本月结存"表单，可以看到该表单的主要排序依据是"物料编码"，如图8-6所示。

	合计金额				上月结存			本月入库			本月出库			本月结存		
物料编码	名称	型号	单位	单价	数量	金额	单价	数量	金额	单价	数量	金额	单价	数量	金额	

图 8-6

因此，我们要先制作一个不重复的物料编码，包含对应的名称、型号和单位信息来填写到"本月结存"表单中，再进行进销存计算。

01 新建一个表单，将"上月结存"和"入库明细表"两个表单中的"物料编码""名称"
"规格型号"和"单位"4列数据复制到这个表单中，按照垂直方向的顺序逐一复制，以
便数据上下依次排列而不是水平并排排列。

> **提示**　因为出库明细表中的物料肯定已经在"上月结存"和"入库明细表"这两个
> 表单中了，所以不需要进行复制来去重。

02 选择这4列数据，并单击"数据"选项卡下的"删除重复值"按钮，弹出"删除重复值"
对话框，单击"确定"按钮，如图8-7所示。

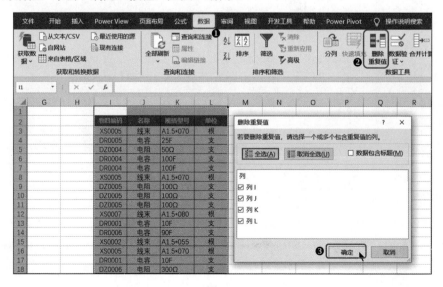

图 8-7

03 弹出提示框，单击"确定"按钮。此时可看到所有重复的物料编码及其相应的行都被删除掉了，剩下的都是不重复的数据，如图8-8所示。

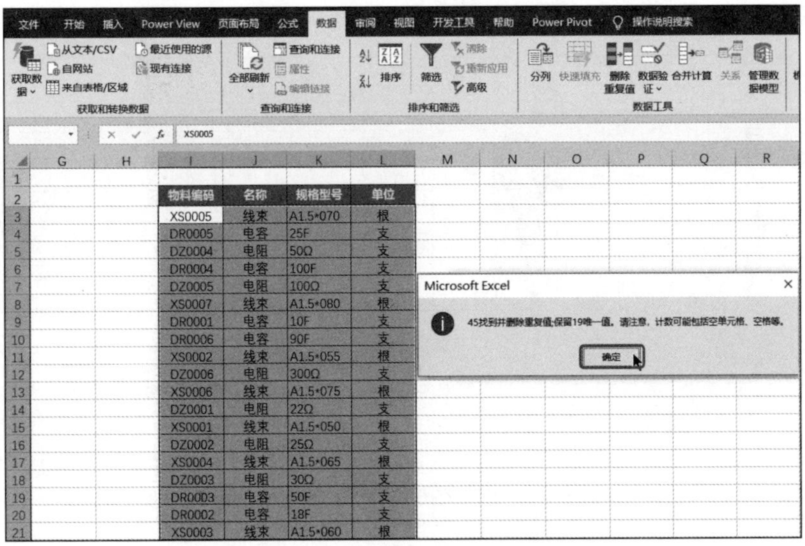

图 8-8

04 将这些不重复的数据复制到"本月结存"表单的第1列到第4列中。

05 接下来在"上月结存"区域填写价格信息。在F5单元格输入公式"=VLOOKUP(B5,价格表!C:G,5,FALSE)"，并将公式复制到F6~F23单元格，如图8-9所示。

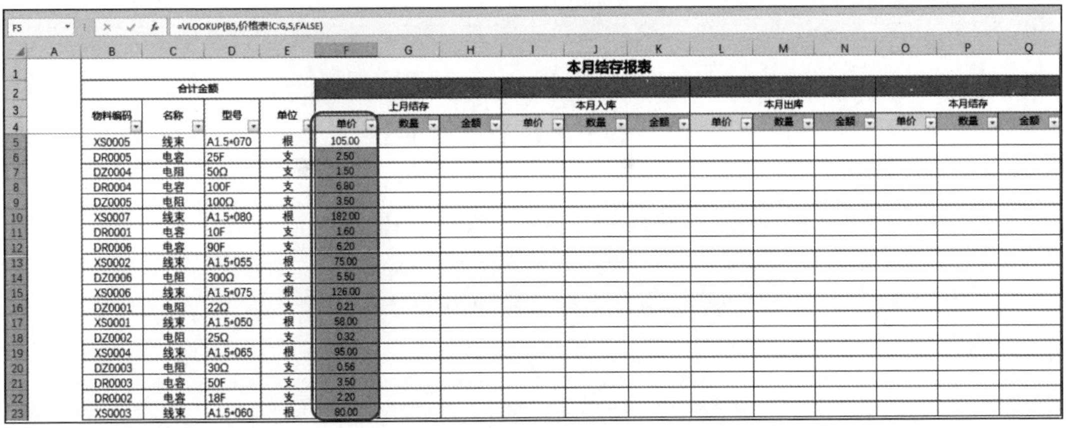

图 8-9

06 接下来在"上月结存"区域填写数量信息。在G5单元格输入公式"=SUMIF(上月结存!B:B,本月结存!B5,上月结存!F:F)"，并将公式复制到G6~G23单元格，如图8-10所示。

> **提示**　公式 "=SUMIF(上月结存!B:B,本月结存!B5,上月结存!F:F)" 的含义是在 B 列找出与 B5 单元格相同的内容，统计与 B5 单元格内容相同的行中 F 列的数值。

07 接下来在"上月结存"区域填写金额信息。在H5单元格输入公式"=G5*F5"，即将单价乘以数量，得到金额。将公式复制到H6~H23单元格，如图8-11所示。

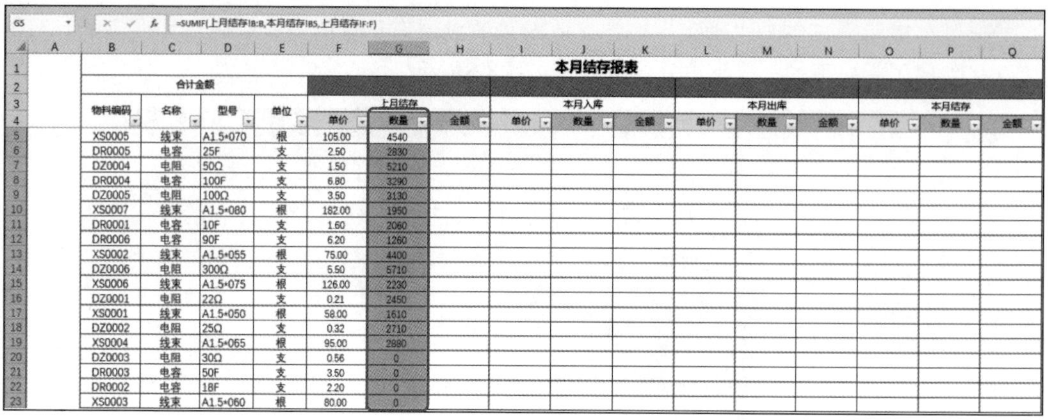

G5 =SUMIF(上月结存!B:B,本月结存!B5,上月结存!F:F)

本月结存报表

合计金额															
物料编码	名称	型号	单位	上月结存			本月入库			本月出库			本月结存		
				单价	数量	金额	单价	数量	金额	单价	数量	金额	单价	数量	金额
XS0005	线束	A1.5*070	根	105.00	4540										
DR0005	电容	25F	支	2.50	2830										
DZ0004	电阻	50Ω	支	1.50	5210										
DR0004	电容	100F	支	6.80	3290										
DZ0005	电阻	100Ω	支	3.50	3130										
XS0007	线束	A1.5*080	根	182.00	1950										
DR0001	电容	10F	支	1.60	2060										
DR0006	电容	90F	支	6.20	1260										
XS0002	线束	A1.5*055	根	75.00	4400										
DZ0006	电阻	300Ω	支	5.50	5710										
XS0006	线束	A1.5*075	根	126.00	2230										
DZ0001	电阻	22Ω	支	0.21	2450										
XS0001	线束	A1.5*050	根	58.00	1610										
DZ0002	电阻	25Ω	支	0.32	2710										
XS0004	线束	A1.5*065	根	95.00	2880										
DZ0003	电阻	30Ω	支	0.56	0										
DR0003	电容	50F	支	3.50	0										
DR0002	电容	18F	支	2.20	0										
XS0003	线束	A1.5*060	根	80.00	0										

图 8-10

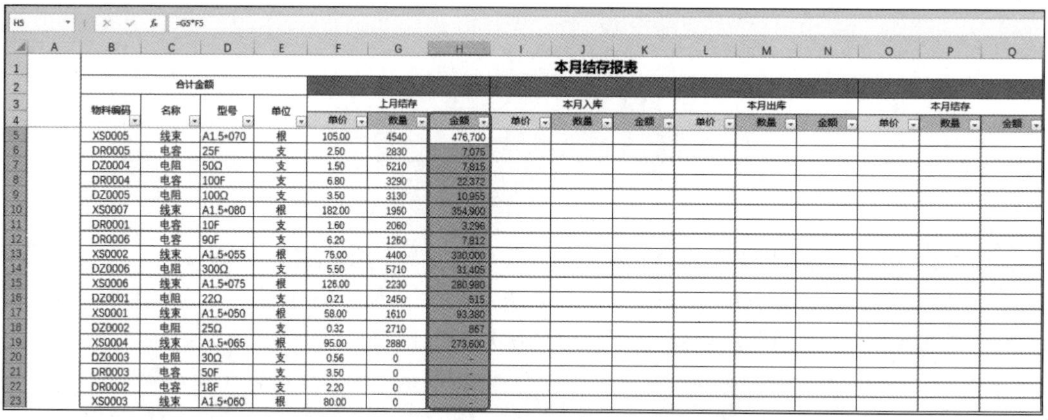

H5 =G5*F5

本月结存报表

合计金额															
物料编码	名称	型号	单位	上月结存			本月入库			本月出库			本月结存		
				单价	数量	金额	单价	数量	金额	单价	数量	金额	单价	数量	金额
XS0005	线束	A1.5*070	根	105.00	4540	476,700									
DR0005	电容	25F	支	2.50	2830	7,075									
DZ0004	电阻	50Ω	支	1.50	5210	7,815									
DR0004	电容	100F	支	6.80	3290	22,372									
DZ0005	电阻	100Ω	支	3.50	3130	10,955									
XS0007	线束	A1.5*080	根	182.00	1950	354,900									
DR0001	电容	10F	支	1.60	2060	3,296									
DR0006	电容	90F	支	6.20	1260	7,812									
XS0002	线束	A1.5*055	根	75.00	4400	330,000									
DZ0006	电阻	300Ω	支	5.50	5710	31,405									
XS0006	线束	A1.5*075	根	126.00	2230	280,980									
DZ0001	电阻	22Ω	支	0.21	2450	515									
XS0001	线束	A1.5*050	根	58.00	1610	93,380									
DZ0002	电阻	25Ω	支	0.32	2710	867									
XS0004	线束	A1.5*065	根	95.00	2880	273,600									
DZ0003	电阻	30Ω	支	0.56	0	-									
DR0003	电容	50F	支	3.50	0	-									
DR0002	电容	18F	支	2.20	0	-									
XS0003	线束	A1.5*060	根	80.00	0	-									

图 8-11

08 按同样的方法，填写“本月入库”区域和“本月出库”区域的“单价”“数量”和“金额”信息，以及填写“本月结存”区域的“单价”信息。

09 由于本月结存的数量=上月结存＋本月入库－本月出库，因此在“本月结存”区域的P5单元格输入公式“=G5+J5−M5”，并将公式复制到P6~P23单元格；在Q5单元格输入公式“=P5*O5”，计算出金额，并将公式复制到Q6~Q23单元格，如图8-12所示。

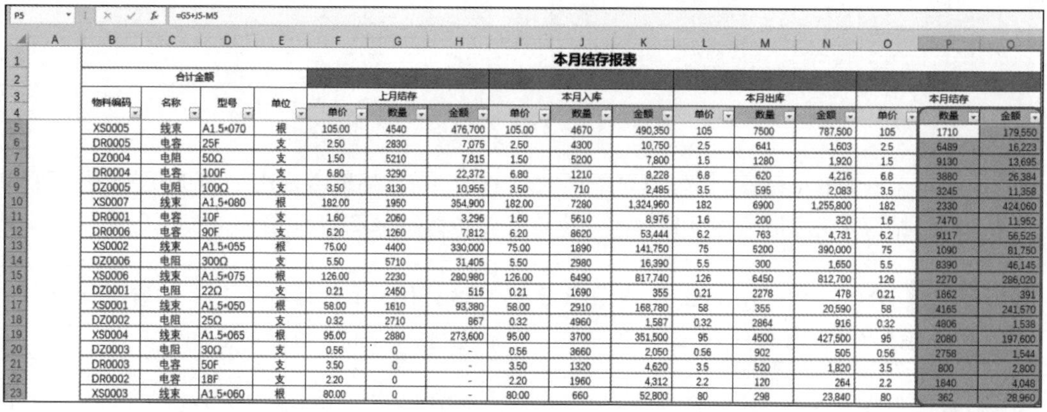

P5 =G5+J5-M5

本月结存报表

合计金额															
物料编码	名称	型号	单位	上月结存			本月入库			本月出库			本月结存		
				单价	数量	金额	单价	数量	金额	单价	数量	金额	单价	数量	金额
XS0005	线束	A1.5*070	根	105.00	4540	476,700	105.00	4670	490,350	105	7500	787,500	105	1710	179,550
DR0005	电容	25F	支	2.50	2830	7,075	2.50	4300	10,750	2.5	641	1,603	2.5	6489	16,223
DZ0004	电阻	50Ω	支	1.50	5210	7,815	1.50	5200	7,800	1.5	1280	1,920	1.5	9130	13,695
DR0004	电容	100F	支	6.80	3290	22,372	6.80	1210	8,228	6.8	620	4,216	6.8	3880	26,384
DZ0005	电阻	100Ω	支	3.50	3130	10,955	3.50	710	2,485	3.5	595	2,083	3.5	3245	11,358
XS0007	线束	A1.5*080	根	182.00	1950	354,900	182.00	7280	1,324,960	182	6900	1,255,800	182	2330	424,060
DR0001	电容	10F	支	1.60	2060	3,296	1.60	5610	8,976	1.6	200	320	1.6	7470	11,952
DR0006	电容	90F	支	6.20	1260	7,812	6.20	8620	53,444	6.2	763	4,731	6.2	9117	56,525
XS0002	线束	A1.5*055	根	75.00	4400	330,000	75.00	1890	141,750	75	5200	390,000	75	1090	81,750
DZ0006	电阻	300Ω	支	5.50	5710	31,405	5.50	2980	16,390	5.5	300	1,650	5.5	8390	46,145
XS0006	线束	A1.5*075	根	126.00	2230	280,980	126.00	6490	817,740	126	6450	812,700	126	2270	286,020
DZ0001	电阻	22Ω	支	0.21	2450	515	0.21	1690	355	0.21	2278	478	0.21	1862	391
XS0001	线束	A1.5*050	根	58.00	1610	93,380	58.00	2910	168,780	58	355	20,590	58	4165	241,570
DZ0002	电阻	25Ω	支	0.32	2710	867	0.32	4960	1,587	0.32	2864	916	0.32	4806	1,538
XS0004	线束	A1.5*065	根	95.00	2880	273,600	95.00	3700	351,500	95	4500	427,500	95	2080	197,600
DZ0003	电阻	30Ω	支	0.56	0	-	0.56	3660	2,050	0.56	902	505	0.56	2758	1,544
DR0003	电容	50F	支	3.50	0	-	3.50	1320	4,620	3.5	520	1,820	3.5	800	2,800
DR0002	电容	18F	支	2.20	0	-	2.20	1960	4,312	2.2	120	264	2.2	1840	4,048
XS0003	线束	A1.5*060	根	80.00	0	-	80.00	660	52,800	80	298	23,840	80	362	28,960

图 8-12

10 接下来计算“上月结存”“本月入库”“本月出库”和“本月结存”的合计金额。在F2单元格输入公式“=SUBTOTAL(9,H5:H23)”，并将公式复制到I2、L2和O2单元格，如图8-13所示。

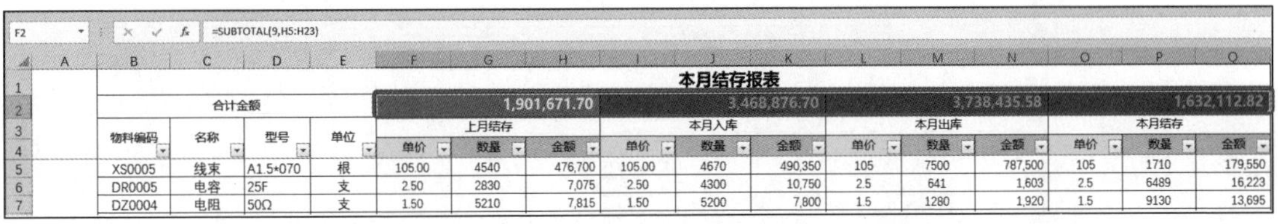

=SUBTOTAL(9,H5:H23)

本月结存报表															
合计金额						1,901,671.70			3,468,876.70			3,738,435.58			1,632,112.82
物料编码	名称	型号	单位	上月结存			本月入库			本月出库			本月结存		
				单价	数量	金额	单价	数量	金额	单价	数量	金额	单价	数量	金额
XS0005	线束	A1.5*070	根	105.00	4540	476,700	105.00	4670	490,350	105	7500	787,500	105	1710	179,550
DR0005	电容	25F	支	2.50	2830	7,075	2.50	4300	10,750	2.5	641	1,603	2.5	6489	16,223
DZ0004	电阻	50Ω	支	1.50	5210	7,815	1.50	5200	7,800	1.5	1280	1,920	1.5	9130	13,695

图 8-13

提示 为什么这里要使用 SUBTOTAL 函数而不是使用 SUM 函数呢？这是因为我们有时候需要筛选物料类别、数据进行统计，也就是当隐藏部分内容后，需要统计可见单元格的内容，SUBTOTAL 函数可以根据选择的物料分别进行统计，而 SUM 函数则不行，如图 8-14 所示，选择电容后两个函数显示的合计金额不同。

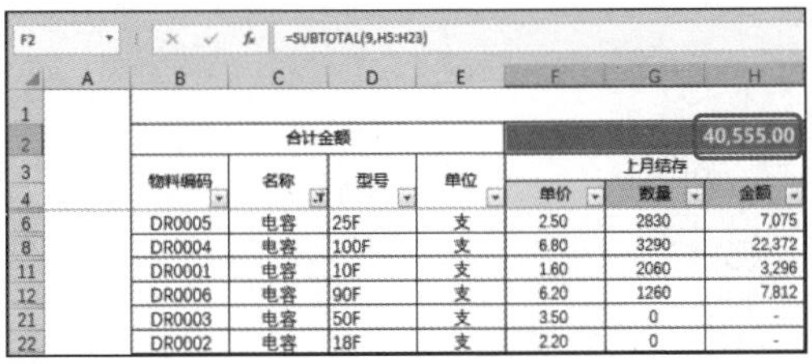

=SUBTOTAL(9,H5:H23)

合计金额						40,555.00
物料编码	名称	型号	单位	上月结存		
				单价	数量	金额
DR0005	电容	25F	支	2.50	2830	7,075
DR0004	电容	100F	支	6.80	3290	22,372
DR0001	电容	10F	支	1.60	2060	3,296
DR0006	电容	90F	支	6.20	1260	7,812
DR0003	电容	50F	支	3.50	0	-
DR0002	电容	18F	支	2.20	0	-

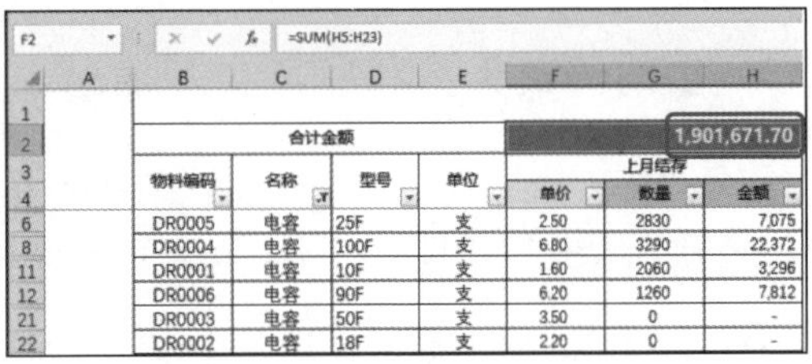

=SUM(H5:H23)

合计金额						1,901,671.70
物料编码	名称	型号	单位	上月结存		
				单价	数量	金额
DR0005	电容	25F	支	2.50	2830	7,075
DR0004	电容	100F	支	6.80	3290	22,372
DR0001	电容	10F	支	1.60	2060	3,296
DR0006	电容	90F	支	6.20	1260	7,812
DR0003	电容	50F	支	3.50	0	-
DR0002	电容	18F	支	2.20	0	-

图 8-14

把“本月结存”报表中的合计金额与“上月结存”“入库明细表”和“出库明细表”这三个表单中的合计金额进行核对，发现它们是一样的，这说明“本月结存”报表中的数据没有问题。这样就完成了一张本月结存表的制作，这张表同时也是下月进销存统计时的上月结存依据。

8.3 上机实战：电子厂库存账龄分析

库存账龄简称库龄，是指商品在仓库内存放的时长。然而，商品在仓库内存放期间并不会产生任何盈利。因此，减少库存账龄，以此提高库存周转率，是非常重要的。

当企业的库存资金规模增大时，会给企业经营带来更大的现金压力。以最极端的情况来看，如果企业的现金几乎全部用于库存，其资金流动性将会显著降低，从而增加经营风险。此外，如果商品在库存中停留时间较长，那么发生呆滞库存（长期不用或即将报废）的可能性也会增加。根据公司管理规则，财务部门可能需要进行存货跌价准备和计提，这类似于对应收账款的坏账准备。

【案例】TL电子厂元件库存表中有每个物料编码对应的入库时间，现在需要根据入库时间计算账龄天数，并进行账龄分析。

打开附赠文档"第8章数据-库存账龄分析.xlsx"文件，可以看到文档中包含"库存台账"和"库存账龄分析"这两个表单，如图8-15所示。

18	17	DR0004	电容	7/15/2023	3646	6.80	24,793		
19	18	XS0007	线束	7/21/2023	620	182.00	112,840		
20	19	DR0001	电容	4/11/2023	7195	1.60	11,512		
21	20	XS0002	线束	7/20/2023	1090	75.00	81,750		
22	21	XS0006	线束	2/10/2023	108	126.00	13,608		
23	22	XS0001	线束	8/5/2023	216	58.00	12,528		
24	23	DZ0002	电阻	1/23/2023	53	0.32	17		
25	24	XS0004	线束	4/18/2023	80	95.00	7,600		
26	25	DR0003	电容	8/12/2023	500	3.50	1,750		
27	26	DR0002	电容	7/3/2023	377	2.20	829		
28	27	XS0003	线束	5/8/2023	234	80.00	18,720		
29	28	XS0005	线束	7/11/2023	359	105.00	37,695		
30	29	DZ0004	电阻	5/20/2023	252	1.50	378		
31	30	DR0004	电容	7/20/2023	234	6.80	1,591		
32	31	DZ0005	电阻	7/20/2023	52	3.50	182		
33	32	DR0001	电容	7/24/2023	275	1.60	440		

定义　库存台账　库存账龄分析　＋

图 8-15

我们首先需要填写"库存台账"表单中的库龄天数和库龄类别信息，然后进行库存账龄分析并给出可视化结果。

8.3.1 填写库龄天数和库龄类别信息

打开"库存台账"表单，可以看到"库龄天数"和"库龄类别"两列信息没有填写。现假设当天日期是2023年8月31日，则可按照以下步骤来填写信息：

01 在I2单元格中输入公式"=DATE(2023,8,31)-E2"，并按回车键，得到结果1900/6/9，如图8-16所示。

图 8-16

02 在选中I2单元格的情况下，单击"开始"菜单下的"数字格式"下拉菜单，并选择"常规"选项，如图8-17所示。

图 8-17

03 设置后I2单元格的值就变成了171，也就是该元件的库存天数。将I2单元格的公式复制到该列其余的单元格中，即可得到所有元件的库存天数，如图8-18所示。

序号	物料编码	名称	入库时间	库存数量	单价	金额	库龄天数	库龄类别
1	XS0005	线束	3/13/2023	997	105.00	104,685	171	
2	DR0005	电容	7/19/2023	4508	2.50	11,270	43	
3	DZ0004	电阻	2/8/2023	5550	1.50	8,325	204	
4	DZ0005	电阻	5/3/2023	3193	3.50	11,176	120	
5	XS0007	线束	7/22/2023	1710	182.00	311,220	40	
6	DR0006	电容	5/11/2023	8830	6.20	54,746	112	
7	DZ0006	电阻	7/23/2023	8167	5.50	44,919	39	
8	XS0006	线束	7/12/2023	1806	126.00	227,556	50	
9	XS0001	线束	3/2/2023	3940	58.00	228,520	182	
10	DZ0002	电阻	8/24/2023	4612	0.32	1,476	7	
11	DZ0003	电阻	2/23/2023	2482	0.56	1,390	189	
12	DR0003	电容	7/2/2023	300	3.50	1,050	60	
13	DR0002	电容	4/8/2023	1295	2.20	2,849	145	
14	XS0005	线束	7/22/2023	354	105.00	37,170	40	
15	DR0005	电容	4/13/2023	1981	2.50	4,953	140	
16	DZ0004	电阻	7/22/2023	3328	1.50	4,992	40	
17	DR0004	电容	7/15/2023	3646	6.80	24,793	47	
18	XS0007	线束	7/21/2023	620	182.00	112,840	41	
19	DR0001	电容	4/11/2023	7195	1.60	11,512	142	
20	XS0002	线束	7/20/2023	1090	75.00	81,750	42	
21	XS0006	线束	2/10/2023	108	126.00	13,608	202	
22	XS0001	线束	8/5/2023	216	58.00	12,528	26	
23	DZ0002	电阻	1/23/2023	53	0.32	17	220	
24	XS0004	线束	4/18/2023	80	95.00	7,600	135	
25	DR0003	电容	8/12/2023	500	3.50	1,750	19	
26	DR0002	电容	7/3/2023	377	2.20	829	59	
27	XS0003	线束	5/8/2023	234	80.00	18,720	115	
28	XS0005	线束	7/11/2023	359	105.00	37,695	51	

图 8-18

04 在J2单元格输入公式"=IF(I2>90,"大于90天",IF(I2>60,"61-90天",IF(I2>30,"31-60天","1-30天")))"，用来显示该元件的库存类别。将该公式复制到该列其余单元格中，即可得到所有元件的库存类别，如图8-19所示。

序号	物料编码	名称	入库时间	库存数量	单价	金额	库龄天数	库龄类别
1	XS0005	线束	3/13/2023	997	105.00	104,685	171	大于90天
2	DR0005	电容	7/19/2023	4508	2.50	11,270	43	31-60天
3	DZ0004	电阻	2/8/2023	5550	1.50	8,325	204	大于90天
4	DZ0005	电阻	5/3/2023	3193	3.50	11,176	120	大于90天
5	XS0007	线束	7/22/2023	1710	182.00	311,220	40	31-60天
6	DR0006	电容	5/11/2023	8830	6.20	54,746	112	大于90天
7	DZ0006	电阻	7/23/2023	8167	5.50	44,919	39	31-60天
8	XS0006	线束	7/12/2023	1806	126.00	227,556	50	31-60天
9	XS0001	线束	3/2/2023	3940	58.00	228,520	182	大于90天
10	DZ0002	电阻	8/24/2023	4612	0.32	1,476	7	1-30天
11	DZ0003	电阻	2/23/2023	2482	0.56	1,390	189	大于90天
12	DR0003	电容	7/2/2023	300	3.50	1,050	60	31-60天
13	DR0002	电容	4/8/2023	1295	2.20	2,849	145	大于90天
14	XS0005	线束	7/22/2023	354	105.00	37,170	40	31-60天
15	DR0005	电容	4/13/2023	1981	2.50	4,953	140	大于90天
16	DZ0004	电阻	7/22/2023	3328	1.50	4,992	40	31-60天
17	DR0004	电容	7/15/2023	3646	6.80	24,793	47	31-60天
18	XS0007	线束	7/21/2023	620	182.00	112,840	41	31-60天
19	DR0001	电容	4/11/2023	7195	1.60	11,512	142	大于90天
20	XS0002	线束	7/20/2023	1090	75.00	81,750	42	31-60天
21	XS0006	线束	2/10/2023	108	126.00	13,608	202	大于90天
22	XS0001	线束	8/5/2023	216	58.00	12,528	26	1-30天
23	DZ0002	电阻	1/23/2023	53	0.32	17	220	大于90天
24	XS0004	线束	4/18/2023	80	95.00	7,600	135	大于90天
25	DR0003	电容	8/12/2023	500	3.50	1,750	19	1-30天
26	DR0002	电容	7/3/2023	377	2.20	829	59	31-60天
27	XS0003	线束	5/8/2023	234	80.00	18,720	115	大于90天
28	XS0005	线束	7/11/2023	359	105.00	37,695	51	31-60天

图 8-19

提示 这个IF函数看似复杂，其实只是使用了多重嵌套，仔细分析其结构即可理解。

填写完"库存台账"表单后，接下来就可以进行库存账龄分析了。

8.3.2 库存账龄分析及可视化

切换到"库存账龄分析"表单，可以看到表单中有"库存数量"和"库存金额"需要填写。

01 在D3单元格中输入公式"=SUMIF(库存台账!J:J,库存账龄分析!C3,库存台账!F:F)"，并将公式复制到D4~D6单元格，得到不同库龄的元件的数量，如图8-20所示。

> **提示** 公式"=SUMIF(库存台账!J:J,库存账龄分析!C3,库存台账!F:F)"的含义是在库存台账的 J 列找出与库存账龄分析 C3 单元格相同的内容，统计与 C3 单元格内容相同的行中库存台账 F 列的数值。

02 在E3单元格中输入公式"=SUMIF(库存台账!J:J,库存账龄分析!C3,库存台账!H:H)"，并将公式复制到E4~E6单元格，得到不同库龄的电子元件的金额合计，如图8-21所示。

图 8-20   图 8-21

03 在D7单元格输入公式"=SUM(D3:D6)"，统计总的库存元件数量，并将此公式复制到E7单元格，统计总的库存元件的金额，如图8-22所示。

04 接下来要将库存账龄分析结果可视化。选中库存账龄分析结果数据（不包含"总计"行），然后插入一个柱形图，如图8-23所示。

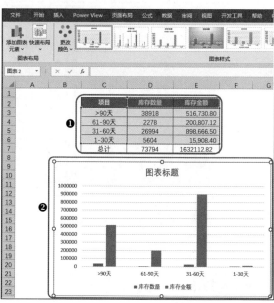

图 8-22   图 8-23

提示　下面将要讲解柱形图的参数与格式的设置，具体的操作方法已经在第 5 章详细演示过了，因此这里只给出简单的调整目标。

05 选中库存金额柱形图，将它设置为绘制在次坐标轴上，如图8-24所示。

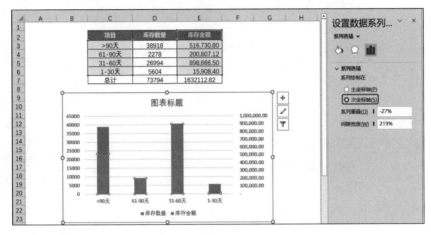

图 8-24

06 保持库存金额柱形图被选中的情况下，单击"插入"选项卡下的"带数据标记的折线图"选项，将金额从柱形图改为折线图，如图8-25所示。

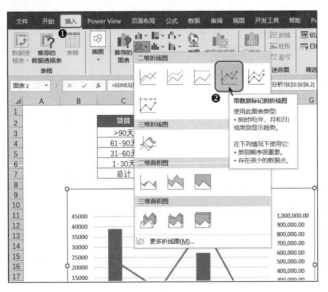

图 8-25

07 为"库存数量"和"库存金额"添加数据标签，如图8-26所示。

08 由于"库存数量"柱形图和"库存金额"折线图是重叠的，因此需要通过修改主次坐标轴将它们分开。将主坐标轴的最大值改为80000，将次坐标轴的最小值改为-200000，两者就分开了，如图8-27所示。

09 将折线的标签位置设置为"靠上"，文字颜色设置为"橙色，个性色2，深色25%"。

10 删除网格线，并隐藏次坐标轴。

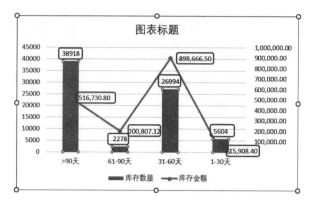

图 8-26

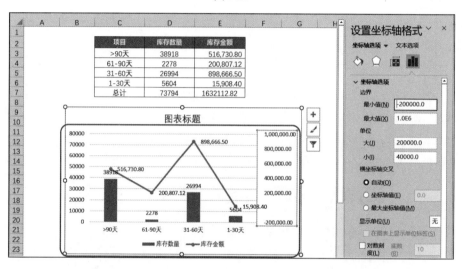

图 8-27

[11] 将柱形图的标签文字颜色设置为"蓝色，个性色1"。

[12] 将图表标题修改为"库存账龄分析"，并设置文字格式。设置完成后，最终的效果如图 8-28所示。

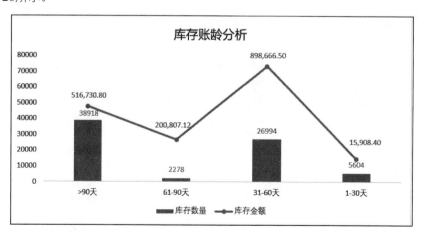

图 8-28

8.4 上机实战：电子厂库存资金结构分析

库存资金是指企业自货币资金用于采购物资开始，一直到物资出库完成的过程中所占用的流动资金。这一过程中，资金被暂时投入库存管理，以确保供应链的连贯性和物资的可用性。

结构，即库存的资金结构，指的是库存中不同资金类别的比例分配情况。通过资金结构分析，可以深入了解库存中不同种类物资的资金占用情况，进而精确调整库存策略，以优化库存资金的使用。这有助于降低库存成本，减少不必要的库存积压，并提高资金的周转率。通过降低库存，企业能够减少资金的固定占用，从而释放更多资金用于投资或债务还款，以提高财务灵活性。这一过程有望显著提升企业的盈利能力，促使更有效的资源分配，并确保企业在竞争激烈的市场中取得更大的优势。

> **提示** 库存控制中的分级控制法是一种分级管理方法，它强调在具体操作过程中，首先需要对库存资金进行统一分配和调度，然后实施有效的预算管理。按照资金使用与管理的结合原则，每个部门负责使用的资金应由该部门自行管理。这一方法将责任划分到不同部门，具体到个人和产品层面，从而更加有效地控制库存资金的占用。这种系统的实施有助于提高库存资金的管理效率，并确保资源得到更有效的利用，进一步加强了库存资金控制的可行性。

【**案例**】TL电子厂元件总经理要求财务对库存资金结构展开分析，并且给出降低库存资金的建议和措施。

打开附赠文档"第8章数据-库存资金结构分析.xlsx"文件，可以看到文档中包含"库存台账"和"库存资金结构分析"这两个表单，如图8-29所示。

27	26	DR0002	电容	7/3/2023	377	2.20	829	59	31-60天
28	27	XS0003	线束	5/8/2023	234	80.00	18,720	115	大于90天
29	28	XS0005	线束	7/11/2023	359	105.00	37,695	51	31-60天
30	29	DZ0004	电阻	5/20/2023	252	1.50	378	103	大于90天
31	30	DR0004	电容	7/20/2023	234	6.80	1,591	42	31-60天
32	31	DZ0005	电阻	7/20/2023	52	3.50	182	42	31-60天
33	32	DR0001	电容	7/24/2023	275	1.60	440	38	31-60天
34	33	DR0006	电容	5/25/2023	287	6.20	1,779	98	大于90天
35	34	DZ0006	电阻	1/18/2023	223	5.50	1,227	225	大于90天
36	35	XS0006	线束	2/24/2023	356	126.00	44,856	188	大于90天
37	36	XS0001	线束	6/17/2023	9	58.00	522	75	61-90天
38	37	DZ0002	电阻	6/8/2023	141	0.32	45	84	61-90天

定义　库存台账　库存资金结构分析　Sheet1　⊕

图 8-29

我们首先要按元件名称来分类分析，然后按元件名称和物料编码来分类分析，并都给出图形化结果。

8.4.1 按元件名称分类分析资金结构

在库存元件中，有三类元件，分别是电阻、电容和线束。我们先来分析这三类元件的库存资金结构。

01 新建一个表单，在C5单元格新建一个透视表，数据源采用"库存台账"表单中的数据，并将"名称"字段拖入行区域，将"金额"字段拖入Σ值区域，如图8-30所示。

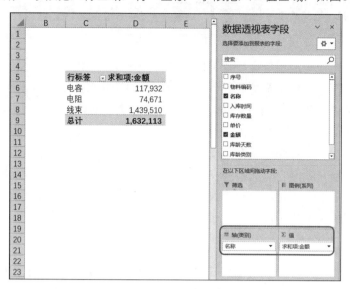

图 8-30

02 修改第二列数据的表头为"金额"，并插入一个饼图。

03 如果不想在饼图上显示字段，可以右击任意一个字段名称，在弹出的快捷菜单中选择"隐藏图表上的所有字段按钮"选项，如图8-31所示。

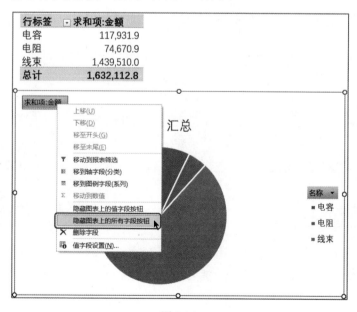

图 8-31

04 修改饼图的颜色，然后添加数据标签并为标签设置"类别名称"和"百分比"项目，再适当调节标签位置，最后将图表标题修改为"按类别分析"并设置字体，即可得到所需的图表效果，如图8-32所示。

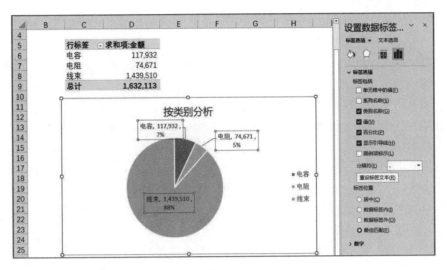

图 8-32

8.4.2　按元件名称和物料编码分类分析资金结构

虽然库存元件分为有电阻、电容和线束三类，但每类产品又有若干型号。因此，有必要按照电子元件类别与型号来进一步分析库存资金结构。电子元件型号在库存列表中是以"物料编码"来记录的，其分析步骤如下：

01　新建一个表单，在K5单元格新建一个透视表，数据源采用"库存台账"表单中的数据，并将"名称"字段和"物料编码"字段拖入行区域（注意先后顺序），再将"金额"字段拖入Σ值区域，如图8-33所示。

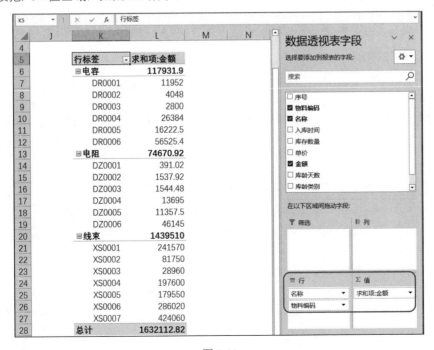

图 8-33

02 将透视表改为以表格形式显示。在"设计"选项卡中，单击"报表布局"下拉按钮，选择"以表格形式显示"选项。

03 隐藏"分类汇总"。在"设计"选项卡中，单击"分类汇总"下拉按钮，选择"不显示分类汇总"选项。

04 让"名称"字段垂直居中显示。在透视表上右击，在弹出的菜单中选择"数据透视表"选项，在弹出的对话框中选择"合并且居中排列带标签的单元格"复选框，并单击"确定"按钮。

05 取消"总计"行。在"设计"选项卡中，单击"总计"下拉按钮，选择"对行和列禁用"选项。

06 为整个透视表添加边框。选中整个透视表，右击，在弹出的菜单中单击"边框"下拉按钮，选择"所有边框"选项。

07 去掉"名称"字段前的折叠按钮。切换到"数据透视表分析"选项卡，单击"+/−"按钮。

08 对金额列进行排序。在金额列任意单元格上右击，在弹出的菜单中单击"排序"子菜单下的"降序"选项。

09 再增加一个金额列来显示各物料金额的占比。再次拖动一个"金额"字段到Σ值区域，如图8-34所示。

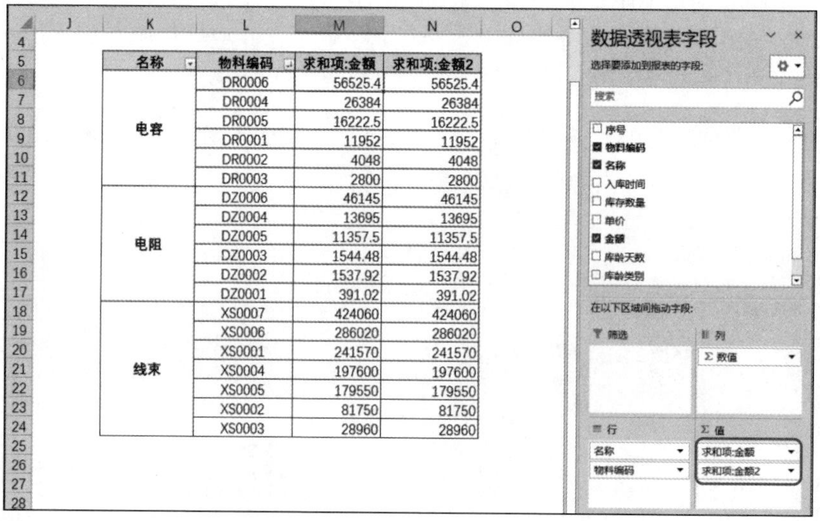

图 8-34

10 在新增的列中右击，在弹出的菜单中单击"值显示方式"子菜单下的"父行汇总的百分比"，即可将该列数据改为显示占比，然后将数据圆整为不显示小数点后的数字。

11 将第三列数据的表头改为金额，第四列数据的表头改为金额占比，透视表就完成了，如图8-35所示。

12 接下来为透视表插入一个柱形图，并隐藏所有字段按钮。

13 将"金额占比"数据绘制到次坐标上。由于"金额占比"数据太小，无法直接选中，因此需要先单击"设计"选项卡下的"当前所选内容"下拉按钮，并选择"系列'金额占比'"选项，在窗口右侧出现的"设置数据系列格式"窗格中选择"次坐标轴"单选按钮，如图8-36所示。

	名称	物料编码	金额	金额占比
		DR0006	56525.4	48%
		DR0004	26384	22%
	电容	DR0005	16222.5	14%
		DR0001	11952	10%
		DR0002	4048	3%
		DR0003	2800	2%
		DZ0006	46145	62%
		DZ0004	13695	18%
	电阻	DZ0005	11357.5	15%
		DZ0003	1544.48	2%
		DZ0002	1537.92	2%
		DZ0001	391.02	1%
		XS0007	424060	29%
		XS0006	286020	20%
		XS0001	241570	17%
	线束	XS0004	197600	14%
		XS0005	179550	12%
		XS0002	81750	6%
		XS0003	28960	2%

图 8-35

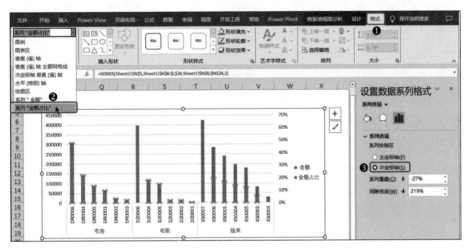

图 8-36

14 保持金额占比柱形图被选中的情况下，单击"插入"选项卡下的"带数据标记的折线图"选项，将金额占比从柱形图改为折线图，如图8-37所示。

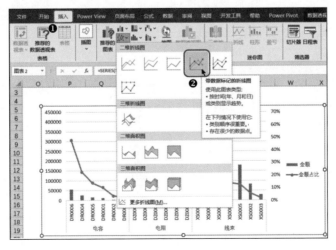

图 8-37

15 将图例位置改为"靠上"，并删除网格线。

16 为金额柱形图添加数据标签，并在透视图中修改金额的格式，为它添加"千位分隔样式"，并圆整为不显示小数点后的数字，此时柱形图中的相应数据也显示为同样的格式，如图8-38所示。

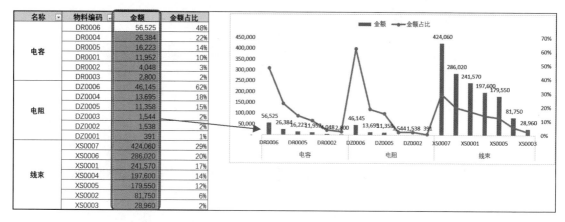

图 8-38

17 将物料标签设置为竖排显示。单击物料标签，在右侧的窗格中，在"对齐方式"下的"文字方向"下拉菜单中选择"竖排"选项，如图8-39所示。

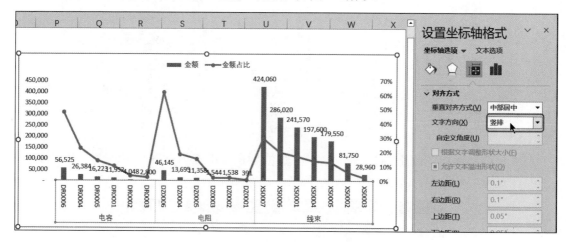

图 8-39

18 为折线图添加标签，标签的位置设置为"靠上"，并将颜色修改为"橙色，个性色2"。

19 将主坐标轴的最大值修改为800 000，将次坐标轴的最小值设置为-0.5。这样，柱形图和折线图就分开了，如图8-40所示。

从柱形图中可以看出，库存中线束类元件的资金占比是最大的，其中物料编号为XS0007的电子元件的资金占比是最大的。后期在进行库存成本控制的时候，主要针对线束类元件进行，这样可以有效降低库存资金。

图 8-40

8.5 本章习题

打开附赠文档"第 8 章习题.xlsx"文件，可以看到文档中包含"盘点明细"和"进货明细"这两个表单，如图 8-41 和图 8-42 所示。

类别	材料牌号	单位	202308盘点数量	单价	金额
钢板	1PP30PYP125	kg	5768	3.12	17,996
棒材	1PP30H3X123	kg	3575	5.19	18,554
线材	Y30413CH4J1	kg	4894	5.72	27,994
钢板	Y30P13CH4J1	kg	5150	3.38	17,407
塑料	YC111P1C0	kg	5115	5.88	30,076
钢板	XM4F13WU0A	kg	12150	5.32	64,638
棒材	3CHCL-XXHY	kg	368	5.24	1,928
线材	CX01A14Y0	kg	232	4.91	1,139
塑料	CX03A14Y0	kg	246	5.92	1,456

图 8-41

序号	材料牌号	类别	数量	进货年月	盘点日期	库龄天数
1	1PP30H3X123	棒材	3192	8/6/2023	8/31/2023	
2	YC111P1C0	塑料	4760	7/8/2023	8/31/2023	
3	Y30P13CH4J1	钢板	5000	7/1/2023	8/31/2023	
4	1PP30PYP125	钢板	4900	1/19/2023	8/31/2023	
5	Y30413CH4J1	线材	2000	5/18/2023	8/31/2023	
6	Y30413CH4J1	线材	2000	7/1/2023	8/31/2023	
7	1PP30PYP125	钢板	500	4/23/2023	8/31/2023	
8	XM4F13WU0A	钢板	4000	8/8/2023	8/31/2023	
9	XM4F13WU0A	钢板	8000	8/19/2023	8/31/2023	
10	Y30413CH4J1	线材	500	6/6/2023	8/31/2023	
11	3CHCL-XXHY	棒材	32	5/17/2023	8/31/2023	
12	CX01A14Y0	线材	64	4/27/2023	8/31/2023	
13	1PP30H3X123	棒材	36	8/8/2023	8/31/2023	
14	YC111P1C0	塑料	28	8/19/2023	8/31/2023	
15	YC111P1C0	塑料	13	5/7/2023	8/31/2023	
16	Y30413CH4J1	线材	144	8/19/2023	8/31/2023	
17	3CHCL-XXHY	棒材	64	8/2/2023	8/31/2023	
18	1PP30H3X123	棒材	160	3/13/2023	8/31/2023	
19	1PP30H3X123	棒材	64	8/25/2023	8/31/2023	
20	3CHCL-XXHY	棒材	176	5/25/2023	8/31/2023	

图 8-42

（1）打开"盘点明细"表单，使用其中的数据分析库存材料（钢板、棒材、线材、塑料）的资金结构。

（2）打开"进货明细"表单，使用其中的数据计算库龄天数。

（3）打开"进货明细"表单，使用其中的数据分析库龄数量和金额结构，按 1~30 天、31~60 天、61~90 天、90 天以上的分类进行分析。

第 9 章

薪酬数据分析

薪酬数据是指有关员工基本工资、绩效奖金、津贴、补助、年功工资（工龄工资），以及其他形式的福利待遇的信息，薪酬数据是员工内部激励管理的重要数据之一，也是企业在行业地位的评价指标之一。

分析薪酬数据的目的在于协助企业和组织更有效地管理员工薪酬，以提升绩效。这包括确定适当的薪酬结构、制定公平的薪酬政策、激励员工，以及确保遵守法律法规。薪酬数据还有助于发现员工薪酬不平等、不合理和行业薪酬乱象等问题，从而提高员工满意度，并吸引、留住高素质的人才。因此，薪酬数据分析在组织的绩效管理和战略规划中具有重要作用，可帮助企业和组织维护员工的积极性和忠诚度。

分析薪酬数据的角度有很多，这里就以个人所得税计算、职工工资结算表、员工薪酬结构分析，以及人力成本占比分析为例来进行讲解。

9.1 个人所得税计算

财务人员必须熟练掌握个人所得税的计算方法，因为每个员工的收入都需要企业代为扣除个人所得税，而且不能出错，否则会被戴上偷税漏税的"帽子"。

9.1.1 个人所得税、免征额与速算扣除数

个人所得税是一种根据个人的总收入来征税的制度。免征额是在总收入中可以免除征税的金额，速算扣除数是用于简化计算的标准扣除数。免征额和速算扣除数都有助于减少纳税人的

税负，通常速算扣除数是根据免征额和税法规定的税率计算出来的，一起影响着个人所得税的最终计算结果。

1．个人所得税

个人所得税是政府从个人收入中征税以支持公共开支和社会项目的一种方式。个人所得税通常根据个人的总收入以及税法规定的减免、扣除和适用的税率来计算。税率通常随着所得水平的增加而逐渐上升，高收入者通常需要支付更多的个人所得税。这个税种通常包括各种来源的收入，如工资、薪金、投资回报、自营业务收入等。

2．免征额

免征额又称免税额，是税法规定的一种可豁免课税对象全部数额的税款。无论课税对象的数额有多大，只要未超过免征额，就不会征收税款；而对于超过免征额的那一部分，则按照规定的税率计税。

规定免征额的目的在于照顾纳税人的基本需求，确保纳税人的基本生活不会因纳税而受损害，从而使税收负担更加合理和公平。

3．速算扣除数

速算扣除数是为了解决超额累进税率分级计算税额的复杂技术问题而预先计算出的一个数据。超额累计税率的计税特点在于，它将全部应纳税额划分为若干等级部分，每个等级部分分别按照相应的税率计征，导致税额计算相当烦琐，采用速算扣除数后计算就简化了。

根据最新颁布的7级个人所得税政策，所得税起征点为5000元。对于超过5000元的超额部分，需要按照如表9-1所示的月度应纳税所得额及税率进行计税。

表9-1　月度应纳税所得额及税率

级数	月度应纳税所得额	税率(%)	月度速算扣除数
1	不超过3000元的	3	–
2	超过3000元至12,000元的部分	10	210
3	超过12,000元至25,000元的部分	20	1,410
4	超过25,000元至35,000元的部分	25	2,660
5	超过35,000元至55,000元的部分	30	4,410
6	超过55,000元至80,000元的部分	35	7,160
7	超过80,000元的部分	45	15,160

对于表9-1中的税率，可以参考下面的案例来理解：

假设小王的工资是5001元/月，那么就需要缴个人所得税：

缴税额＝（5001-5000）×3%＝0.03元

假设小王的工资是8000元/月，那么就需要缴个人所得税：

缴税额＝（8000-5000）×3%＝90元

假设小王的工资是8200元/月，根据税率表可以看出属于第2级，超过3000元至12000元部分。上一级最高纳税所得额是3000元，本级税率为10%，上一级速算扣除数为0，根据速算扣除额公式计算扣除额：

本级速算扣除额＝上一级最高应纳税所得额×（本级税率-上一级税率）＋上一级速算扣除数＝3000×（10%-3%）＋0＝210

根据应纳税额公式计算应纳税额：

个人所得税应纳税额＝（应得工资-起征工资）×对应税率-速算扣除数＝3200*10%-210＝110元

而年度应纳税所得额级税率如表9-2所示。

表 9-2　年度应纳税所得额级税率

级数	年度应纳税所得额	税率（%）	年度速算扣除数
1	不超过36,000元的	3	-
2	超过36,000元至144,000元的部分	10	2,520
3	超过144,000元至300,000元的部分	20	16,920
4	超过300,000元至420,000元的部分	25	31,920
5	超过420,000元至660,000元的部分	30	52,920
6	超过660,000元至960,000元的部分	35	85,920
7	超过960,000元的部分	45	181,920

年度应纳税所得额级税率可以这样理解：

年度应纳税所得额＝月度应纳税所得额×12

这是因为目前个人所得税清缴是按年度清算的，所以所得税每月要进行核算。

提示 个人所得税税率请参考本章附赠文档“第 9 章数据-薪酬数据分析.xlsx”中的“税率表”表单。

9.1.2　实战案例：根据员工工资计算个人所得税

【案例】某公司财务人员需要单独计算员工朱小宝的年度应缴纳个税。个人应纳税所得额及税率见图9-1。

打开附赠文档“第9章数据-薪酬数据分析.xlsx”，可以看到文档中包含多个表单，本案例中要用到“税率表”和“个人所得税”表单，如图9-1所示。

个人所得税计算表

假设只是考虑赡养老人，扣除3000元

姓名	月份	当期工资	基准扣除	附加扣除合计	累计工资	累计扣除数	累计计税工资	税率	速算扣除数	应纳个税	已交个税	当期应交
朱小宝	1	8,000	5,000	3,000	8,000	8,000	-	0	0	-		-
朱小宝	2	12,500	5,000	3,000	20,500	16,000	4,500	3%	0	135	-	135
朱小宝	3	12,500	5,000	3,000	33,000	24,000	9,000	3%	0	270	135	135
朱小宝	4	12,500	5,000	3,000	45,500	32,000	13,500	3%	0	405	270	135
朱小宝	5	12,500	5,000	3,000	58,000	40,000	18,000	3%	0	540	405	135
朱小宝	6	12,500	5,000	3,000	70,500	48,000	22,500	3%	0	675	540	135
朱小宝	7	12,500	5,000	3,000	83,000	56,000	27,000	3%	0	810	675	135
朱小宝	8	12,500	5,000	3,000	95,500	64,000	31,500	3%	0	945	810	135
朱小宝	9	12,500	5,000	3,000	108,000	72,000	36,000	3%	0	1,080	945	135
朱小宝	10	12,500	5,000	3,000	120,500	80,000	40,500	10%	2520	1,530	1,080	450
朱小宝	11	12,500	5,000	3,000	133,000	88,000	45,000	10%	2520	1,980	1,530	450
朱小宝	12	140,000	5,000	3,000	273,000	96,000	177,000	20%	16920	18,480	1,980	16,500

定义1　税率表　个人所得税

图 9-1

其中，“税率表”表单包含月度个人所得税税率与年度个人所得税税率。切换到“个人所得税”表单，可以看到表单中已经存在一些数据，包括员工朱小宝1~12月的工资、基准扣除额以及附加扣除合计。其中，基准扣除额按照目前国家规定的5000元计算，附加扣除额合计包括赡养父母、房租等可以免税的部分，为了方便计算，统一以3000元计算。

01 计算本年度每个月的当期累计工资，即1月份到当前月份的工资总额。在F5单元格输入公式“=SUM($C$5:C5)”，然后将公式复制到该列的其他单元格，如图9-2所示。

F5 =SUM($C$5:C5)

个人所得税计算表

假设只是考虑赡养老人，扣除3000元

姓名	月份	当期工资	基准扣除	附加扣除合计	累计工资	累计扣除数	累计计税工资	税率	速算扣除数	应纳个税	已交个税	当期应交
朱小宝	1	8,000	5,000	3,000	8,000							
朱小宝	2	12,500	5,000	3,000	20,500							
朱小宝	3	12,500	5,000	3,000	33,000							
朱小宝	4	12,500	5,000	3,000	45,500							
朱小宝	5	12,500	5,000	3,000	58,000							
朱小宝	6	12,500	5,000	3,000	70,500							
朱小宝	7	12,500	5,000	3,000	83,000							
朱小宝	8	12,500	5,000	3,000	95,500							
朱小宝	9	12,500	5,000	3,000	108,000							
朱小宝	10	12,500	5,000	3,000	120,500							
朱小宝	11	12,500	5,000	3,000	133,000							
朱小宝	12	140,000	5,000	3,000	273,000							

图 9-2

02 计算本年度每个月的当期累计扣除数，即当月基准扣除数加上附加扣除合计数，再加上上月累计扣除数。这里要分两种情况，因为表格中没有去年12月份的累计扣除数，所以1月份的累计扣除数只需将本月基准扣除数加上附加扣除合计数即可，即在G5单元格输入公式“=D5+E5”即可。

03 从2月份开始有了上月累计扣除数，因此可在G6单元格输入公式“=D6+E6+G5”，并将公式复制到该列其他单元格，如图9-3所示。

个人所得税计算表

假设只是考虑赡养老人，扣除3000元

姓名	月份	当期工资	基准扣除	附加扣除合计	累计工资	累计扣除数	累计计税工资	税率	速算扣除数	应纳个税	已交个税	当期应交
朱小宝	1	8,000	5,000	3,000	8,000	8,000						
朱小宝	2	12,500	5,000	3,000	20,500	16,000						
朱小宝	3	12,500	5,000	3,000	33,000	24,000						
朱小宝	4	12,500	5,000	3,000	45,500	32,000						
朱小宝	5	12,500	5,000	3,000	58,000	40,000						
朱小宝	6	12,500	5,000	3,000	70,500	48,000						
朱小宝	7	12,500	5,000	3,000	83,000	56,000						
朱小宝	8	12,500	5,000	3,000	95,500	64,000						
朱小宝	9	12,500	5,000	3,000	108,000	72,000						
朱小宝	10	12,500	5,000	3,000	120,500	80,000						
朱小宝	11	12,500	5,000	3,000	133,000	88,000						
朱小宝	12	140,000	5,000	3,000	273,000	96,000						

图 9-3

04 计算累计计税工资。由于累计计税工资等于累计工资减去累计扣除数，因此可在H5单元格中输入公式“=F5-G5”，并将公式复制到该列其他单元格，如图9-4所示。

05 根据税率表计算当期税率。在I5单元格中输入公式“=IFERROR(LOOKUP(H5,{1,36001,144001,300001,420001,660001,960001},{"3%","10%","20%","25%","30%","35%","45%"}),0)”，并将公式复制到该列其他单元格，如图9-5所示。

提示 公式“=IFERROR(LOOKUP(H5,{1,36001,144001,300001,420001,660001,960001},{"3%","10%","20%","25%","30%","35%","45%"}),0)”的含义是：如果H5单元格的数值在1~36000，则返回3%；如果H5单元格的数值在36001~144000，则返回10%；以此类推。

个人所得税计算表

假设只是考虑赡养老人，扣除3000元

姓名	月份	当期工资	基准扣除	附加扣除合计	累计工资	累计扣除数	累计计税工资	税率	速算扣除数	应纳个税	已交个税	当期应交
朱小宝	1	8,000	5,000	3,000	8,000	8,000	-					
朱小宝	2	12,500	5,000	3,000	20,500	16,000	4,500					
朱小宝	3	12,500	5,000	3,000	33,000	24,000	9,000					
朱小宝	4	12,500	5,000	3,000	45,500	32,000	13,500					
朱小宝	5	12,500	5,000	3,000	58,000	40,000	18,000					
朱小宝	6	12,500	5,000	3,000	70,500	48,000	22,500					
朱小宝	7	12,500	5,000	3,000	83,000	56,000	27,000					
朱小宝	8	12,500	5,000	3,000	95,500	64,000	31,500					
朱小宝	9	12,500	5,000	3,000	108,000	72,000	36,000					
朱小宝	10	12,500	5,000	3,000	120,500	80,000	40,500					
朱小宝	11	12,500	5,000	3,000	133,000	88,000	45,000					
朱小宝	12	140,000	5,000	3,000	273,000	96,000	177,000					

图 9-4

个人所得税计算表

假设只是考虑赡养老人，扣除3000元

姓名	月份	当期工资	基准扣除	附加扣除合计	累计工资	累计扣除数	累计计税工资	税率	速算扣除数	应纳个税	已交个税	当期应交
朱小宝	1	8,000	5,000	3,000	8,000	8,000	-	0				
朱小宝	2	12,500	5,000	3,000	20,500	16,000	4,500	3%				
朱小宝	3	12,500	5,000	3,000	33,000	24,000	9,000	3%				
朱小宝	4	12,500	5,000	3,000	45,500	32,000	13,500	3%				
朱小宝	5	12,500	5,000	3,000	58,000	40,000	18,000	3%				
朱小宝	6	12,500	5,000	3,000	70,500	48,000	22,500	3%				
朱小宝	7	12,500	5,000	3,000	83,000	56,000	27,000	3%				
朱小宝	8	12,500	5,000	3,000	95,500	64,000	31,500	3%				
朱小宝	9	12,500	5,000	3,000	108,000	72,000	36,000	3%				
朱小宝	10	12,500	5,000	3,000	120,500	80,000	40,500	10%				
朱小宝	11	12,500	5,000	3,000	133,000	88,000	45,000	10%				
朱小宝	12	140,000	5,000	3,000	273,000	96,000	177,000	20%				

图 9-5

06 根据累计计税工资计算速算扣除数。在J5单元格中输入公式“=IFERROR(LOOKUP(H5,{1,36001,144001,300001,420001,660001,960001},{0,2520,16920,31920,52920,85920,181920}),0)”，并将公式复制到该列其他单元格，如图9-6所示。

个人所得税计算表

假设只是考虑赡养老人，扣除3000元

姓名	月份	当期工资	基准扣除	附加扣除合计	累计工资	累计扣除数	累计计税工资	税率	速算扣除数	应纳个税	已交个税	当期应交
朱小宝	1	8,000	5,000	3,000	8,000	8,000	-	0	0			
朱小宝	2	12,500	5,000	3,000	20,500	16,000	4,500	3%	0			
朱小宝	3	12,500	5,000	3,000	33,000	24,000	9,000	3%	0			
朱小宝	4	12,500	5,000	3,000	45,500	32,000	13,500	3%	0			
朱小宝	5	12,500	5,000	3,000	58,000	40,000	18,000	3%	0			
朱小宝	6	12,500	5,000	3,000	70,500	48,000	22,500	3%	0			
朱小宝	7	12,500	5,000	3,000	83,000	56,000	27,000	3%	0			
朱小宝	8	12,500	5,000	3,000	95,500	64,000	31,500	3%	0			
朱小宝	9	12,500	5,000	3,000	108,000	72,000	36,000	3%	0			
朱小宝	10	12,500	5,000	3,000	120,500	80,000	40,500	10%	2520			
朱小宝	11	12,500	5,000	3,000	133,000	88,000	45,000	10%	2520			
朱小宝	12	140,000	5,000	3,000	273,000	96,000	177,000	20%	16920			

图 9-6

提示 公式“=IFERROR(LOOKUP(H5,{1,36001,144001,300001,420001,660001,960001},{0,2520,16920,31920,52920,85920,181920}),0)”的含义是：如果 H5 单元格的数值在 1~36000，则返回 0；如果 H5 单元格的数值在 36001~144000，则返回 2520；以此类推。

07 计算应纳个税。由于应纳个税等于累计计税工资乘以税率再减去速算扣除数，因此可在K5单元格输入公式“=H5*I5-J5”，并将公式复制到该列其他单元格，如图9-7所示。

08 计算当期应纳个税。由于当期应纳个税等于应纳个税减去已交个税，因此可在M5单元格中输入公式“=K5-L5”，并将公式复制到该列其他单元格，如图9-8所示。

K5　=H5*I5-J5

个人所得税计算表

假设只是考虑赡养老人，扣除3000元

姓名	月份	当期工资	基准扣除	附加扣除合计	累计工资	累计扣除数	累计计税工资	税率	速算扣除数	应纳个税	已交个税	当期应交
朱小宝	1	8,000	5,000	3,000	8,000	8,000	-	0	0	-		
朱小宝	2	12,500	5,000	3,000	20,500	16,000	4,500	3%	0	135		
朱小宝	3	12,500	5,000	3,000	33,000	24,000	9,000	3%	0	270		
朱小宝	4	12,500	5,000	3,000	45,500	32,000	13,500	3%	0	405		
朱小宝	5	12,500	5,000	3,000	58,000	40,000	18,000	3%	0	540		
朱小宝	6	12,500	5,000	3,000	70,500	48,000	22,500	3%	0	675		
朱小宝	7	12,500	5,000	3,000	83,000	56,000	27,000	3%	0	810		
朱小宝	8	12,500	5,000	3,000	95,500	64,000	31,500	3%	0	945		
朱小宝	9	12,500	5,000	3,000	108,000	72,000	36,000	3%	0	1,080		
朱小宝	10	12,500	5,000	3,000	120,500	80,000	40,500	10%	2520	1,530		
朱小宝	11	12,500	5,000	3,000	133,000	88,000	45,000	10%	2520	1,980		
朱小宝	12	140,000	5,000	3,000	273,000	96,000	177,000	20%	16920	18,480		

图 9-7

个人所得税计算表

假设只是考虑赡养老人，扣除3000元

姓名	月份	当期工资	基准扣除	附加扣除合计	累计工资	累计扣除数	累计计税工资	税率	速算扣除数	应纳个税	已交个税	当期应交
朱小宝	1	8,000	5,000	3,000	8,000	8,000	-	0	0	-		-
朱小宝	2	12,500	5,000	3,000	20,500	16,000	4,500	3%	0	135		135
朱小宝	3	12,500	5,000	3,000	33,000	24,000	9,000	3%	0	270		270
朱小宝	4	12,500	5,000	3,000	45,500	32,000	13,500	3%	0	405		405
朱小宝	5	12,500	5,000	3,000	58,000	40,000	18,000	3%	0	540		540
朱小宝	6	12,500	5,000	3,000	70,500	48,000	22,500	3%	0	675		675
朱小宝	7	12,500	5,000	3,000	83,000	56,000	27,000	3%	0	810		810
朱小宝	8	12,500	5,000	3,000	95,500	64,000	31,500	3%	0	945		945
朱小宝	9	12,500	5,000	3,000	108,000	72,000	36,000	3%	0	1,080		1,080
朱小宝	10	12,500	5,000	3,000	120,500	80,000	40,500	10%	2520	1,530		1,530
朱小宝	11	12,500	5,000	3,000	133,000	88,000	45,000	10%	2520	1,980		1,980
朱小宝	12	140,000	5,000	3,000	273,000	96,000	177,000	20%	16920	18,480		18,480

图 9-8

09 计算已交个税。由于没有去年12月份的数据，因此1月份的已交个税就不用计算了或者用0表示。2月份已交个税金额等于1月份的当期应交金额，因此可在L6单元格中输入公式“=M5”；从3月份起，已交个税金额等于1月份到上个月份所有当期应交金额的总和，因此可在L7单元格中输入公式“=SUM($M$5:M6)”，并将公式复制到该列其他单元格，如图9-9所示。

L7　=SUM($M$5:M6)

个人所得税计算表

假设只是考虑赡养老人，扣除3000元

姓名	月份	当期工资	基准扣除	附加扣除合计	累计工资	累计扣除数	累计计税工资	税率	速算扣除数	应纳个税	已交个税	当期应交
朱小宝	1	8,000	5,000	3,000	8,000	8,000	-	0	0	-		-
朱小宝	2	12,500	5,000	3,000	20,500	16,000	4,500	3%	0	135		135
朱小宝	3	12,500	5,000	3,000	33,000	24,000	9,000	3%	0	270	135	135
朱小宝	4	12,500	5,000	3,000	45,500	32,000	13,500	3%	0	405	270	135
朱小宝	5	12,500	5,000	3,000	58,000	40,000	18,000	3%	0	540	405	135
朱小宝	6	12,500	5,000	3,000	70,500	48,000	22,500	3%	0	675	540	135
朱小宝	7	12,500	5,000	3,000	83,000	56,000	27,000	3%	0	810	675	135
朱小宝	8	12,500	5,000	3,000	95,500	64,000	31,500	3%	0	945	810	135
朱小宝	9	12,500	5,000	3,000	108,000	72,000	36,000	3%	0	1,080	945	135
朱小宝	10	12,500	5,000	3,000	120,500	80,000	40,500	10%	2520	1,530	1,080	450
朱小宝	11	12,500	5,000	3,000	133,000	88,000	45,000	10%	2520	1,980	1,530	450
朱小宝	12	140,000	5,000	3,000	273,000	96,000	177,000	20%	16920	18,480	1,980	16,500

图 9-9

提示 也可以直接在L6单元格输入公式“=SUM($M$5:M5)”，然后把公式向下复制，效果与在L7单元格中输入公式“=SUM($M$5:M6)”一样，因为M5单元格始终是绝对引用的，也就是采用了“$”符号，锁定了行和列。

至此，个人所得税计算表就填写完毕了。可以看到，10月份之前，由于累计计税工资没有超过36000元，因此税率都是3%，10月份和11月份的累计计税工资在36000~144000元，税率为10%，而12月份的累计计税工资在144 000~300 000元，因此税率为20%，具体可以参考年度应纳税所得额表。

9.2 工资明细表计算

工资明细表是记录员工每个工资周期内详细工资信息的文档，其中包括工资项目的详细列示，如基本工资、绩效奖金、各种津贴、扣除项目（如个税、社保等），以及最终的实发工资。这个表格通常用于向员工清晰传达工资构成，确保透明和公平，同时也可作为公司财务记录的一部分。

9.2.1 工资的组成部分

工资具有多重作用，作为劳动报酬，它对员工的工作提供了经济回报，激发了工作动力，同时也有助于激发员工的积极性和创造力，促进更高效的工作表现，维护员工的满意度和忠诚度，促进团队的稳定性和协作，确保组织的稳定和长期成功。

工资是指个人在企业、机关团体及其他社会经济组织从事工作所获得的报酬。工资的组成包括工资、奖金、年功工资（工龄工资）及各类津贴和补贴等劳动收入。

> 提示 企业人力成本不仅包括工资，还包括企业为员工支付的养老保险、医疗保险、工伤保险、公积金等。因此，我们不能简单地将企业的人力成本仅仅看作员工实际收到的工资。

9.2.2 实战案例：计算员工工资与企业用人成本

【案例】YL公司每月为员工缴纳社保、发放福利，并在月底发工资。要求计算个人和企业分别缴纳的社保、公积金，以及企业成本。缴费基数为6000元，缴费比例见社保公积金缴纳基础与缴费比例表。

打开附赠文档"第9章数据-薪酬数据分析.xlsx"，切换到"社保公积金基数"表单，可以看到表单有"社保公积金缴纳基础与缴费比例"表格，根据此表格可以计算员工的社保与公积金金额；此外还有"工资明细表"表单，其中有员工的基本工资、年功工资、绩效奖金、交通补贴，以及每月个人所得税等数据，我们要根据这些数据来计算表单中的应发工资、社保、公积金、实发工资等数据，如图9-10所示。

01 计算应发工资，即"基本工资""年功工资""绩效奖金""通信费""交通补贴"的总和。在K5单元格输入公式"=SUM(F5:J5)"，然后将公式复制到该列其他单元格即可，如图9-11所示。

02 计算社保。这里以缴费基数6000元为例，参考"社保公积金基数"表单中的数据，个人缴纳的社保金额应为6000×（8%＋2%＋0.3%），即6000×10.3%，因此可在L5单元格输入公式"=6000*10.3%"，然后将公式复制到该列其他单元格即可，如图9-12所示。

图 9-10

图 9-11

图 9-12

03 计算公积金。参考"社保公积金基数"表单中的数据，个人缴纳的公积金金额应为6000 ×8%，因此可在M5单元格输入公式"=6000*8%"，然后将公式复制到该列其他单元格 即可，如图9-13所示。

> 提示　员工缴纳的个人所得税可以根据 9.1 节讲解的内容进行计算，这里就不重复 讲解了，直接给出一组现成的数据。

04 计算实发工资，即应发工资减去社保、公积金和个人所得税后的余额，因此可在O5单元 格输入公式"=K5-L5-M5-N5"，然后将公式复制到该列其他单元格即可，如图9-14所示。

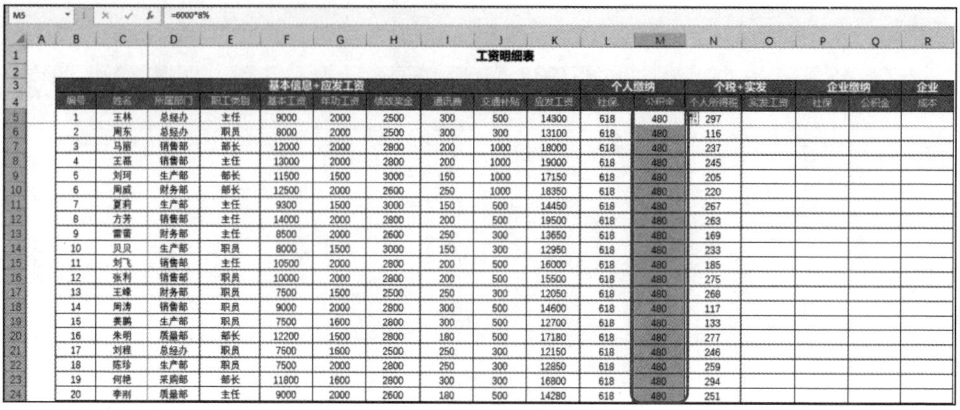

M5 =6000*8%

工资明细表

基本信息+应发工资										个人缴纳		个税+实发		企业缴纳		企业
编号	姓名	所属部门	职工类别	基本工资	年功工资	绩效奖金	通讯费	交通补贴	应发工资	社保	公积金	个人所得税	实发工资	社保	公积金	成本
1	王林	总经办	主任	9000	2000	2500	300	500	14300	618	480	297				
2	周东	总经办	职员	8000	2000	2500	300	300	13100	618	480	116				
3	马丽	销售部	部长	12000	2000	2800	200	1000	18000	618	480	237				
4	王磊	销售部	主任	13000	2000	2800	200	1000	19000	618	480	245				
5	刘珂	生产部	部长	11500	1500	3000	150	1000	17150	618	480	205				
6	周威	财务部	部长	12500	2000	2600	250	1000	18350	618	480	220				
7	夏莉	生产部	主任	9300	1500	3000	150	500	14450	618	480	267				
8	方芳	销售部	主任	14000	2000	2800	200	500	19500	618	480	263				
9	蕾蕾	财务部	主任	8500	2000	2600	250	300	13650	618	480	169				
10	贝贝	生产部	职员	8000	1500	3000	150	300	12950	618	480	233				
11	刘飞	销售部	主任	10500	2000	2800	200	500	16000	618	480	185				
12	张利	销售部	职员	10000	2000	2800	200	500	15500	618	480	275				
13	王峰	财务部	职员	7500	1500	2500	250	300	12050	618	480	268				
14	周涛	销售部	职员	9000	2000	2800	300	500	14600	618	480	117				
15	姜鹏	生产部	职员	7500	1600	2800	300	500	12700	618	480	133				
16	朱明	质量部	部长	12200	1500	2800	180	500	17180	618	480	277				
17	刘程	总经办	职员	7500	1600	2500	250	300	12150	618	480	246				
18	陈珍	生产部	职员	7500	2000	2800	250	300	12850	618	480	259				
19	何艳	采购部	部长	11800	1600	2800	300	300	16800	618	480	294				
20	李刚	质量部	主任	9000	2000	2600	180	500	14280	618	480	251				

图 9-13

05 计算企业缴纳的社保金额，参考“社保公积金基数”表单中的数据，企业缴纳的社保金额应为6000×25.6%，因此可在P5单元格输入公式“=6000*25.6%”，然后将公式复制到该列其他单元格即可，如图9-15所示。

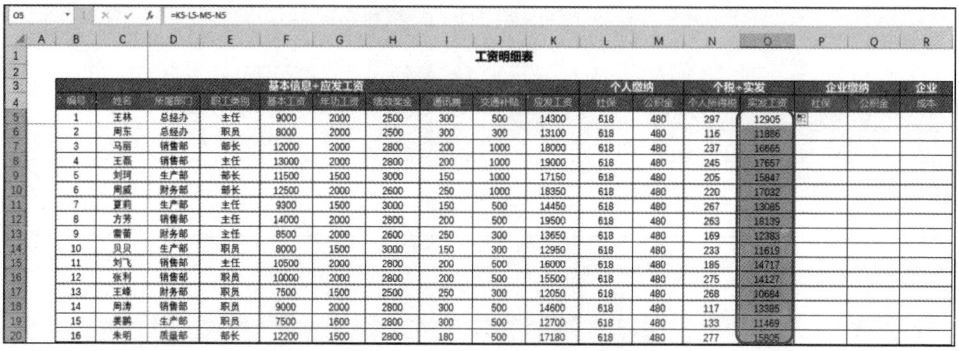

O5 =K5-L5-M5-N5

工资明细表

基本信息+应发工资										个人缴纳		个税+实发		企业缴纳		企业
编号	姓名	所属部门	职工类别	基本工资	年功工资	绩效奖金	通讯费	交通补贴	应发工资	社保	公积金	个人所得税	实发工资	社保	公积金	成本
1	王林	总经办	主任	9000	2000	2500	300	500	14300	618	480	297	12905			
2	周东	总经办	职员	8000	2000	2500	300	300	13100	618	480	116	11886			
3	马丽	销售部	部长	12000	2000	2800	200	1000	18000	618	480	237	16665			
4	王磊	销售部	主任	13000	2000	2800	200	1000	19000	618	480	245	17657			
5	刘珂	生产部	部长	11500	1500	3000	150	1000	17150	618	480	205	15847			
6	周威	财务部	部长	12500	2000	2600	250	1000	18350	618	480	220	17032			
7	夏莉	生产部	主任	9300	1500	3000	150	500	14450	618	480	267	13085			
8	方芳	销售部	主任	14000	2000	2800	200	500	19500	618	480	263	18139			
9	蕾蕾	财务部	主任	8500	2000	2600	250	300	13650	618	480	169	12383			
10	贝贝	生产部	职员	8000	1500	3000	150	300	12950	618	480	233	11619			
11	刘飞	销售部	主任	10500	2000	2800	200	500	16000	618	480	185	14717			
12	张利	销售部	职员	10000	2000	2800	200	500	15500	618	480	275	14127			
13	王峰	财务部	职员	7500	1500	2500	250	300	12050	618	480	268	10684			
14	周涛	销售部	职员	9000	2000	2800	300	500	14600	618	480	117	13385			
15	姜鹏	生产部	职员	7500	1600	2800	300	500	12700	618	480	133	11469			
16	朱明	质量部	部长	12200	1500	2800	180	500	17180	618	480	277	15805			

图 9-14

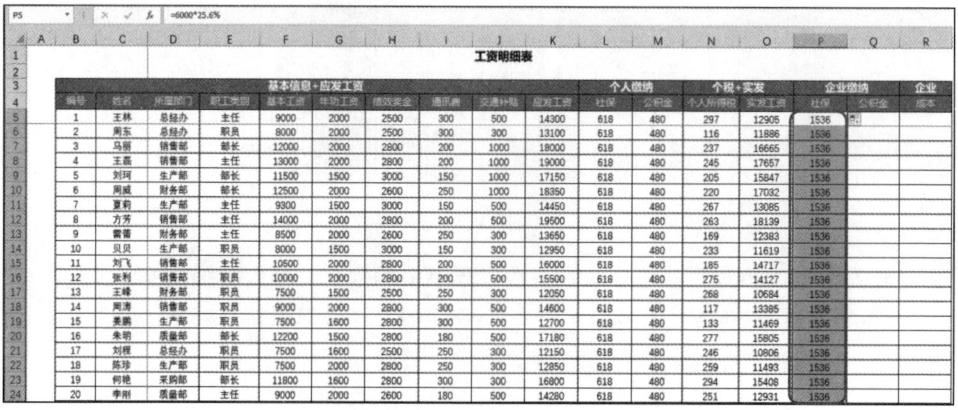

P5 =6000*25.6%

工资明细表

基本信息+应发工资										个人缴纳		个税+实发		企业缴纳		企业
编号	姓名	所属部门	职工类别	基本工资	年功工资	绩效奖金	通讯费	交通补贴	应发工资	社保	公积金	个人所得税	实发工资	社保	公积金	成本
1	王林	总经办	主任	9000	2000	2500	300	500	14300	618	480	297	12905	1536		
2	周东	总经办	职员	8000	2000	2500	300	300	13100	618	480	116	11886	1536		
3	马丽	销售部	部长	12000	2000	2800	200	1000	18000	618	480	237	16665	1536		
4	王磊	销售部	主任	13000	2000	2800	200	1000	19000	618	480	245	17657	1536		
5	刘珂	生产部	部长	11500	1500	3000	150	1000	17150	618	480	205	15847	1536		
6	周威	财务部	部长	12500	2000	2600	250	1000	18350	618	480	220	17032	1536		
7	夏莉	生产部	主任	9300	1500	3000	150	500	14450	618	480	267	13085	1536		
8	方芳	销售部	主任	14000	2000	2800	200	500	19500	618	480	263	18139	1536		
9	蕾蕾	财务部	主任	8500	2000	2600	250	300	13650	618	480	169	12383	1536		
10	贝贝	生产部	职员	8000	1500	3000	150	300	12950	618	480	233	11619	1536		
11	刘飞	销售部	主任	10500	2000	2800	200	500	16000	618	480	185	14717	1536		
12	张利	销售部	职员	10000	2000	2800	200	500	15500	618	480	275	14127	1536		
13	王峰	财务部	职员	7500	1500	2500	250	300	12050	618	480	268	10684	1536		
14	周涛	销售部	职员	9000	2000	2800	300	500	14600	618	480	117	13385	1536		
15	姜鹏	生产部	职员	7500	1600	2800	300	500	12700	618	480	133	11469	1536		
16	朱明	质量部	部长	12200	1500	2800	180	500	17180	618	480	277	15805	1536		
17	刘程	总经办	职员	7500	1600	2500	250	300	12150	618	480	246	10806	1536		
18	陈珍	生产部	职员	7500	2000	2800	250	300	12850	618	480	259	11493	1536		
19	何艳	采购部	部长	11800	1600	2800	300	300	16800	618	480	294	15408	1536		
20	李刚	质量部	主任	9000	2000	2600	180	500	14280	618	480	251	12931	1536		

图 9-15

06 计算企业缴纳的公积金金额，参考“社保公积金基数”表单中的数据，企业缴纳的社保金额应为6000×8%，因此可在Q5单元格输入公式“=6000*8%”，然后将公式复制到该列其他单元格即可，如图9-16所示。

Q5　=6000*8%

工资明细表

基本信息+应发工资										个人缴纳		个税+实发		企业缴纳		企业
编号	姓名	所属部门	职工类别	基本工资	年功工资	绩效奖金	通讯费	交通补贴	应发工资	社保	公积金	个人所得税	实发工资	社保	公积金	成本
1	王林	总经办	主任	9000	2000	2500	300	500	14300	618	480	297	12905	1536	480	
2	周东	总经办	职员	8000	2000	2500	300	300	13100	618	480	116	11886	1536	480	
3	马丽	销售部	部长	12000	2000	2800	200	1000	18000	618	480	237	16665	1536	480	
4	王磊	销售部	主任	13000	2000	2800	200	1000	19000	618	480	245	17657	1536	480	
5	刘珂	生产部	部长	11500	1500	3000	150	1000	17150	618	480	205	15847	1536	480	
6	周威	财务部	部长	12500	2000	2600	250	1000	18350	618	480	220	17032	1536	480	
7	夏莉	生产部	主任	9300	1500	3000	150	500	14450	618	480	267	13085	1536	480	
8	方芳	销售部	主任	14000	2000	2800	200	500	19500	618	480	263	18139	1536	480	
9	雷蕾	财务部	主任	8500	2000	2600	250	300	13650	618	480	169	12383	1536	480	
10	贝贝	生产部	职员	8000	1500	3000	150	300	12950	618	480	233	11619	1536	480	
11	刘飞	销售部	主任	10500	2000	2800	200	500	16000	618	480	185	14717	1536	480	
12	张利	销售部	职员	10000	2000	2800	200	500	15500	618	480	275	14127	1536	480	
13	王峰	财务部	职员	7500	1500	2500	250	300	12050	618	480	268	10684	1536	480	
14	周涛	销售部	职员	9000	2000	2800	300	500	14600	618	480	117	13385	1536	480	
15	姜鹏	生产部	职员	7500	1600	2800	300	500	12700	618	480	133	11469	1536	480	
16	朱明	质量部	部长	12200	1500	2800	180	500	17180	618	480	277	15805	1536	480	
17	刘程	总经办	职员	7500	1600	2500	250	300	12150	618	480	246	10806	1536	480	
18	陈珍	生产部	职员	7500	2000	2800	250	300	12850	618	480	259	11493	1536	480	
19	何艳	采购部	部长	11800	1600	2800	300	300	16800	618	480	294	15408	1536	480	
20	李刚	质量部	主任	9000	2000	2600	180	500	14280	618	480	251	12931	1536	480	

图 9-16

07 计算企业为每个员工付出的人力成本，应为公共应发工资加上企业缴纳的社保与公积金金额，因此可在R5单元格输入公式“=K5+P5+Q5”，然后将公式复制到该列其他单元格即可，如图9-17所示。

R5　=K5+P5+Q5

工资明细表

基本信息+应发工资										个人缴纳		个税+实发		企业缴纳		企业
编号	姓名	所属部门	职工类别	基本工资	年功工资	绩效奖金	通讯费	交通补贴	应发工资	社保	公积金	个人所得税	实发工资	社保	公积金	成本
1	王林	总经办	主任	9000	2000	2500	300	500	14300	618	480	297	12905	1536	480	16316
2	周东	总经办	职员	8000	2000	2500	300	300	13100	618	480	116	11886	1536	480	15116
3	马丽	销售部	部长	12000	2000	2800	200	1000	18000	618	480	237	16665	1536	480	20016
4	王磊	销售部	主任	13000	2000	2800	200	1000	19000	618	480	245	17657	1536	480	21016
5	刘珂	生产部	部长	11500	1500	3000	150	1000	17150	618	480	205	15847	1536	480	19166
6	周威	财务部	部长	12500	2000	2600	250	1000	18350	618	480	220	17032	1536	480	20366
7	夏莉	生产部	主任	9300	1500	3000	150	500	14450	618	480	267	13085	1536	480	16466
8	方芳	销售部	主任	14000	2000	2800	200	500	19500	618	480	263	18139	1536	480	21516
9	雷蕾	财务部	主任	8500	2000	2600	250	300	13650	618	480	169	12383	1536	480	15666
10	贝贝	生产部	职员	8000	1500	3000	150	300	12950	618	480	233	11619	1536	480	14966
11	刘飞	销售部	主任	10500	2000	2800	200	500	16000	618	480	185	14717	1536	480	18016
12	张利	销售部	职员	10000	2000	2800	200	500	15500	618	480	275	14127	1536	480	17516
13	王峰	财务部	职员	7500	1500	2500	250	300	12050	618	480	268	10684	1536	480	14066
14	周涛	销售部	职员	9000	2000	2800	300	500	14600	618	480	117	13385	1536	480	16616
15	姜鹏	生产部	职员	7500	1600	2800	300	500	12700	618	480	133	11469	1536	480	14716
16	朱明	质量部	部长	12200	1500	2800	180	500	17180	618	480	277	15805	1536	480	19196
17	刘程	总经办	职员	7500	1600	2500	250	300	12150	618	480	246	10806	1536	480	14166
18	陈珍	生产部	职员	7500	2000	2800	250	300	12850	618	480	259	11493	1536	480	14866
19	何艳	采购部	部长	11800	1600	2800	300	300	16800	618	480	294	15408	1536	480	18816
20	李刚	质量部	主任	9000	2000	2600	180	500	14280	618	480	251	12931	1536	480	16296

图 9-17

提示 需要注意的是，不同地区、不同公司的社保公积金缴纳基数与比例是不同的，本例中使用的比例仅作为参考。在实际工作中，应该根据本地规定比例与本公司缴纳的基数来进行计算。

9.3 员工薪酬结构分析

分析薪酬结构可以帮助组织更好地管理薪酬体系，确保薪酬体现公平和激励，从而吸引、留住并激发员工的潜能，为企业、社会贡献自己的才智。通过深入了解薪酬结构，组织可以优化资源分配，制定更有效的激励政策，提高员工满意度，维护企业的声誉和竞争力。这对于员工和组织的长期成功至关重要。

9.3.1　员工的薪酬结构

薪酬结构是指组织或企业为其员工设计的薪酬组成方式，它涵盖各种薪酬要素，如基本工资、奖金、津贴、福利等，以及它们的相对比例和关系。合理的薪酬结构可以确保员工的薪酬体现公平、合理、激励性，同时符合组织的战略目标和预算限制。

确定薪酬分析的维度需要从老板和员工两方面来思考。对于老板而言，关注的指标可能包括员工成本占企业收入比例、员工收入的合理性，以及公司员工薪酬水平在行业中的位置。对于员工而言，关注的可能是个人收入在行业中的水平和公司提供的福利水平。

从老板和员工的角度来看，对员工薪酬结构进行分析主要可以从以下两个方面入手。

1）总额分析

- 对单位人工工资进行评估，分析其与行业水平的差异。
- 分析人工成本与企业总成本之间的关系，以便发现潜在问题。
- 研究薪酬总额与单位人工成本的趋势，以支持成本控制和效益提升的决策制定。

2）结构比例

- 分析基本工资、福利、绩效奖金等各项成本在总薪酬中的比例，考虑各薪酬项目的趋势。
- 将这些比例与行业竞争对手进行对比，分析其变化趋势，以确定薪酬结构的竞争力和可持续性。

通过对这些维度的分析，可以更全面地了解员工的薪酬情况，为制定合理的薪酬政策和管理决策提供有力支持。

9.3.2　实战案例：计算各职务员工在薪酬带中的分步

【案例】YL公司的员工工资表如图9-17所示，员工工资范围为11280元~19500元。要求从11000元起，以每500元作为一个"阶梯"，如此形成一个14个阶梯的"薪酬带"，然后使用透视表分析各个职位的员工在此薪酬带中的分布，从而了解本公司薪酬结构中的薪酬差异，识别高薪酬和低薪酬员工的比例，进一步了解员工薪酬的公平性和竞争力。

打开附赠文档"第9章数据-薪酬数据分析.xlsx"，切换到"薪酬结构分析"表单。在与之对应的结果文件中可以看到表单已经有了一个演示的透视表及图表，如图9-18所示。

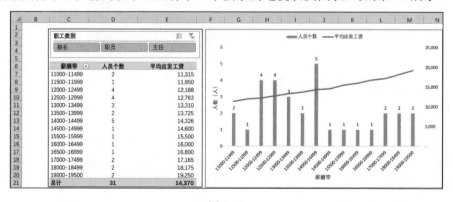

图9-18

我们要制作一个一样的透视表及其图表,下面我们进行练习。

01 新建一个表单,在C6单元格插入一个透视表,数据源选取"工资明细表"表单中的"编号"到"应发工资"列,即B4:K35区域。

02 建立薪酬带。将"应发工资"字段拖动到行区域,然后在C列任意一个值上右击,在弹出的菜单中选择"组合"选项,如图9-19所示。

03 在弹出的"组合"对话框中,将"起始于"修改为11000,步长修改为500,然后单击"确定"按钮,如图9-20所示。

图 9-19   图 9-20

04 将"应发工资"字段拖动到Σ值区域两次,然后将E列数据的计算方式修改为"平均值",并进行圆整,如图9-21所示。

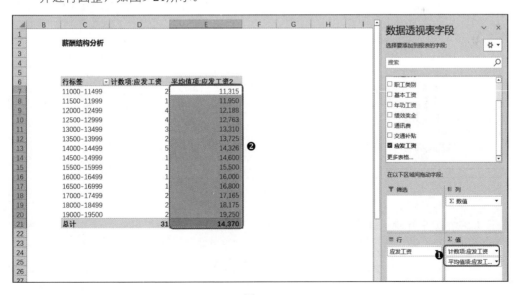

图 9-21

05 将C列、D列和E列的表头修改为"薪酬带""人员个数"和"平均应发工资",并将它们设置为居中显示。

06 为了防止透视表列宽自动调整，可在"数据透视表选项"对话框中，取消对"更新时自动调整列宽"复选框的选择。

07 选中透视表，为其插入一个柱形图，并隐藏所有字段按钮。

08 单击"设计"选项卡下的"快速布局"下拉菜单，选择"布局7"选项，然后删除网格线，如图9-22所示。

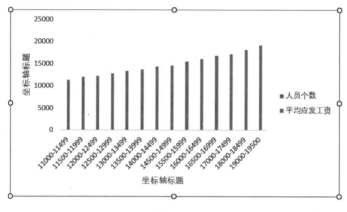

图 9-22

09 在"格式"选项卡下单击"图表区"下拉列表，选中"平均应发工资"选项，将它设置为显示在次坐标轴，并单击插入，选择折线图形，将它从柱形图改为折线图，如图9-23所示。

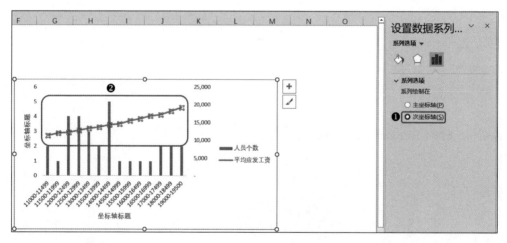

图 9-23

10 将左侧的坐标轴标题修改为"人数（人）"，将下方的坐标轴标题修改为"薪酬带"，再将图例位置设置为靠上，将柱形图的颜色修改为灰色，并为它添加标签，如图9-24所示。

11 接下来插入一个针对"职工类别"字段的切片器。选中透视表，在"数据透视表分析"选项卡下单击"插入切片器"按钮，在弹出的"插入切片器"对话框中选择"职工类别"复选框，然后单击"确定"按钮，如图9-25所示。

12 将切片器的列数修改为3，并移动到透视表上方，拖动宽度与透视表相同，再将柱形图拖动到合适的位置，如图9-26所示。

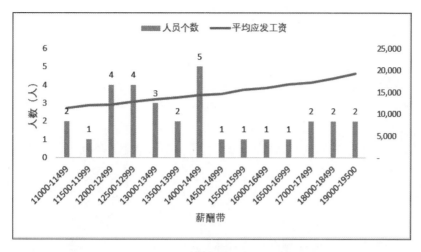

图 9-24

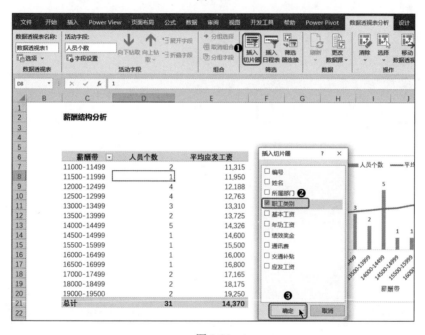

图 9-25

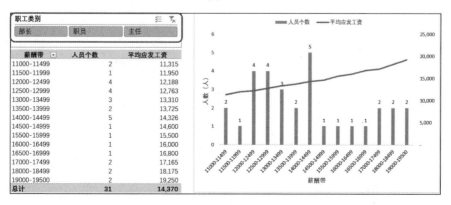

图 9-26

13 选中切片器后，在"切片器"选项卡中选择一个样式，然后为切片器和透视表绘制一个无填充色的边框，同样为柱形图也绘制一个无填充色的边框，如图9-27所示。

 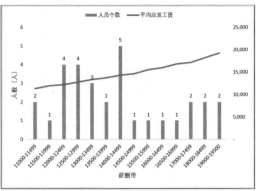

图 9-27

下面我们来研究不同职工类别的薪酬待遇是怎样分布的。

01 单击"部长"按钮，得到如图9-28所示的切片。

 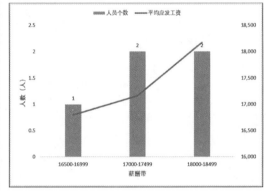

图 9-28

从切片中可以看到，部长有5人，主要薪酬集中在17000元~18000元，均值约为17500元。

02 单击"职员"按钮，得到如图9-29所示的切片。

 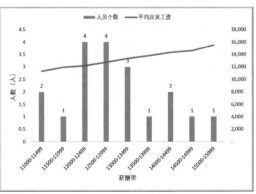

图 9-29

从切片中可以看到，职员主要薪酬集中在12000元~13000元，均值约为13000元。

03 单击"主任"按钮，得到如图9-30所示的切片。

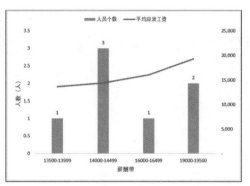

图 9-30

从切片中可以看到，主任主要薪酬集中在14000元~14500元，均值约为15800元。

9.4　本章习题

（1）打开附赠文档"第9章习题.xlsx"，切换到"个人所得税"表单，可以看到表单有某公司员工李三的工资表（包括当期工资、基准扣除和附加扣除合计），如表9-3所示。

表 9-3　某公司员工李三的工资表

姓名	月份	当期工资	基准扣除	附加扣除合计	累计工资	累计扣除数	累计计税工资	税率	速算扣除数	应纳个税	已交个税	当期应交
李三	1	11,000	5,000	4,000								
李三	2	11,000	5,000	4,000								
李三	3	11,000	5,000	4,000								
李三	4	11,000	5,000	4,000								
李三	5	11,000	5,000	4,000								
李三	6	11,000	5,000	4,000								
李三	7	11,000	5,000	4,000								
李三	8	11,000	5,000	4,000								
李三	9	11,000	5,000	4,000								
李三	10	11,000	5,000	4,000								
李三	11	11,000	5,000	4,000								
李三	12	100,000	5,000	4,000								

假设赡养老人、小孩、租房，合计扣除4000元。结合本章的税率表，根据李三工资，计算累计工资、累计扣除数、应纳个税等数据。

（2）切换到"社保公积金基数"表单，可以看到表单中有社保公积金缴纳基础与缴费比例，如表9-4所示。

表 9-4　社保公积金基数

社保			公积金
养老保险	医疗+生育保险	失业保险	
8%	2%	0.3%	8%

假设社保缴费基数是7000元，个人社保和公积金缴费比例如表9-4所示。其中，个人所得税可参考"工资明细表"表单，如表9-5所示。

表 9-5　工资明细表

编号	姓名	所属部门	职工类别	基本信息+应发工资						个人缴纳		个税+实发	
				基本工资	年功工资	绩效奖金	通讯费	交通补贴	应发工资	社保	公积金	个人所得税	实发工资
1	王林	总经办	主任	12000	2000	2500	300	500	17300			218	
2	周东	总经办	职员	9000	2000	2500	300	300	14100			252	
3	马丽	销售部	部长	12000	2000	2800	200	1000	18000			202	
4	王磊	销售部	主任	13000	2000	2800	200	1000	19000			221	
5	刘珂	生产部	部长	11500	1500	3000	150	1000	17150			279	
6	周威	财务部	部长	11350	2000	2600	250	1000	17200			285	
7	夏莉	生产部	主任	10500	1500	3000	150	500	15650			248	
8	方芳	销售部	主任	14000	2000	2800	200	500	19500			264	
9	雷蕾	财务部	主任	12000	2000	2600	250	300	17150			213	
10	贝贝	生产部	职员	8000	1500	3000	150	300	12950			225	
11	刘飞	销售部	主任	10500	2000	2800	200	500	16000			240	
12	张利	销售部	职员	10000	2000	2800	200	500	15500			224	
13	王峰	财务部	职员	7500	1500	2500	250	300	12050			205	
14	周涛	销售部	职员	9000	2000	2800	300	500	14600			285	
15	姜鹏	生产部	职员	9500	1600	2800	300	500	14700			214	
16	朱明	质量部	部长	14500	1500	2800	180	500	19480			297	
17	刘程	总经办	职员	8900	1600	2500	250	300	13550			273	
18	陈珍	生产部	职员	8000	2000	2800	250	300	13350			288	
19	何艳	采购部	部长	11800	1600	2800	300	300	16800			240	
20	李刚	质量部	主任	9000	2000	2600	180	500	14280			284	

要求根据工资表计算个人社保、公积金以及实发工资，计算结果填写在"工资明细表"表单中。

（3）根据工资明细表，自己独立思考，利用切片器制作可视化分析图表。要求不能照搬本书案例，可以借鉴其他书籍进行练习制作，最好具有原创性。

第 10 章

资产数据分析

分析企业资产数据可以帮助企业有效进行资产管理，以实现资产的最佳规划和最佳利用，提升企业运营效率，降低成本，并更好地满足客户需求，提升竞争力。

资产是指企业过去的交易或者事项形成的，由企业拥有或者控制的，预期会给企业带来经济利益的资源，它又分为流动资产和非流动资产。流动资产包括货币资金、交易性金融资产、应收票据、应收账款等；非流动资产包括固定资产、在建工程、持有至到期投资、长期待摊费用等。这里以最常用的固定资产折旧分析与计算，以及流动资产数据分析为例来进行讲解。

资产数据
分析

- 固定资产折旧分析
- 固定资产折旧计算
- 流动资产数据分析

10.1 快速了解资产与资产分析

资产指的是企业拥有或控制的财务资源，其价值是由过去的交易或事项所形成的，并能够为企业带来未来的经济利益。根据其特性和用途，资产可以进一步分类为固定资产、流动资产、长期资产、无形资产以及其他资产，这种分类可以帮助企业更好地管理和核算它们。

资产分析涵盖以下维度。

- 资产明细表：这一维度包括详细列示公司所有的资产，包括固定资产、流动资产、无形资产等的具体信息，如名称、数量、原值、累计折旧、净值等。
- 资产盘点：资产盘点是对公司现有资产的实际清点和验证，以确保与记录一致，通常周期性进行，有助于防止资产丢失或滥用。

- 资产变更和新增：这一维度涉及资产的变更、升级或新增，记录了资产状态的改变，如维修、更新、新购资产等。
- 资产处置：资产处置维度关注企业将不再使用的资产进行出售、报废、赠予等操作，记录了这些资产的处理方式和相应的收益或损失。这有助于确保合规性和资产价值的最大化。

资产数据分析的重要性在于它有助于实现多方面的目标。通过资产分析，企业能够全面了解其资产存量规模，包括各类资产的数量、价值和状态，这有助于建立准确的资产清单。分析资产的变动情况可以帮助企业追踪资产的流动和变化，从而更好地控制和管理其资源。最重要的是，资产数据分析还可以协助企业优化其资产结构，通过识别不必要或低效的资产，以及提出改进建议，帮助企业提高生产效率、降低成本，最终实现更好的经济效益。因此，资产数据分析是有效管理和经营资产的关键工具，对企业的长期发展至关重要。

10.2　固定资产折旧分析

在固定资产数据分析中，折旧分析是一个重要的分析维度。下面一起来了解折旧分析及其分析方法。

10.2.1　了解折旧分析

折旧是指在固定资产使用过程中逐渐减少的价值，其金额逐步转移到企业的成本或费用中。它代表企业在生产和经营活动中，将固定资产的成本在其使用寿命内均匀分摊的过程。

折旧是一种逐步释放成本的会计模式。简而言之，若不进行折旧，则企业购置的固定资产成本将直接计入当期产品成本，导致产品成本急剧上升。如果将所有折旧成本在当期全部计入，将导致当期亏损大幅增加，同时对税费计算产生显著影响。

举例说明，假设企业的营业收入为2000万，制造成本为1800万元，期间费用为50万元，使得当期利润为150万元。然而，如果企业在当月购置了价值1000万元的设备，若将设备成本全部记入当期成本，则当期的亏损将高达850万元。这种极大的盈亏波动对税务计算会造成不可控的困扰，因此采用折旧分摊成本的方法可以更为平稳和合理地处理资产成本，确保财务报告和税务申报的稳定性和合规性。

固定资产折旧的作用主要体现在以下几个方面。

- 反映资产的使用价值：固定资产具有有限的使用寿命，折旧能够准确反映资产在使用过程中的价值变化，确保资产账面价值与实际价值相符，从而提供准确的财务信息。
- 分摊成本：固定资产通常具有较高的购置成本，折旧可以将这些成本分摊到多个会计期间，有助于降低每个会计期间的成本负担，使财务报表更为平稳和合理。
- 税务优惠：固定资产折旧在税务方面享受折旧费用的扣除，这有助于降低企业的纳税基础，降低税负，为企业节省税款提供了便利。
- 为更新资产提供资金：通过折旧的方式，企业可以逐渐积累资金，以便将来更换、更新或维护现有的固定资产。这有助于确保企业能够保持生产能力和竞争力。

● 折旧合理：如果固定资产的成本全部计入当期，将导致当期亏损较大，同时无法准确反映资产的实际价值。折旧能够更加合理地分摊成本，有助于提供准确的财务信息。此外，折旧也有助于防止企业滥用税收政策，确保合规操作。

总之，固定资产折旧在维护资产价值、管理成本、税务筹划和资金积累方面具有重要作用，对企业的财务健康和稳定经营起着关键性的支持作用。

10.2.2　常用折旧方法在 Excel 中的实现

这里我们将讲解4种常见的折旧方法，以及如何在Excel中方便地实现。打开附赠文档"第10章数据-资产数据分析.xlsx"，切换到"折旧计算表"表单，可以看到表单中有一个"已知条件"表格，包含资产原值、使用年限、残值率和预计净残值的数据，如图10-1所示。

		折旧计算	
		已知条件	
		项目	数据
		资产原值（元）	50000
		使用年限（年）	10
		残值率（%）	10%
		预计净残值（元）	5000

图 10-1

我们将根据该表格中的数据来计算折旧。

1．平均年限法

平均年限法是一种用于计算资产折旧的会计方法。这种方法的核心思想是，资产的折旧费用在其使用寿命内应该是均匀分摊的，以反映资产的逐渐损耗和价值下降。

年折旧率＝(1-预计净残值)÷预计使用年限×100％
月折旧率＝年折旧率÷12
月折旧额＝固定资产原价×月折旧率

在Excel中，我们主要使用SLN()函数来计算平均年限法下的折旧。
SLN(cost,salvage,life)函数具有下列参数。

● cost：资产原值，是必需参数。
● salvage：折旧末尾时的值（有时也称为资产残值），是必需参数。
● life：资产的折旧期数（有时也称作资产的使用寿命），是必需参数。

在"折旧计算表"表单中，可以看到有一个"平均年限法"表格，在D12单元格中输入公式"=SLN($D$4,$D$7,$D$5)"，并将它复制到该列其他单元格；在E12单元格中输入公式"=SUM($D$12:D12)"，并将它复制到该列其他单元格，即可得到使用平均年限法计算出来的年折旧和累计折旧，如图10-2所示。

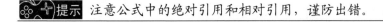 提示　注意公式中的绝对引用和相对引用，谨防出错。

折旧计算

已知条件

项目	数据
资产原值（元）	50000
使用年限（年）	10
残值率（%）	10%
预计净残值（元）	5000

折旧计算方法:

1、平均年限法

年限	年折旧	累计折旧
1	4500.00	4500.00
2	4500.00	9000.00
3	4500.00	13500.00
4	4500.00	18000.00
5	4500.00	22500.00
6	4500.00	27000.00
7	4500.00	31500.00
8	4500.00	36000.00
9	4500.00	40500.00
10	4500.00	45000.00

图 10-2

从计算结果中可以清晰地看到，每年的折旧为4500元，到第10年累计折旧为45000元，等于资产原值减去预计净残值。

2. 双倍余额法

双倍余额法是一种加速折旧方法。这种方法的特点是，每个会计期间内，资产的折旧费用是其账面价值的一定百分比，通常是原值的两倍（因此称为“双倍余额法”），其计算公式为：

年折旧率＝2÷折旧年限×100%

月折旧率＝年折旧率÷12

年折旧额＝固定资产账面价值×年折旧率

提示 实行双倍余额递减法计提折旧的固定资产，应当在其固定资产折旧年限以前两年内，将固定资产净值平均摊销。

在Excel中，我们主要使用DDB()函数来计算双倍余额法下的折旧。

DDB(cost,salvage,life,period,[factor])函数具有下列参数。

- cost：资产原值，是必需参数。
- salvage：折旧末尾时的值（有时也称为资产残值），是必需参数。
- life：资产的折旧期数（有时也称作资产的使用寿命），是必需参数。
- period：指定要计算折旧的期数，是必需参数。
- factor：余额递减速率。如果省略影响因素，则假定为 2（双倍余额递减法），是可选参数。

在“折旧计算表”表单中，可以看到有一个“双倍余额法”表格，在D26格中输入公式“=DDB($D$4,$D$7,$D$5,C26)”，并将它复制到该列其他单元格；然后在E26单元格中输入公式“=SUM($D$26:D26)”，并将它复制到该列其他单元格，即可得到使用双倍余额法计算出来的年折旧和累计折旧，如图10-3所示。

可以看到，最后的累计折旧金额为44631，跟资产原值减去预计净残值后的金额45000不符合。此时，我们需要将最后两年的残值除以2，分摊到最后两年的折旧中。在D34和D35单元格中输入公式"=(45000-E33)/2",即可使累计折旧金额等于资产原值减去预计净残值的金额,如图10-4所示。

图 10-3

图 10-4

3. 年数总和法

年数总和法又称合计年限法,是将固定资产的原值减去净残值后的净额乘以一个逐年递减的分数计算每年的折旧额,其计算公式为:

年折旧率＝尚可使用年数÷年数总和×100%

年折旧额＝(固定资产原值-预计净残值)×年折旧率

月折旧率＝年折旧率÷12

月折旧额＝(固定资产原值-预计净残值)×月折旧率

在Excel中,我们主要使用DB()函数来计算年数总和法下的折旧。

DB(cost,salvage,life,period,[month]) 函数具有下列参数。

- cost: 资产原值,是必需参数。
- salvage: 折旧末尾时的值(有时也称为资产残值),是必需参数。
- life: 资产的折旧期数(有时也称作资产的使用寿命),是必需参数。
- period: 指定要计算折旧的期数,是必需参数。period 必须使用与 life 相同的单位。
- month: 第一年的月份数。如果省略月份,则假定其值为 12,是可选参数。

提示 在年数总和法中,仍然要将倒数第三年的剩余残值除以2,分配到最后两年,使最后的累计折旧金额等于资产原值减去预计净残值。

在"折旧计算表"表单中,可以看到有一个"年数总和法"表格,在D40单元格中输入公式"=DB($D$4,$D$7,$D$5,C40)",并将它复制到D41~47单元格;在D48和D49单元格中输入公式"=(45000-E47)/2";然后在E40单元格中输入公式"=SUM($D$40:D40)",并将它复制到该列其他单元格,即可得到使用年数总和法计算出来的年折旧和累计折旧,如图10-5所示。

4．定率余额递减法

定率余额递减法又称为“定率递减法”或“余额递减法”，是一种快速折旧法。它基于固定资产的年初折余价值，使用恒定的折旧率来计算每年的折旧金额。在Excel中，我们主要使用SYD函数来计算定率余额递减法下的折旧。

SYD(cost,salvage,life,period)函数具有下列参数。

- cost：资产原值，是必需参数。
- salvage：折旧末尾时的值（有时也称为资产残值），是必需参数。
- life：资产的折旧期数（有时也称作资产的使用寿命），是必需参数。
- period：指定要计算折旧的期数，是必需参数。period 必须使用与 life 相同的单位。

在“折旧计算表”表单中，可以看到有一个“定率余额递减法”表格，在D55单元格中输入公式“=SYD($D$4,$D$7,$D$5,C55)”，并将它复制到该列其他单元格；在E55单元格中输入公式“=SUM($D$40:D40)”，并将它复制到该列其他单元格，即可得到使用定率余额递减法计算出来的年折旧和累计折旧，如图10-6所示。

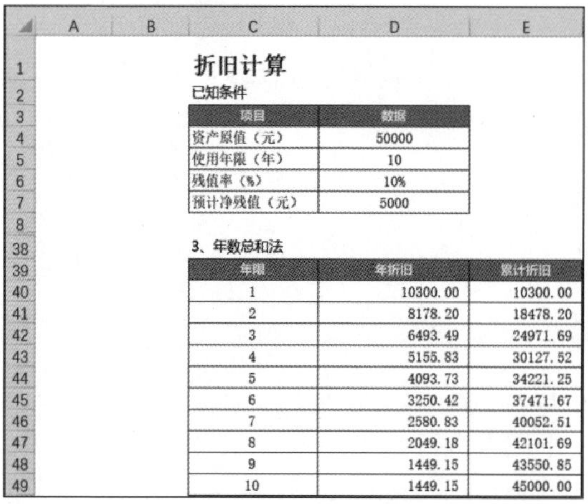
折旧计算

已知条件

项目	数据
资产原值（元）	50000
使用年限（年）	10
残值率（%）	10%
预计净残值（元）	5000

3、年数总和法

年限	年折旧	累计折旧
1	10300.00	10300.00
2	8178.20	18478.20
3	6493.49	24971.69
4	5155.83	30127.52
5	4093.73	34221.25
6	3250.42	37471.67
7	2580.83	40052.51
8	2049.18	42101.69
9	1449.15	43550.85
10	1449.15	45000.00

图 10-5

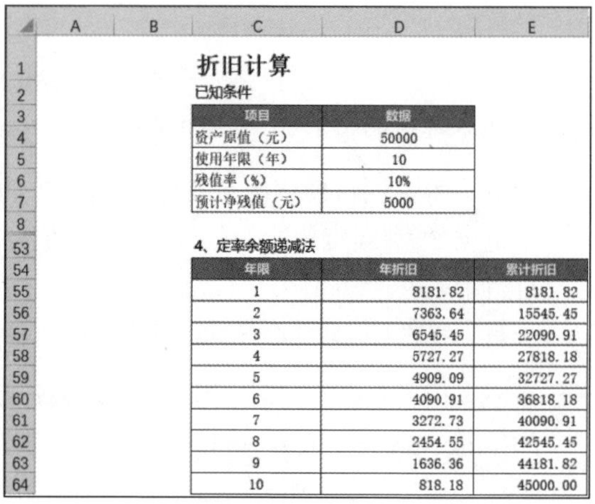
折旧计算

已知条件

项目	数据
资产原值（元）	50000
使用年限（年）	10
残值率（%）	10%
预计净残值（元）	5000

4、定率余额递减法

年限	年折旧	累计折旧
1	8181.82	8181.82
2	7363.64	15545.45
3	6545.45	22090.91
4	5727.27	27818.18
5	4909.09	32727.27
6	4090.91	36818.18
7	3272.73	40090.91
8	2454.55	42545.45
9	1636.36	44181.82
10	818.18	45000.00

图 10-6

选择哪种折旧法通常取决于资产的特性以及组织的财务和会计需求。不同的折旧方法可以影响财务报表和税务申报，因此需要谨慎选择以确保合规性和准确性。

10.3 固定资产折旧计算

前面讲解了固定资产折旧计算的几种方法，本节通过一个实际的案例来计算固定资产的折旧。在此之前，先了解固定资产的相关知识。

10.3.1 了解固定资产

固定资产是指企业持有并长期用于生产经营或提供服务的有形资产。这些资产通常具有较高的价值，并能够长期、重复地参与生产或使用，例如房屋、机械设备、电子设备、通信设备等。

1. 固定资产的特点

固定资产的特点在于其长期价值和可重复使用性，可以支持企业的长期经营需求。以科技公司为例，固定资产可能包括电脑、投影仪、服务器等设备，它们在公司的日常运营中扮演着重要角色。

在日常的工作和生活中，一般人可能很少接触固定资产管理，常常简单地将其视为管理企业的桌椅、电脑和设备，只需统计数量即可。然而，随着企业规模的扩大，固定资产数量逐渐增加，因此，如何有效地管理固定资产已经成为企业管理的一个重要组成部分。

固定资产在会计中被列为成本，因此需要对其进行有效管理和准备减值。通过提高固定资产管理水平，企业能够确保其可持续发展，并更好地管理成本。这涉及对资产的合理使用、维护和更新，以确保它们的价值得以维护，从而为企业提供更好的竞争优势。

2. 固定资产的具体内容

固定资产管理涵盖以下3个方面。

（1）资产价值管理：这包括设备的原值、折旧年限、折旧方式以及残值率等信息。一旦确定了企业的资产折旧方式，通常不可轻易修改，因为改动可能导致错误或滥用。财务部门通常负责确保资产的账务准确性，以维持账实相符。

（2）资产闲置率：高闲置率代表资产未得到充分利用，这意味着资金被浪费，是一种损失。资产闲置率也是衡量企业资产利用情况的重要指标。

（3）资产效率：在固定资产管理中，固定资产效率尤为重要，通常通过固定资产周转率来衡量。

固定资产周转率＝主营业务收入÷固定资产平均余额

其中：

固定资产平均余额＝（期初固定资产余额＋期末固定资产余额）÷2
固定资产周转天数＝360÷固定资产周转率

固定资产周转率越高，意味着企业可以更有效地利用其固定资产，表明投资决策得当，固定资产结构分布合理，使固定资产得以充分利用，从而提高企业经营活动的效益。

3. 固定资产的分析维度

在固定资产管理和分析中，有几个常用的分析维度，包括以下4个方面。

（1）固定资产周转率分析：企业是否有效地利用其固定资产，通过计算固定资产周转率来评估。固定资产周转率可以帮助企业了解其资产的利用效率，以及是否能够充分发挥固定资产的潜力。

（2）固定资产原值变动分析：这种分析涉及对固定资产的原始价值进行追踪和比较。通过观察原值的变化，企业可以了解资产投资的历史情况，以及是否存在大规模的资产购置或折旧情况。

（3）固定资产净值分析：资产的净值是资产的价值减去累积折旧后的价值。通过分析资产的净值，企业可以了解其净资产和折旧情况。

（4）固定资产结构变化分析：这种分析涉及评估企业固定资产的结构和组成，以了解不同类型的资产在企业资产组合中的比重。这有助于企业确定其资产配置是否合理，并进行必要的调整。

这些分析维度为企业提供了深入了解和管理固定资产的工具，进而帮助管理人员作出更明智的决策，优化资产利用，以支持企业的可持续发展。

10.3.2 实战案例：某厂固定资产折旧计算

【案例】某制造企业现有成型机、增压泵、电脑等固定资产，同时2023年新购进电镀检具等设备。要求进行折旧计算，计算折旧率、累计折旧、2023年净值等。

打开附赠文档"第10章数据-资产数据分析.xlsx"，切换到"固定资产明细表"表单，可以看到表单中有一个"2023年固定资产明细表"表格以及"2023年报废资产"表格，包含资产的购入时间、设备状态、使用年限、规格型号、原值和残值率等数据，如图10-7所示。

2023年固定资产明细表																
序号	资产编号	资产名称	购入时间	设备状态	使用年限	规格型号	原值	残值率	折旧率	已计提月份	剩余月份	累计折旧（年初余额）	2023年计提折旧	期末累计折旧	2023年净值	使用部门	资产类别
1	AW030001	电脑	2013/2/25	已有	3	XM03094	4,660	10%	0.0250	已提完	–	4,194	–	4,194	466	制造部	电子设备
2	AW050001	投影机	2014/2/28	已有	5	NIKE03094	4,470	10%	0.0150	已提完	–	4,023	–	4,023	447	综合部	电子设备
3	AW060001	增压泵	2014/2/28	已有	5	SUYT20L	4,680	10%	0.0150	已提完	–	4,212	–	4,212	468	制造部	机器设备
4	AW070001	天燃气设备	2014/5/16	已有	10	MA434001	343,000	10%	0.0075	103	17	264,968	30,870	295,838	47,163	制造部	机器设备
5	AW020001	成型机	2014/6/30	已有	10	MA3800II	424,000	10%	0.0075	102	18	324,360	38,160	362,520	61,480	制造部	机器设备
6	AW060003	ASS检具	2018/9/15	已有	5	JYS04W	339,000	10%	0.0150	51	9	259,335	45,765	305,100	33,900	质量部	工模具
7	AW010001	监控设备	2020/9/17	已有	20	HA56340	80,000	10%	0.0038	27	213	8,100	3,600	11,700	68,300	综合部	房屋及建筑物
8	AW070002	自动洗地机	2020/12/31	已有	3	XM03094	8,000	10%	0.0250	24	12	4,800	2,400	7,200	800	制造部	其他设备
9	AW040001	电动轿车	2021/3/31	已有	4	Honda追旭	342,000	10%	0.0188	21	27	134,663	76,950	211,613	130,388	综合部	交通工具
10	AW050003	打印机	2022/1/31	已有	5	HP9478	4,370	10%	0.0150	11	49	721	787	1,508	2,862	制造部	办公设备
11	AW060005	喷枪		新增	5	PQDDD99	4,450	10%	0.0150	–	60		467	467	3,983	制造部	工模具
12	AW060006	盖板模具	2023/8/31	新增	5	MJ99840	335,000	10%	0.0150	–	60		20,100	20,100	314,900	制造部	工模具
13	AW060008	电镀检具	2023/8/31	新增	5	JJYR08	391,000	10%	0.0150	–	60		23,460	23,460	367,540	质量部	工模具
	TOTAL：						2,284,630					1,009,375	242,559	1,251,934	1,032,696		

2023年报废资产																
序号	资产编号	资产名称	购入时间	设备状态	使用年限	规格型号	原值	残值率	折旧率	已计提月份	剩余月份	累计折旧（年初余额）	2023年计提折旧	期末累计折旧	2023年净值	使用部门	资产类别
1	AW030003	笔记本电脑	2018/3/15	已有	3	HP3424	5,000	10%	0.0250	已提完	–	4,500		4,500	500	财务部	电子设备

图 10-7

我们需要计算各资产的折旧率、已计提月份和剩余月份等数据，之后切换到"固定资产与折旧变动统计"表单，计算其中的资产原值统计和累计折旧统计。

> **提示** 当前是按年度折旧计算来举例的，实际工作中通常是按月度来计算折旧的，原理都一样。

01 计算每月折旧率。因为每月折旧率=（1−残值率）÷使用年限的月份数，因此在J3单元格中输入公式"=(1−I3)/(F3*12)"，并将其复制到J4~J15单元格。

02 计算已经计提的月份（假设计算日期为2022年12月31日）。这里首先排除2023年新增的设备，即"设备状态"为"新增"的设备，在剩下的已有设备中，如果购入日期与计算日期之间的差距大于其使用年限（按月计算），则显示"已提完"；对于没有提完的设备，则计算并显示购入日期与计算日期之间的差值。因此，在K3单元格中输入公式"=IF(E3="新增",0,IF(DATEDIF(D3,"2022-12-31","m")>=F3*12,"已提完",DATEDIF(D3,"2022-12-31","m")))"，并将其复制到K4~K15单元格。

03 计算剩余月份。对于在已计提月份显示"已提完"的设备，剩余月份显示为0，对于其他未提完设备，则计算其使用年限与已计提月份之间的差值。因此，在L3单元格中输入公式"=IF(K3="已提完",0,F3*12-K3)"，并将其复制到L4~L15单元格。

04 计算累计折旧（年初余额）。对于已提完的设备，其累计折旧为原值乘以1减去残值率；对于未提完的设备，其余额等于折旧率乘以已计提月份再乘以原值。因此，在M3单元格中输入公式"=IF(K3="已提完",H3*(1-I3),K3*J3*H3)"，并将其复制到M4~M15单元格。

提示 在实际工作中，存在固定资产的账面金额、账面余额、累计折旧期末余额的概念，我们这里的累计折旧（年初余额）与之不同，是指从折旧起始月开始，共计折旧了多少个月，就是计算多少个月的折旧金额，也就是累计折旧发生额，上年度的累计折旧发生额叫累计折旧（期末余额），转结到次年度，叫累计折旧（年初余额）。这些概念和算法都是企业根据自己的计算要求而定的，只要计算的结果与会计规则结果一样就可以。

05 计算2023年计提折旧。对于2023年的新增设备，其2023年计提折旧为12减去购入月份，再乘以折旧率与原值的乘积，表示在当年，设备购进了几个月就折旧几个月，比如5月购进设备，则折旧就是7个月；对于剩余月份大于12个月的设备，其2023年计提折旧为12乘以折旧率与原值的乘积，表示剩余月份如果大于12个月，则当年折旧就按1年（12个月）来计算；对于剩余月份小于12个月的设备，其2023年计提折旧为剩余月份乘以折旧率与原值的乘积，表示当年设备折旧还剩下几个月，就用几个月来计算折旧。因此，在N3单元格中输入公式"=IF(E3="新增",(12-MONTH(D3))*J3*H3,IF(L3>=12,12*J3*H3,L3*J3*H3))"，并将其复制到N4~N15单元格。

06 计算期末累计折旧。因为期末累计折旧等于累计折旧（年初余额）与2023年计提折旧之和，所以在O3单元格中输入公式"=M3+N3"，并将其复制到O4~O15单元格。

07 计算2023年净值。因为2023年净值等于原值减去期末累计折旧，所以在P3单元格中输入公式"=H3-O3"，并将其复制到P4~P15单元格，如图10-8所示。

图 10-8

08 按照同样的方法计算出"2023年报废资产"表格中的折旧率、已计提月份和剩余月份等数值，如图10-9所示。

图 10-9

09 切换到"固定资金与折旧变动统计"表单，计算资产原值统计表中的年初余额。由于年初余额等于已有设备的原值加上报废设备的原值，因此在B5单元格中输入公式"=SUM(固定资产明细表!H3:H12)+固定资产明细表!H20"。

10 计算本年新增，即"设备状态"为"新增"的三个设备的原值总和。在C5单元格中输入公式"=SUM(固定资产明细表!H13:H15)"。

11 计算本年减少，即报废资产的原值总和。在D5单元格中输入公式"=固定资产明细表!H20"。

12 计算期末余额。由于期末余额等于年初余额加上本年新增并减去本年减少，因此在E5单元格中输入公式"=B5+C5-D5"，得到结果2,284,630，如图10-10所示。

	A	B	C	D	E
3		**资产原值统计表：**			
4		**年初余额**	**本年新增**	**本年减少**	**期末余额**
5		1,559,180	730,450	5,000	2,284,630

图 10-10

13 计算累计折旧统计表中的年初余额。因为累计折旧的年初余额是固定资产和报废资产的累计折旧之和，所以在B11单元格中输入公式"=固定资产明细表!M16+固定资产明细表!M20"。

14 计算本年新增。因为本年新增折旧等于2023年固定资产计提折旧（年初余额），所以在C11单元格中输入公式"=固定资产明细表!N16"。

15 计算本年减少。因为本年减少折旧等于2023年报废资产累计折旧（年初余额），所以在D11单元格中输入公式"=固定资产明细表!M20"。

16 计算期末余额。因为期末余额等于年初余额加上本年新增并减去本年减少，所以在E11单元格中输入公式"=B11+C11-D11"，得到结果1,251,934，如图10-11所示。

	A	B	C	D	E
9		**累计折旧统计表：**			
10		**年初余额**	**本年新增**	**本年减少**	**期末余额**
11		1,013,875	242,559	4,500	1,251,934

图 10-11

10.4 流动资产数据分析

在企业中，对流动资产数据的关注度非常高，尤其关注现金流和流动资产的变现能力。企业的现金流是企业生产、生存、健康发展的基石，好比人的"血液"一样，一旦断流，很快就会失去生命。因此，无论企业的盈利能力如何好，只要现金流出现了断流，就会"猝死"。

10.4.1　了解流动资产

流动资产是指企业可以在一个营业周期内变现或运用的资产，它是企业资产结构中至关重要的一部分。流动资产包括多个项目，如货币资金、短期投资、应收票据、应收股息、应收账款、其他应收款、存货、待摊费用、一年内到期的长期债权投资以及其他流动资金。

1．流动资产的具体内容

流动资产的管理通常包括以下3个部分。

（1）货币：这涉及企业的现金和银行存款。管理货币资产可以确保企业资产具备足够的流动性，以应对日常开支和应急情况。

（2）应收账款：这包括来自客户的未收款项，需要跟踪和催收以确保及时收回欠款，维护企业的现金流。

（3）库存：库存管理是指追踪和控制企业存储的物品，以确保适当的库存水平，避免过多或不足的库存，以优化资金利用和满足需求。

这些是流动资产管理中最主要的方面，确保这些资产的有效管理对于维护企业的流动性和经济健康至关重要。同时，还有其他流动资产，如短期投资和其他应收款等，也需要管理和监督，以确保企业资产的流动性和资产的最大化利用。

2．流动资产统计和分析的目的

进行流动资产的统计和分析是出于以下3个重要的原因。

（1）偿还能力：流动资产分析在企业中用于评估偿债能力。主要通过流动比率来衡量，其公式为流动比率 = 流动资产合计 / 流动负债合计 * 100%。当流动资产大于流动负债时，通常表示企业具有强大的短期偿还能力。然而，需要注意，流动比率过高可能导致资金效率下降和获利能力减弱。流动比率过低则可能表明偿债能力不足。因此，一般认为合理的最低流动比率是2:1，以确保企业有足够流动性的资产用于偿还负债。

（2）审计需求：流动资产的审计在财务审计中具有重要作用。审计可以评估内部控制系统的完整性和有效性，确认流动资产结存的真实性和准确性，以确保财务报表正确反映流动资产的情况。这有助于保障资产的安全完整，揭示潜在的违法行为，鼓励流动资产的有效利用，并提高企业的经济效益。

（3）资产负债表：流动资产的统计和分析也是为了制定会计报表，计算总资产，以了解企业的资产状况。资产负债表是企业财务报表中的关键部分，用于展示企业的资产、负债和股东权益的情况，为股东和其他利益相关者提供了重要信息。

3．流动资产统计和分析维度

流动资产数据的分析可以从两个主要维度进行，分别是趋势性分析和对比性分析。

（1）趋势性分析：这种分析侧重评估流动资产数据随着时间的推移如何变化。通过比较不同期间的数据，可以识别出资产的发展趋势，这有助于企业了解资产的增长或下降趋势，以及可能的原因。趋势性分析可以帮助企业预测未来的流动资产需求和资金流动状况，以支持财务规划和决策制定。

（2）对比性分析：对比性分析旨在将不同项流动资产数据进行比较，以了解它们之间的关系和差异。这可以包括不同流动资产项目之间的比较，例如货币资金、应收账款和存货的对比，以及与其他企业或行业标准的比较。对比性分析有助于识别哪些资产项目占据主导地位，以及是否存在不平衡或过多的情况。此分析还可帮助企业确定是否需要调整资产配置以提高资金利用效率。

这两种维度的分析有助于企业更好地理解其流动资产状况，以制定更明智的决策，并提高财务规划的准确性。

10.4.2　实战案例：某公司流动资产同比分析

【案例】某公司2023年8月的流动资产包括货币资金、应收票据、应收账款、存货以及其他项目数据，要求对2023年8月与去年同期做差异分析。

打开附赠文档"第10章数据-资产数据分析.xlsx"，切换到"流动资产数据分析"表单，可以看到表单中存在某公司2022年8月和2023年8月的流动资产数据，如图10-12所示。

图 10-12

我们需要计算同期变化和同期变化率，并进行简单的可视化。

01 计算同期变化。因为同期变化等于2023年8月的数据减去2022年8月的数据，所以在E5单元格中输入公式"=D5-C5"，并复制到E6~E9单元格，然后在E10单元格中输入公式"=SUM(E5:E9)"来计算总的同期变化，如图10-13所示。

图 10-13

02 计算同期变化率。同期变化率等于同期变化数据除以2022年8月的数据，所以在F5单元格中输入公式"=E5/C5"，并复制到F6~F10单元格，如图10-14所示。

	项目	2022年8月	2023年8月	同期变化	同期变化率
5	货币资金	375,973	255,023	-120,950	-32%
6	应收票据	479,903	454,174	-25,729	-5%
7	应收账款	1,352,880	1,378,218	25,338	2%
8	存货	369,355	403,938	34,583	9%
9	其他项目	19,425	20,561	1,136	6%
10	流动资产	2,597,536	2,511,914	-85,622	-3%

图 10-14

03 同期变化率可视化。选中F5~F10单元格，在"开始"菜单中单击"条件格式"下拉按钮，再单击"数据条"子菜单，选择一个数据条样式（这里选择"渐变填充"下的"绿色数据条"），即可为同期变化率添加直观的数据条，如图10-15所示。

图 10-15

完成后的表格如图10-16所示。

项目	2022年8月	2023年8月	同期变化	同期变化率
货币资金	375,973	255,023	-120,950	-32%
应收票据	479,903	454,174	-25,729	-5%
应收账款	1,352,880	1,378,218	25,338	2%
存货	369,355	403,938	34,583	9%
其它项目	19,425	20,561	1,136	6%
流动资产	2,597,536	2,511,914	-85,622	-3%

图 10-16

从表格中可以清楚地看到各项流动资产的情况，比如货币资金在同期下降了32%，而应收账款却有所增加，存货也有所增加。这种分析有助于我们识别潜在风险，并为企业制定策略性的调整和措施，以改善资产结构，提升现金流，以及增强企业的盈利能力。

10.5 本章习题

（1）某资产原值 500 万元，折旧年限为 10 年，预计净残值为 50 万，如表 10-1 所示。

表 10-1 某资产相关数据

已知条件	
资产原值（万元）	500
使用年限（年）	10
预计净残值（万元）	50

使用以下方法进行折旧计算，计算年折旧额和累计折旧额：

① 平均年限法。

② 双倍余额法。

③ 年数总和法。

④ 定率余额递减法。

将计算结果填入表10-2中。

表 10-2 折旧计算的结果

计算结果(元) 年限	平均年限法		双倍余额法		年数总和法		定率余额递减法	
	年折旧	累计折旧	年折旧	累计折旧	年折旧	累计折旧	年折旧	累计折旧
1								
2								
3								
4								
5								
6								
7								
8								
9								
10								
合计								

（2）某公司 2022 年 12 月和 2023 年 12 月流动资产数据如表 10-3 所示。请根据数据进行分析，给出该公司的分析结论和建议。推荐使用可视化图表，图形自行设计。

表 10-3 某公司流动资产数据

项目	2022年12月	2023年12月
货币资金	575,973	525,543
应收票据	479,903	454,174
应收账款	2,352,880	1,778,218
存货	1,369,355	1,403,938
流动资产	4,778,111	4,161,873

第 11 章

生产成本与利润分析

　　生产成本与利润分析是企业经营管理中最常见的分析项目，通过深入分析生产过程中的各项成本，可以帮助企业有效控制成本，提高生产效益，并在制定价格和销售策略时作出明智决策。同时，利润分析有助于评估企业的盈利能力，为制定长期发展战略提供基础数据，使企业能够更加灵活地应对市场变化，实现可持续增长。因此，生产成本利润分析对于企业的财务健康和可持续经营至关重要。

　　本章将讨论单位成本统计与变动分析、成本分类汇总分析和收益计算与分析方面的内容，这些分析方法在生产成本利润分析中发挥了重要作用。

11.1　单位成本统计与变动分析

　　通过对单位成本的统计和变动分析，企业能够深入了解每个产品或服务的生产成本结构，从而准确识别成本波动的原因。这使管理层能够采取有针对性的措施，优化生产工艺，降低不必要的开支，提高效益。

11.1.1　成本与单位成本

　　要对单位成本的详细统计和变动进行分析，我们首先要了解什么是成本，以及什么是单位成本。

1．了解成本

成本是指在生产或提供服务的过程中发生的所有费用，包括制造成本和期间费用。制造成本主要涵盖材料成本、动能、人工、辅料、折旧、维修以及其他制造费用。期间费用则包括管理费用、财务费用和销售费用。

在成本控制的过程中，降低成本是提升产品收益性的关键措施。通过有效管理制造成本和期间费用，企业可以实现更高的生产效益，从而提高产品的盈利水平。

成本可以按照其性质和行为进行分类。以性质来看，成本可分为固定成本和变动成本。固定成本在生产量变化时保持不变，而变动成本随生产量的增减而发生变化。从行为来看，成本可分为专属成本和共同成本。专属成本是与特定产品或服务直接相关的成本，而共同成本则是与多个产品或服务共享的成本。

固定成本和变动成本的区别如下：

- 变动成本是指在相关范围内，随着业务量的变动而呈线性变动的成本。比如生产 1 件产品需要材料费 10 元，则生产 2 件需要材料费 20 元，以此类推。直接人工和直接材料是典型的变动成本。在一定期间内，它们的总发生额与业务量的增减成正比例变动，但单位产品的耗费则保持不变。
- 固定成本是指在会计期间和业务量范围内，不受业务量增减变动而保持不变的成本费用。比如在一台设备上生产零件，生产 1 件，1 天的折旧费是 100 元，生产 10 件，1 天的折旧费还是 100 元。生产活动中的厂房和机器设备折旧、房屋租金以及管理人员工资等就是典型的固定成本。这些费用在一定范围内保持恒定，不随业务量的波动而改变。

专属成本和共同成本的区别如下：

- 专属成本是可以清晰归属于企业生产特定产品或为某个部门设置而发生的成本。这些成本只有在生产特定产品或设置了特定部门时才会发生，因此与特定产品或部门直接相关。典型的专属成本包括专门用于某种产品生产的设备折旧费、保险费等。
- 共同成本是为多种产品的生产或为多个部门的设置而发生的成本，需要由这些产品或部门共同分担。这种成本涉及多个产品或部门，因此无法明确归属于某个特定的产品或部门。共同成本包括多个产品线共用的生产设备的折旧费、通用的管理费用等。

通过清晰地了解和分类成本，企业可以更有效地进行成本管理，制定合理的价格策略，优化资源配置，提高竞争力，实现经济效益的最大化。

2．认识单位成本

单位成本是指生产单位产品平均消耗的费用，是企业一定时期内生产某种产品所发生的总成本除以产量所得的指标。它在反映成本水平高低方面起着关键的作用，对于分析企业的成本管理水平至关重要。单位成本的高低不仅反映了企业的生产水平，还关联着技术装备和管理水平的优劣。

计算单位成本的目的之一是了解各种产品的单位成本和各成本项目计划的执行情况。通过与同行业先进企业或国外先进企业进行比较，可以找出差距，明确改进方向。同时，单位成本也是制定产品价格的重要依据之一，对于确保企业的竞争力和盈利能力至关重要。

11.1.2　实战案例：产品 A 的单位成本统计与变动分析

【案例】YK公司的商务部接到一个新客户的报价诉求，需要财务提供成本信息，以便进行报价和业务洽谈。A产品相关信息如下：A产品的下料重量为6.5kg，材料单价为5元/kg，净重为5.5kg，废料单价为2元/kg。生产A零件的单位工时为8.24分钟，公司当月总工时为52256小时（为方便计算折合为3135360分钟）。其他关键数据，如燃料动能成本、直接人工成本等数据均包含在附赠文档"第11章数据-生产成本与利润分析.xlsx"的"成本演变分析"表单中，如图11-1所示。

	A	B	C	D	E	F	G
6							
7		总工时	3,135,360	分钟			
8		A产品工时	8.24	分钟			
9							
10		项目	数值	单位	单位成本		
11		材料成本		元			
12		燃料动能	2,965,873	元			
13		直接人工	4,687,634	元			
14		设备折旧	2,647,363	元			
15		其他费用	3,023,568	元			
16		单位制造成本					
17							
18		**产品单位成本变动分析**					
19		成本项目	预算成本	实际成本	实际-预算		差异值影响率
20					差异值	差异率	（占总成本）
21		材料成本	28.18				
22		燃料动能	9.16				
23		直接人工	11.08				
24		设备折旧	7.5				
25		其他费用	8.2				
26		单位制造成本	64.12				

图 11-1

在做报价的过程中，我们需要综合考虑材料成本、废料成本、直接人工成本、燃料动能成本以及工时成本等多个方面的数据，确保报价既能满足客户的需求，又能够覆盖生产和运营的各项成本。

01 首先计算A产品的材料成本。材料成本属于产品的专属成本，主要由生产产品的特定的材料牌号、单价、消耗量所决定。由于材料成本等于下料的重量乘以材料单价，再减去废料回收重量乘以废料单价，因此在E11单元格中输入公式"=6.5*5-(6.5-5.5)*2"即可。

02 计算A产品的燃料动能成本。燃料动能在这里定义为共同成本，需要根据一定规则进行分摊，当前我们采用工时进行分摊。因为单个产品的燃料动能成本等于该产品占总工时的比例乘以当月总的燃料动能，因此在E12单元格中输入公式"=$C$8/$C$7*C12"即可。

03 由于A产品的直接人工成本、设备折旧成本以及其他费用的计算原理与燃料动能成本一样，因此将E12单元格中的公式复制到E13~E15单元格即可。

04 计算A产品的单位制造成本。由于A产品的单位制造成本等于材料成本、燃料动能成本、直接人工成本、设备折旧成本与其他费用之和，因此在E16单元格中输入公式"=SUM(E11:E15)"即可得到A产品的单位制造成本65.52元，如图11-2所示。

图 11-2

这样我们就成功计算出A产品的单位制造成本了。在实际企业运作中，特别是在制定报价表时，我们将单位制造成本加上期间费用，期间费用率假设为8%，我们将单位制造成本乘以1.08，得到A产品的完全成本。接着，再根据所需的利润率，比如10%或者20%，乘以完全成本，以制定最终的报价。

提示 不同的企业、不同的产品在做共同成本分摊时采取的方式不一样，通常会采用工时、重量、面积、产品价值度等方式进行分摊。

这样既充分考虑了生产成本和期间费用，又为公司设定了合理的利润率，从而制定出具有竞争力的报价策略。

当报价的工作完成后，财务部长审核完报价，要求负责成本核算的会计把本月的成本和预算进行对比，研究发生了哪些变化，以及存在什么问题。

因此，接下来我们需要进行产品单位成本的变动分析。这个分析将帮助我们理解当前的成本情况，并确定与预算之间的差异，从而深入挖掘成本变化的原因。

05 将A产品的实际制造成本复制到"产品单位成本变动分析"表格中，即将E11~E16单元格中的数值复制到D21~D26单元格中。

06 计算差异值。由于差异值等于实际成本减去预算成本，因此可在E21单元格中输入公式"=D21-C21"，并将其复制到E22~E26单元格中。

07 计算差异率。由于差异率等于差异值除以预算成本，因此可在F21单元格中输入公式"=E21/C21"，并将其复制到F22~F26单元格中。

08 计算差异值影响率。由于差异值影响率等于差异值除以预算的单位制造成本，因此可在G21单元格中输入公式"=E21/\$C\$26"，并将其复制到G22~G26单元格中，如图11-3所示。

图 11-3

从结果中可以看出，总的差异值影响率为2.2%。为了更加方便观察结果，这里我们对结果进行可视化，即为结果绘制一个柱形图，用以体现基准值及在基准值上浮动的成本，如图11-4所示。

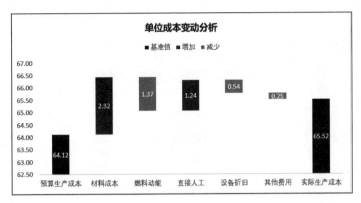

图 11-4

这个柱形图实际上是一个堆叠柱形图，材料成本、燃料动能、直接人工、设备折旧和其他费用这5根柱形的下方其实并不是空白的，而是有"基柱"的，即每一项的基准值，只不过这些"基柱"被设置为白色，隐藏起来了。这样做是为了突出材料成本、燃料动能、直接人工、设备折旧和其他费用的成本变动。

09 要绘制这样的一个柱形图，首先需要制作一个新的表格作为数据源，如图11-5所示。

10 填入预算生产成本的基准值。由于预算生产成本的基准值就是预算的单位制造成本，因此在C31单元格中输入公式"=C26"即可。

11 将材料成本、燃料动能、直接人工、设备折旧和其他费用的差异值（E21~E25单元格内的值）按照正负填写到"增加"列和"减少"列，如图11-6所示。

	A	B	C	D	E	F	G
18		**产品单位成本变动分析**					
19		成本项目	预算成本	实际成本	实际-预算		差异值影响率
20					差异值	差异率	（占总成本）
21		材料成本	28.18	30.50	2.32	8.2%	3.6%
22		燃料动能	9.16	7.79	-1.37	-14.9%	-2.1%
23		直接人工	11.08	12.32	1.24	11.2%	1.9%
24		设备折旧	7.5	6.96	-0.54	-7.2%	-0.8%
25		其他费用	8.2	7.95	-0.25	-3.1%	-0.4%
26		单位制造成本	64.12	65.52	1.40	2.2%	2.2%
27							
28							
29		可视化分析：					
30		成本项目	基准值	增加	减少		
31		预算生产成本	64.12				
32		材料成本		2.32			
33		燃料动能			1.37		
34		直接人工		1.24			
35		设备折旧			0.54		
36		其他费用			0.25		
37		实际生产成本					

图 11-5

图 11-6

12 计算各项的基准值。由于材料成本的基准值等于上一项的基准值加上上一项的增加值，再减去本项的减少值。我们以材料成本基准值为例：

材料成本基准值＝预算生产成本基准值＋增加值–减少值

因此，在C32单元格中输入公式"=C31+D31–E32"即可。同时，燃料动能、直接人工、设备折旧和其他费用的基准值均为上一行的基准值与增加值之和减去本行的减少值，因此直接将C32单元格中的公式复制到C33~C37单元格即可，如图11-7所示。

成本项目	基准值	增加	减少
预算生产成本	64.12		
材料成本	64.12	2.32	
燃料动能	65.07		1.37
直接人工	65.07	1.24	
设备折旧	65.77		0.54
其他费用	65.52		0.25
实际生产成本	65.52		

可视化分析：

图 11-7

13 选中B30:E37区域作为数据源，插入一个堆积柱形图，如图11-8所示。

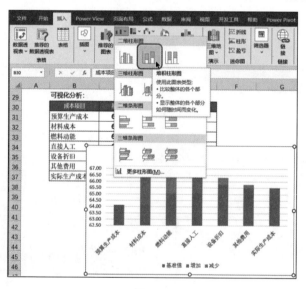

图 11-8

14 把图例移动到上方，并删除网格线，再将"基准值"柱形图的填充色修改为"蓝-灰，文字2，深色25%"，如图11-9所示。

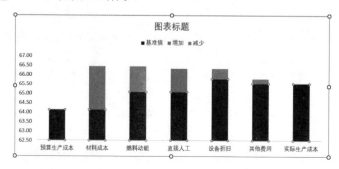

图 11-9

⏳ 接下来隐藏材料成本的基准值。单独选中材料成本的基准值柱状图，然后将它的填充色设置为"无填充"，如图11-10所示。

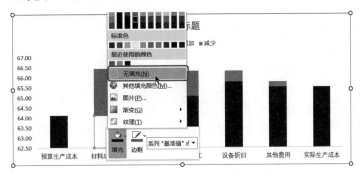

图 11-10

⏳ 按照同样的方法将燃料动能、直接人工、设备折旧和其他费用这几根柱状图的基准值隐藏起来。

⏳ 为材料成本和直接人工的增加值柱形图设置填充色为"深红"；为燃料动能、设备折旧和其他费用的减少值柱形图设置填充色为"绿色，个性色6"。

⏳ 为材料成本、燃料动能、直接人工、设备折旧和其他费用的增加值或减少值柱形图添加数据标签并设置为白色；单独选中预算生产成本和实际生产成本的基准值柱形图，添加数据标签并设置为白色。

⏳ 设置图表标题为"单位成本变动分析"并设置字体和字号，最终图表效果如图11-11所示。

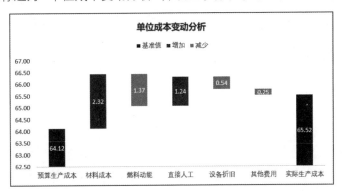

图 11-11

从图11-11中可以清楚地看到预算生产成本与实际生产成本之间的差异，以及哪些方面产生了差异，方便后期有针对性地降本增效。

11.2 成本分类汇总分析

成本分类汇总是一种将企业各项费用按照其性质和用途进行系统整理和归纳的过程。通过将成本分为不同的类别，如直接材料、直接人工、制造费用、销售费用和管理费用等，企业能够更清晰地了解和掌握其支出结构，有助于制定有效的成本控制和管理策略，提高企业的经济效益。

11.2.1　成本分类汇总分析的逻辑

成本分类汇总分析的逻辑是从整体到局部、由大到小地层层递进分析。首先审视整体是否存在问题，若有问题，则逐级追溯，确定是哪一级别的问题，再细分至具体零件。这种"剥洋葱"的分析逻辑层层展开，能够追溯到问题的具体点。

在进行成本分析时，首先关注整体成本的变化。比如，比较当期的材料成本、燃料动能、人工工资、制造费用等与同期或上期的变化。这包括同比和环比分析，以确保全面了解成本的变动情况。

如果发现问题，随后进行进一步的细分。举例来说，如果发现燃料动能出现问题，就会进一步细分，分析是哪一类零件导致的问题。

【案例】某轴承制造公司今年与去年同期销量差异不大，但材料成本却增加了20%。经理进行了多方调查，结果如下：

- 经过排查，发现是轴承类的材料增加了30%。
- 对每个轴承的重量、消耗、材料牌号进行梳理，统计每个轴承的材料成本和销售量。最终发现是今年新增的轴承销量较大，但材料利用率非常低。

公司随后进行了材料利用率提升的研究，成功将材料消耗降低。这种系统而有层次的分析方法可以帮助企业全面理解成本结构，更精准地找出问题所在，为有效的成本管理提供依据。

11.2.2　实战案例：零件分类成本同比分析

【案例】HM 公司是制造轴承的企业，已知当月的每个零件号的材料成本、燃料动能、直接人工、设备折旧、其他费用以及生产量，同时还知道去年的同类数据，要求按类别进行统计，并进行差异和差异率分析。

打开附赠文档"第12章数据-生产成本与利润分析.xlsx"，切换到"零件成本明细表"表单，可以看到表单中有一个"2023年8月成本明细表"，包括4类14种零件的单位成本和生产量数据，如图11-12所示。

再切换到"零件分类成本同比分析"表单，可以看到表单中有一个"生产成本同期对比表"，我们需要根据"2023年8月成本明细表"中的数据，计算每类零件的材料成本、燃料动能、直接人工、设备折旧、其他费用和制造成本的相关数据，如图11-13所示。

01 计算圆锥滚子轴承本年当月的材料成本，在E5单元格中输入公式 "=SUMPRODUCT((零件成本明细表!$B$4:$B$17=零件分类成本同比分析!$C4)*(零件成本明细表!D$4:D$17*零件成本明细表!$J$4:$J$17))/SUMPRODUCT((零件成本明细表!$B$4:$B$17=零件分类成本同比分析!$C4)*(零件成本明细表!$J$4:$J$17))"，并将公式复制到F5~J5单元格，得到圆锥滚子轴承本年当月的燃料动能、直接人工、设备折旧、其他费用和制造成本的数值。

	A	B	C	D	E	F	G	H	I	J
1						2023年8月成本明细表				
2	序号	零件类别	零件号		单位成本（元/件）					生产量（万件）
3				材料成本	燃料动能	直接人工	设备折旧	其他费用	制造成本	
4	1	圆锥滚子轴承	MS230525	53.0	9.3	11.4	10.4	7.6	91.7	10
5	2	圆锥滚子轴承	MS230564	47.0	10.1	11.0	9.9	7.8	85.8	12
6	3	圆锥滚子轴承	MS230593	51.0	9.8	10.2	8.6	7.5	87.1	57
7	4	圆锥滚子轴承	MS230853	45.0	8.0	10.0	10.3	8.2	81.5	11
8	5	调心滚子轴承	MS230777	48.0	10.2	10.3	8.8	8.1	85.4	53
9	6	调心滚子轴承	MS230688	45.0	9.9	11.4	9.2	8.5	84.0	86
10	7	调心滚子轴承	MS230653	52.0	9.2	11.4	9.1	7.9	89.6	51
11	8	调心滚子轴承	MS230485	47.0	8.3	10.6	10.1	7.7	83.7	34
12	9	角接触球轴承	MS230709	47.0	9.6	9.2	10.5	6.6	82.9	25
13	10	角接触球轴承	MS230566	51.0	8.9	10.9	9.9	7.9	88.6	19
14	11	角接触球轴承	MS230476	47.0	10.1	9.7	9.7	7.6	84.1	52
15	12	推力球轴承	MS230582	48.0	10.2	10.1	9.5	8.1	85.9	56
16	13	推力球轴承	MS230682	55.0	9.6	9.1	9.7	8.4	91.8	55
17	14	推力球轴承	MS230767	48.0	9.9	9.7	9.4	6.7	83.7	35

图 11-12

	B	C	D	E	F	G	H	I	J
1		生产成本同期对比表							
2									
3		类别	项目	材料成本	燃料动能	直接人工	设备折旧	其他费用	制造成本
4			去年同期	51.5	9.4	10.2	9.4	7.4	87.9
5		圆锥滚子轴承	本年当月						
6			差异						
7			差异率						
8			去年同期	45.7	9.1	10.8	9.5	8.2	83.3
9		调心滚子轴承	本年当月						
10			差异						
11			差异率						
12			去年同期	48.7	9.6	9.6	10.4	7.5	85.8
13		角接触球轴承	本年当月						
14			差异						
15			差异率						
16			去年同期	47.8	9.4	9.8	10.3	7.3	84.6
17		推力球轴承	本年当月						
18			差异						
19			差异率						

图 11-13

提示 公式 "=SUMPRODUCT((零件成本明细表!\$B\$4:\$B\$17=零件分类成本同比分析!\$C4)*(零件成本明细表!D\$4:D\$17*零件成本明细表!\$J\$4:\$J\$17))/SUMPRODUCT((零件成本明细表!\$B\$4:\$B\$17=零件分类成本同比分析!\$C4)*(零件成本明细表!\$J\$4:\$J\$17))" 整体理解为该类零件的材料成本加权单价 =（材料成本 × 生产量）÷该类零件总生产量。

SUMPRODUCT是一个数组公式，比如SUMPRODUCT（{A1、A2、A3}*{B1、B2、B3}），其结果是A1*B1+A2*B2+A3*B3。"=SUMPRODUCT((零件成本明细表!\$B\$4:\$B\$17=零件分类成本同比分析!\$C4)*(零件成本明细表!D\$4:D\$17*零件成本明细表!\$J\$4:\$J\$17))"的意思是统计零件成本明细表 "\$B\$4:\$B\$17" 区域内满足条件为零件分类成本同比分析C4的金额，其金额=材料成本×生产量；而 "SUMPRODUCT((零件成本明细表!\$B\$4:\$B\$17=零件分类成本同比分析!\$C4)*(零件成本明细表!\$J\$4:\$J\$17))" 的意思是统计零件成本明细表 "\$B\$4:\$B\$17" 区域内满足条件为零件分类成本同比分析 C4 的件数合计，等同于 SUMIF(零件成本明细表!\$B\$4:\$B\$17,零件分类成本同比分析!\$C4,零件成本明细表!\$J\$4:\$J\$17)。

由于此公式需要向右和向下复制，因此对部分单元格位置进行了绝对引用，读者可以仔细分析绝对引用固定了哪些数据。

02 计算圆锥滚子轴承差异值。由于圆锥滚子轴承的差异值等于本年当月的值减去去年同期的值，因此可在E6单元格中输入公式"=E5-E4"，并将其复制到F6~J6单元格。

03 计算圆锥滚子轴承差异率。由于圆锥滚子轴承的差异率等于差异值除以去年同期的值，因此可在E7单元格中输入公式"=E6/E4"，并将其复制到F7~J7单元格。

04 将E5:J7区域复制到其他类别零件的同样位置，得到其他类别零件的数据，如图11-14所示。

类别	项目	材料成本	燃料动能	直接人工	设备折旧	其他费用	制造成本
							生产成本同期对比表
圆锥滚子轴承	去年同期	51.5	9.4	10.2	9.4	7.4	87.9
	本年当月	50.0	9.6	10.4	9.2	7.6	86.8
	差异	-1.54	0.16	0.22	-0.22	0.24	-1.15
	差异率	-3.0%	1.7%	2.1%	-2.3%	3.2%	-1.3%
调心滚子轴承	去年同期	45.7	9.1	10.8	9.5	8.2	83.3
	本年当月	47.6	9.6	11.0	9.2	8.1	85.6
	差异	1.91	0.47	0.22	-0.28	-0.05	2.26
	差异率	4.2%	5.2%	2.0%	-3.0%	-0.6%	2.7%
角接触球轴承	去年同期	48.7	9.6	9.6	10.4	7.5	85.8
	本年当月	47.8	9.7	9.8	9.9	7.4	84.7
	差异	-0.91	0.17	0.21	-0.45	-0.10	-1.08
	差异率	-1.9%	1.8%	2.2%	-4.3%	-1.3%	-1.3%
推力球轴承	去年同期	47.8	9.4	9.8	10.3	7.3	84.6
	本年当月	50.6	9.9	9.6	9.6	7.9	87.6
	差异	2.84	0.50	-0.17	-0.75	0.58	3.00
	差异率	5.9%	5.3%	-1.8%	-7.3%	7.9%	3.5%

图 11-14

05 为差异率单元格添加更直观的图标。选中E7~J7单元格，在"开始"选项卡中单击"条件格式"下拉按钮，并选择"图标集"子菜单中的"三向箭头（彩色）"选项，为差异率单元格添加正负指示，如图11-15所示。

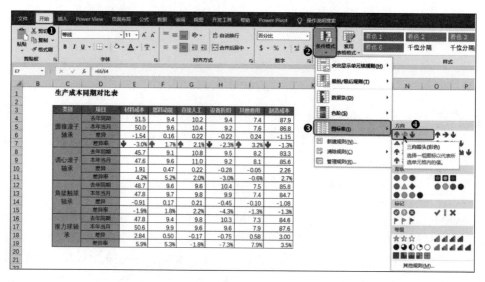

图 11-15

06 使用格式刷，将E7~J7单元格的格式复制到E11~J11单元格、E15~J15单元格和E19~J19单元格，为所有差异率单元格添加正负标志，如图11-16所示。

可以看到，部分单元格中出现了黄色的向右箭头，这不符合我们的要求，即差异率大于零时显示绿色向上箭头，小于零时显示红色向下箭头，等于零时显示黄色向右箭头。因此，还需要修改箭头显示的规则。

类别	项目	材料成本	燃料动能	直接人工	设备折旧	其他费用	制造成本
圆锥滚子轴承	去年同期	51.5	9.4	10.2	9.4	7.4	87.9
	本年当月	50.0	9.6	10.4	9.2	7.6	86.8
	差异	-1.54	0.16	0.22	-0.22	0.24	-1.15
	差异率	⬇ -3.0%	⬆ 1.7%	⬆ 2.1%	⬇ -2.3%	⬆ 3.2%	⬇ -1.3%
调心滚子轴承	去年同期	45.7	9.1	10.8	9.5	8.2	83.3
	本年当月	47.6	9.6	11.0	9.2	8.1	85.6
	差异	1.91	0.47	0.22	-0.28	-0.05	2.26
	差异率	⬆ 4.2%	⬆ 5.2%	➡ 2.0%	⬇ -3.0%	➡ -0.6%	⬆ 2.7% ❶
角接触球轴承	去年同期	48.7	9.6	9.6	10.4	7.5	85.8
	本年当月	47.8	9.7	9.8	9.9	7.4	84.7
	差异	-0.91	0.17	0.21	-0.45	-0.10	-1.08
	差异率	➡ -1.9%	⬆ 1.8%	⬆ 2.2%	⬇ -4.3%	➡ -1.3%	➡ -1.3% ❷
推力球轴承	去年同期	47.8	9.4	9.8	10.3	7.3	84.6
	本年当月	50.6	9.9	9.6	9.6	7.9	87.6
	差异	2.84	0.50	-0.17	-0.75	0.58	3.00
	差异率	⬆ 5.9%	⬆ 5.3%	➡ -1.8%	⬇ -7.3%	⬆ 7.9%	⬆ 3.5% ❸

图 11-16

07 选中E7~J7单元格，在"开始"选项卡中单击"条件格式"下拉按钮中的"管理规则"选项，如图11-17所示。

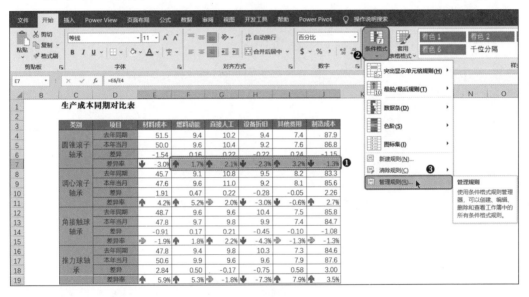

图 11-17

08 在弹出的对话框中单击"编辑规则"按钮，如图11-18所示。

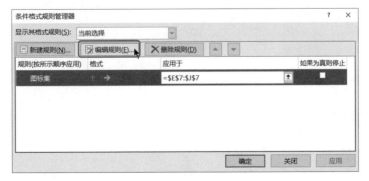

图 11-18

09 在弹出的对话框中，将红绿黄箭头的规则按照图11-19进行修改，并单击"确定"按钮退出。

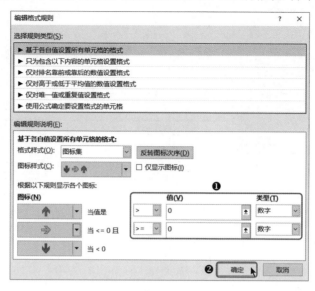

图 11-19

10 使用格式刷将E7~J7单元格的格式复制到E11~J11单元格、E15~J15单元格和E19~J19单元格，这样即可得到符合要求的箭头，如图11-20所示。

这样我们就完成了4类产品的生产成本同期对比，对于其差异率，更是可以通过箭头直观地判断正负。

生产成本同期对比表

类别	项目	材料成本	燃料动能	直接人工	设备折旧	其他费用	制造成本
圆锥滚子轴承	去年同期	51.5	9.4	10.2	9.4	7.4	87.9
	本年当月	50.0	9.6	10.4	9.2	7.6	86.8
	差异	-1.54	0.16	0.22	-0.22	0.24	-1.15
	差异率	⬇ -3.0%	⬆ 1.7%	⬆ 2.1%	⬇ -2.3%	⬆ 3.2%	⬇ -1.3%
调心滚子轴承	去年同期	45.7	9.1	10.8	9.5	8.2	83.3
	本年当月	47.6	9.6	11.0	9.2	8.1	85.6
	差异	1.91	0.47	0.22	-0.28	-0.05	2.26
	差异率	⬆ 4.2%	⬆ 5.2%	⬆ 2.0%	⬇ -3.0%	⬇ -0.6%	⬆ 2.7%
角接触球轴承	去年同期	48.7	9.6	9.6	10.4	7.5	85.8
	本年当月	47.8	9.7	9.8	9.9	7.4	84.7
	差异	-0.91	0.17	0.21	-0.45	-0.10	-1.08
	差异率	⬇ -1.9%	⬆ 1.8%	⬆ 2.2%	⬇ -4.3%	⬇ -1.3%	⬇ -1.3%
推力球轴承	去年同期	47.8	9.4	9.8	10.3	7.3	84.6
	本年当月	50.6	9.9	9.6	9.6	7.9	87.6
	差异	2.84	0.50	-0.17	-0.75	0.58	3.00
	差异率	⬆ 5.9%	⬆ 5.3%	⬇ -1.8%	⬇ -7.3%	⬆ 7.9%	⬆ 3.5%

图 11-20

11.3 收益计算与分析

收益计算与分析在企业和个人财务管理中扮演着关键角色，它们用于评估项目投资、产品盈利或其他业务的盈利能力。通过分析收入与成本之间的关系，可以帮助决策者了解利润水平、经济效益和潜在风险。这种分析有助于制定有效的经营策略，优化资源配置，并为未来的决策提供依据。

11.3.1　利润分析及常见的概念和指标

要掌握收益计算与分析，首先需要熟悉常见的各类概念和指标。

1．价格

价格是指在市场上购买或出售商品或服务所需支付的货币金额。它的确定通常由市场上买方和卖方之间的供需关系决定。如果某种商品或服务的需求大于供应，价格往往上升；相反，如果供应过剩，价格可能下降。生产成本、竞争状况和市场预期也会对价格产生影响。总体而言，价格是市场经济中资源分配和交换价值的核心指标。通常情况下，产品或服务的价格不仅包括产品的材料成本、增值、管理成本等，还包括增值税、消费税、物流费用、售后以及促销费用等各类费用。

2．材料成本

材料成本指的是获得材料所产生的全部支出。材料的获取方式主要包括外购、自制以及委托外部加工。外购材料成本一般包含购买价格、运输费用、运输途中的正常损耗以及入库前的整理挑选费用等各项费用。不同企业可能采用不同的术语，有些企业将其称为"实物成本"，即肉眼可见的材料成本。

【例如】一家生产衣物的企业，布料是其中的材料成本，而扣子和拉链也属于可见的成本项目。在成本归集过程中，将布料、扣子和拉链等项目合并计算，统称为"实物成本"。以具体金额为例，如果布料费用为130元，扣子费用为5元，拉链费用为15元，则实物成本为：

130＋5＋15＝150（元）

3．材料边际贡献

材料边际贡献（Material Marginal Profit，MMP）是指销售价格与材料成本之间的差额，即价格中超出材料成本的那部分贡献。

> **提示**　一些企业将材料成本称为实物成本。实物成本指的是产品主要的材料，以及附着在产品之上的、肉眼可见的材料成本，比如一个杯子，包括玻璃杯、盖子以及盖子上的油漆成本。但实物成本不包括生产车间的辅助材料以及机器物料消耗的成本，比如切削液、冷却液、设备润滑油等。

MMP是一项用于衡量企业采购议价能力和销售议价能力的指标。MMP值越大表示企业盈利空间越大，反之则表示企业盈利空间越小。以销售价格为100元为例，若MMP为80，则表示企业的盈利潜力较大；相反，若MMP为20，则企业的盈利空间相对较小。

企业通常使用这一指标来平衡采购成本和销售价格之间的关系。如果无法提高销售价格，则企业需要通过大幅降低成本来提升盈利能力。企业通常用P来代替价格（Price），用M来代替材料（Material）。

MMP相关计算公式如下：

MMP＝价格-材料成本＝P-M

MMP%＝MMP÷P

我们来看一个简单的问题：现有某产品，其销售价格为100元（不含税、促销费用等），材料成本为55元，请问其材料边际贡献是多少？

我们可以通过一个简单的图示来解答这个问题：将价格减去材料成本，即为其材料边际贡献，如图11-21所示。

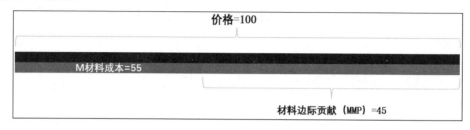

图 11-21

用公式表达即为：

MMP＝P-M＝100-55＝45

MMP%＝MMP÷P＝45÷100＝45%

4．边际利润

边际利润（Marginal Profit，MP）是指销售价格与变动成本之间的差额，简而言之，就是在价格中扣除变动成本后的那部分贡献。边际贡献是做盈亏平衡分析、产品对企业的现金流分析，进行产品生产决策时经常使用的一个关键指标。通常，边际贡献也被称为"边际利润"或"贡献毛益"。

在固定投入不变的情况下，边际贡献越高，保本点就越低，使得企业可以以较低的产量达到保本点；而一旦超过保本点，边际贡献越大，企业的盈利能力就越强。

以固定投资100万为例，如果单位产品的边际贡献是50，那么保本点就是2万件。而如果边际贡献提高到80，保本点就降至1.25万件。这说明边际贡献的提高可以显著降低保本点，从而增强企业的盈利能力。企业通常用VC（Variable Cost）表示变动成本。

MP相关计算公式如下：

MP＝价格-变动成本＝P-VC

MP%＝MP÷P

这里可以看出，MP的计算涉及变动成本和固定成本。这两个概念已经在11.1.1小节中讲解过了，这里结合实际的案例再阐述一下：

● 变动成本（Variable Cost）：指支付给各种随着生产要素变动而变动的费用，如购买原材料、能源、工人工资等。这类成本随着生产量的变化而相应变化。以生产手机壳为例，生产一个的材料成本是8元，而生产两个则是16元，生产10个则是80元。

- 固定成本（Fixed Cost）：又称为固定费用，相对于变动成本，它是指在一定时期和一定业务量范围内，不受业务量增减的影响而保持不变的成本。典型的固定成本包括厂房和机器设备的折旧、房屋租金、管理人员的工资等。假设购买一台用于生产手机壳的设备花费了 500 万元，这台设备可以使用 10 年，每年的折旧是 50 万元。一年内无论生产 1 个、2 个、10 个或更多个，折旧成本都保持不变，仍然是 50 万元。

我们可以通过一个简单的图示来说明价格、材料成本等因素MP之间的关系，如图11-22所示。

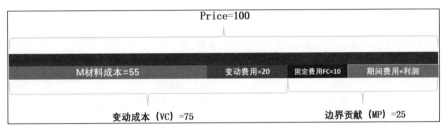

图 11-22

根据图11-22，可以计算出MP和MP%：

MP＝P-VC＝100-(55+20)＝100-75＝25

MP%＝MP÷P＝25÷100＝25%

5. 营业利润

营业利润（Operating Profit，OP）是指企业从事生产经营活动获得的利润，是企业总体利润的主要组成部分。它表示销售收入与总成本之间的差异。

对于会计口径而言，营业利润等于主营业务利润加上其他业务利润，然后减去营业费用、管理费用和财务费用后的金额。对于单个产品而言，利润就是产品的销售价格减去单位产品的材料成本、制造费用（包括变动和固定费用），以及单位产品的期间费用，期间费用通常用制造成本的比例来计算，比如8%或10%。OP这一指标直接反映了企业在正常运营中的盈利水平。

营业利润作为一个评估产品或企业盈利能力的指标，能够提供清晰的经济绩效信息。通过关注营业利润，企业可以更直观地了解其核心业务的盈利状况，帮助进行经营决策和财务规划。企业通常用TC表示完全成本（Total Cost），它包括材料成本、制造费用、期间费用。下面我们来认识一下单位产品的利润计算：

OP相关计算公式如下：

OP＝价格-完全成本＝P-TC

OP%＝OP÷P

我们可以通过一个简单的图示来说明各成本费用与OP之间的关系，如图11-23所示。

根据图11-23，可以计算出OP和OP%：

OP＝P-TC＝100-(55＋20＋10＋10)＝100-95＝5

OP%＝OP÷P＝5÷100＝5%

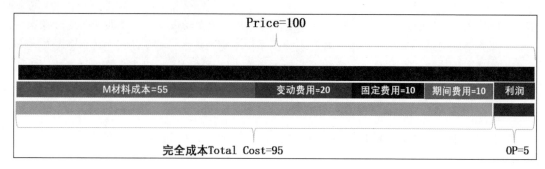

图 11-23

11.3.2 实战案例：分析现有产品决定停产品类

【案例】DL公司计划推出一批新产品，但由于产能受到限制，公司决定淘汰一些现有产品，为新产品腾出产能。要求财务进行分析并给出淘汰产品的建议方案。

打开附赠文档"第12章数据-生产成本与利润分析.xlsx"，切换到"收益计算与分析"表单，可以看到表单中有一个"2023年8月成本明细表"，包括4类14种零件的价格、材料成本、燃料动能、设备折旧等数据，如图11-24所示。

零件号	价格(不含税)	材料成本	燃料动能	直接人工	设备折旧	其它费用	制造成本	期间费用	MMP	MP	OP	销售量(万件)	OP%	MP额(万元)	OP额(万元)
		变动成本			固定成本										
MS1	96.0	54.0	9.6	10.4	8.5	7.9	90.4	7.2				64			
MS2	87.0	50.0	8.7	9.7	9.4	7.2	85.0	6.8				54			
MS3	99.0	50.0	10.3	9.7	10.8	6.8	87.6	7.0				43			
MS4	90.0	46.0	8.5	11.1	9.6	6.8	82.0	6.6				3.3			
MS5	89.0	46.0	8.4	9.7	10.6	6.8	81.5	6.5				96			
MS6	94.0	55.0	11.8	10.4	6.7	6.8	92.7	7.4				35			
MS7	89.0	41.0	8.6	11.0	10.2	6.8	77.6	6.2				17			
MS8	103.0	54.0	10.1	11.4	9.9	7.5	92.9	7.4				8			
MS9	89.0	45.0	9.9	10.2	9.8	6.8	81.7	6.5				78			

图 11-24

在表格中给出了价格变动成本、固定成本以及期间费用。其中期间费用的比率被设定为以制造成本的8%作为基准。我们需要计算MMP、MP及OP等数据并找出需要淘汰的产品。

01 计算MMP。由于MMP等于价格减去材料成本，因此可在K6单元格输入公式"=C6-D6"，并将其复制到K7~K14单元格。

02 计算MP。由于MP等于价格减去变动成本，因此可在L6单元格输入公式"=C6-D6-E6-F6"，并将其复制到L7~L14单元格。

03 计算OP。由于OP等于价格减去制造成本和期间费用，因此可在M6单元格输入公式"=C6-I6-J6"，并将其复制到M7~M14单元格。

04 计算OP%。由于OP%等于OP除以价格，因此可在O6单元格输入公式"=M6/C6"，并将其复制到O7~O14单元格。

05 计算MP额。由于MP额等于零件销量乘以单个零件的MP值，因此可在P6单元格输入公式"=N6*L6"，并将其复制到P7~P14单元格。

06 计算OP额。由于OP额等于零件销量乘以单个零件的OP值，因此可在Q6单元格输入公式"=N6*M6"，并将其复制到Q7~Q14单元格，如图11-25所示。

1) 收益计算表：

零件号	价格(不含税)	变动成本			固定成本		制造成本	期间费用	MMP	MP	OP	销售量(万件)	OP%	MP额(万元)	OP额(万元)
		材料成本	燃料动能	直接人工	设备折旧	其它费用									
MS1	96.0	54.0	9.6	10.4	8.5	7.9	90.4	7.2	42.0	22.0	-1.6	64	-2%	1,408	-104
MS2	87.0	50.0	8.7	9.7	9.4	7.2	85.0	6.8	37.0	18.6	-4.8	54	-6%	1,004	-259
MS3	99.0	50.0	10.3	9.7	10.8	6.8	87.6	7.0	49.0	29.0	4.4	43	4%	1,247	189
MS4	90.0	46.0	8.5	11.1	9.6	6.8	82.0	6.6	44.0	24.4	1.4	3.3	2%	81	5
MS5	89.0	46.0	8.4	9.7	10.6	6.8	81.5	6.5	43.0	24.9	1.0	96	1%	2,390	94
MS6	94.0	55.0	8.8	11.8	10.4	6.7	92.7	7.4	39.0	18.4	-6.1	35	-7%	644	-214
MS7	89.0	41.0	8.6	11.0	10.2	6.8	77.6	6.2	48.0	28.4	5.2	17	6%	483	88
MS8	103.0	54.0	10.1	11.4	9.9	7.5	92.9	7.4	49.0	27.5	2.7	8	3%	220	21
MS9	89.0	45.0	9.9	10.2	9.8	6.8	81.7	6.5	44.0	23.9	0.8	78	1%	1,864	60

图 11-25

提示 如果因为某零件 OP 为负就将之停产，这种决定可能显得有些仓促。应该从更加全面的角度来衡量产品是否停产。从结果中可以看到，尽管 MS1、MS2 和 MS6 这三个零件的 OP 为负，但它们具有边际贡献，而且边际贡献相对较大。如果将这三个零件移除，剩下的固定费用将分摊到其他零件上，导致其他零件的成本上升，进而导致其他零件的运营利润下降。因此，在做判断时，我们不能简单地用一个维度来评估，需要考虑多个因素。

接下来，我们将使用销售量、OP%和MP额这三个数据来绘制一个点阵视图，用以判断哪些产品需要被淘汰。

07 选择销售量、OP%和MP额这三列数据（不含表头），插入一个三维气泡图，样式设置为"样式7"，布局设置为"布局5"，如图11-26所示。

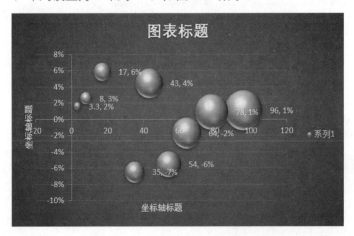

图 11-26

08 调整垂直轴位置与水平轴格式。将垂直轴位置与水平轴位置均设置为"低"，并都取消刻度线显示。再将水平轴边界最小值设置为0，将水平轴的"纵坐标轴交叉"选项设置为"坐标轴值"，然后设置交叉位置的值为60，如图11-27所示。

09 删除网格线。

10 调整标签格式。将标签颜色设置为"黄色"。再双击标签，在右侧的窗格中的"标签选项"菜单中选择"单元格中的值"复选框，会弹出一个"数据标签区域"对话框，此时选择MS1~MS9零件号，并单击"确定"按钮，如图11-28所示。

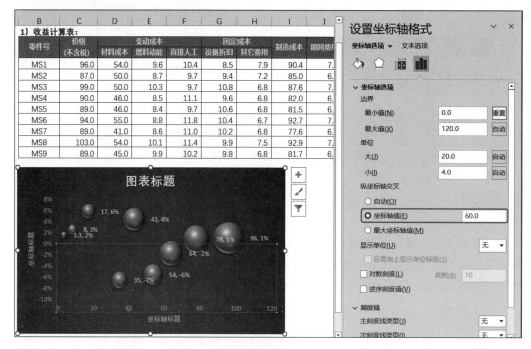

图 11-27

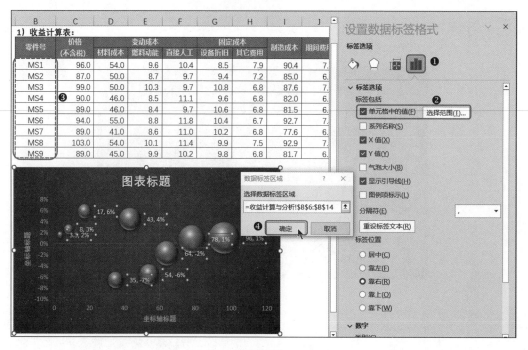

图 11-28

⓫ 取消对"X值"和"Y值"复选框的选择，并选择"标签位置"菜单中的"居中"单选按钮，如图11-29所示。

⓬ 为绘图区添加一个边框。选中绘图区，右击，在弹出的菜单中单击"边框"下拉按钮，选择"白色，背景1，深色15%"。

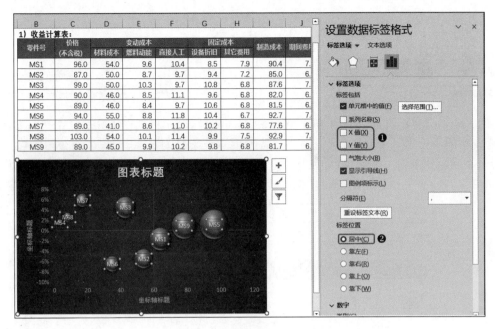

图 11-29

13 修改图表标题为"产品销量与利润率点阵式图",并修改水平坐标轴名称为"销量(万件)",修改垂直坐标轴名称为"OP%",如图11-30所示。

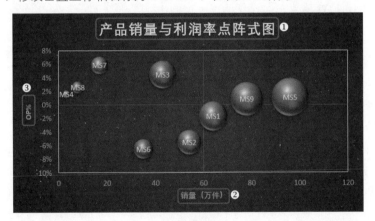

图 11-30

观察这个气泡图,通过对销售量、利润率和MP额的综合考虑。如果新产品的规划产量不是很大,我们可以选择淘汰产品MS4、MS7和MS8。如果考虑新产品的规划产量较大,那么可以选择停产产品MS2和MS6,因为停产产品MS4、MS7和MS8无法释放出足够多的产能。

所以说,企业做决策需要看较多的维度,综合性考虑,仅仅关注单品利润或利润率而不考虑销量,无法有效支撑企业利润,"有利无量"类似于"有价无市","有量无利"最多等于"赔本赚吆喝"。我们始终要明白,边界贡献额的增加将支撑利润,同时大销量有助于稳固市场占有率。

因此,企业在做判断时不能仅仅看OP或OP%,也不能只看销量,而是需要根据市场情况进行综合判断。

11.4 本章习题

（1）成本计算：产品 A 的下料重量为 5 千克，材料的单价为每千克 5 元，净重为 4.5 千克，而废料的单价为每千克 2.5 元。生产产品 A 的单位工时为 6.2 分钟。本月公司的总工时为 48059 小时（约 288 万分钟），期间费用率按制造成本的 10%计算。有关燃料动能、直接人工、设备折旧、其他费用数据如图 11-31 所示，折算到单位成本采用产品工时进行分配。

当月总工时	2,883,540	分钟
A产品工时	6.2	分钟

项目	数值或标准	单位	单位成本
材料成本		元	
燃料动能	3,965,845	元	
直接人工	6,787,632	元	
设备折旧	3,465,473	元	
其他费用	1,023,563	元	
单位制造成本合计			
期间费用	按制造成本10%	元	
完全成本			

图 11-31

原来的价格是 80 元，现在客户向商务部门要求降价 10%，否则将该产品转移到竞争对手采购。商务部门要求财务部门提供完全成本，便于进行商务答复和沟通。请帮忙计算完全成本，并给出建议，能否降价 10%？

（2）收益计算：一部手机的销售价格为5000元，材料成本为2000元，变动制造费用为400元，固定制造费用为500元，期间费用按制造成本10%计算。请计算该手机的MMP、MMP%、MP、MP%、OP、OP%。

第 **12** 章

投资与决策分析

投资与决策分析是企业在竞争激烈的商业环境中面临的关键任务。投资与决策分析涉及对潜在投资项目的深入研究，包括财务可行性、风险管理、市场趋势和社会环境因素的评估。企业需要通过详细的财务模型来预测项目的回报，并有效管理潜在风险，同时考虑市场和行业趋势，以确保投资组合与未来的市场环境匹配。综合分析有助于企业制定明智的投资策略，最大化股东价值，同时在社会责任和可持续发展的框架下作出有意义的决策。

本章将讨论使用净现值法来进行投资与决策分析，以及投资回收期分析，并给出使用净现值法决策自购与租赁的高级案例。

投资与决策分析		
净现值法 决策投资	投资回收期 分析	决策 自购与租赁

12.1 了解投资与投资决策过程中常见的情况

投资与决策分析是一个至关重要的领域，涉及资金的有效配置和未来发展的战略规划。在学习投资与决策分析之前，我们需要先对投资及相关的情况有所了解。

12.1.1 什么是投资

投资是指国家、企业或个人为了特定目的，通过与对方签订协议的方式，将资金投入某项项目或领域，以促进经济发展，实现互惠互利。这个行为旨在获取未来的收益或实现长期发展目标，涉及对资金的有效配置和战略决策。

企业是最常进行投资的组织。在企业中，具体的投资行为包括：

- 固定资产投资：企业可能进行购置或升级设备、机械、房地产等固定资产的投资，以提高生产力和效率。
- 研发投资：企业可能进行研究与开发（R&D）投资，以推动新产品的开发和创新，增强市场竞争力。
- 市场推广投资：投资于市场推广活动，包括广告、宣传、促销等，以扩大品牌知名度、吸引客户和增加销售。
- 并购与收购：通过并购或收购其他企业，以获取新的技术、市场份额、客户群等资源，加速企业扩张。
- 股权投资：企业可能投资于其他公司的股票，以获取资本回报或获得与其业务相关的战略利益。
- 员工培训与发展：投资于员工培训与发展，提高员工的技能水平，以提升整体组织绩效。

这些投资行为都是企业为实现长期发展目标和利润最大化而采取的战略性举措。

12.1.2　投资的作用

投资与经济增长之间存在密切的关联，其作用在以下几个方面得以体现：

- 在企业发展方面，投资的支持不仅关注当前状况，更能为未来的发展提供有力支持，从而推动企业实现长期的健康发展。
- 投资有助于提升企业效益，由此带来的收益增加不仅有助于企业的发展，还能提高员工的收入水平，形成一种互利共赢的局面。
- 投资活动有助于促进企业在技术、证券投资等多个方面的均衡发展，从而提升整体的投资环境。
- 投资对于社会的稳定和长期发展具有重要作用，为经济社会的可持续发展作出了积极贡献。

因此，在经济体系中，投资不仅是企业发展的动力，更是增加企业收益、促进投资环境发展、维护社会稳定的重要支柱，为整个社会经济的可持续繁荣奠定了坚实基础。

12.1.3　投资决策过程中容易出现的情况

在企业进行投资决策的过程中，常见的情况有：

- 多个投资方向或多个产品方案的选择：面对多个投资方向或多个产品方向的选择，企业需要进行综合分析，确定最优方向，看哪个投资方向回报更多。例如，选择方案 A、B、C 中的最优方案。
- 一个投资方向或一个产品方案的决策：在只有一种投资或一个产品方案的情况下，企业需要计算投资回收期和投资收益率，决策是继续实施还是放弃。例如，A 产品降成本的过程中，需要投资 100 万元，是否值得进行投资。
- 设备购买与租赁的选择：当产品方案已确定时，企业需要对产品设备进行选择，是购买还是租赁，需要找出最优方案。例如，企业用车是购买更划算还是租赁更经济。

决策者在面对这些情况时，需要进行综合分析和精准计算，以确保作出明智的决策，最大化企业的利益和长期发展。

12.2 净现值法决策投资

净现值法的核心思想是通过考虑时间价值，将未来现金流量折现到现值，以便评估投资项目的经济合理性。在决策中，通常会比较不同投资项目的净现值，选择净现值最高的项目。要使用净现值法来决策投资，首先要了解净现值法的相关知识。

12.2.1 净现值法的相关概念

净现值法涉及几个比较重要的概念，包括净现金流量、折现率、净现值等。下面就一起来了解。

1．净现金流量

净现金流量（Net Cash Flow，NCF）是财务报表中的一项指标，用于衡量企业在特定时期内现金及现金等价物的流入（收入）与流出（支出）的净余额，即净收入或净支出。该指标反映了企业在当前期间内现金及现金等价物净增加或净减少的金额。

净现金流量的计算公式为：

净现金流量＝现金流入量-现金流出量

举例来说，如果一个企业在某一月份的现金流入为8500元，而现金流出为3000元，那么该月的净现金流量即为：

8500元-3000元＝5500元

这表示该月末相较于月初，企业的现金净增加了5500元。

总之，净现金流量是一个关键的财务指标，它有助于企业了解其在特定时期内现金的实际变动情况，为财务决策提供重要的参考依据。

2．折现率

折现率（Discount Rate）是指将未来有限期预期收益折算成现值的比率。这一比率主要由企业、投资机构等用于计算投入的成本与未来净现金流折合现值的大小关系，从而评估项目投入的盈利性。折现率在企业财务管理的多个方面发挥着关键作用，涵盖筹资决策、投资决策以及收益分配等方面。

需要注意的是，折现率并非简单的利率或贴现率，而是企业在购置或投资资产时所要求的必要报酬率。与利率水平密切相关，折现率的确定通常受到当时利率水平的影响。不同于贴现率，折现率是企业根据贴现率、利率水平等多方面因素综合考虑后自行确定的报酬率。

在实际运用中，折现率的准确确定对于评估项目的盈利潜力以及进行财务决策至关重要。因此，企业需要谨慎分析各项因素，以确保折现率的合理性和准确性。

提示 贴现率是金融领域中用于计算未来现金流的现值的利率。简单来说，贴现率体现了将未来的金额折算到现在时的损失或溢价比例。贴现率越高，意味着在现在获得未来的一定金额所需支付的成本越大，反之则越小。

3. 净现值

净现值（Net Present Value，NPV）是项目评估中净现值法的基本指标，表示未来资金流入（收入）现值与未来资金流出（支出）现值的差额。具体而言，未来的资金流入和流出根据预计折现率在各个时期被折算为现值，随后计算其净现值。这里的预计折现率是按照企业的最低投资收益率确定的，代表了企业投资能够接受的最低收益水平。

净现值的计算公式为：

净现值＝未来现金净流量现值－原始投资额现值

通过计算净现值，可以评估一个投资项目的经济合理性。若净现值为正，则表示项目的现值收入超过了投资成本，可能是一个有盈利潜力的投资。相反，若净现值为负，则意味着投资收益无法覆盖成本，可能需要重新评估项目的可行性。因此，净现值是企业进行投资决策时的重要指标之一。

在Excel中有一个专门的函数用以计算净现值，即NPV，其语法如下：

NPV(折现率, 现金流1, [现金流2,…])

其中：

- 折现率：一个期间内的投资贴现率，是必需的参数。
- 现金流 1：第一笔未来现金流，是必需参数。
- 现金流 2：其他未来现金流，是可选参数。

比如，某笔投资的折现率为10%，第一年现金流为1000万元，第二年现金流为500万元，则其净现值为：

NPV(10%, 1000, 500)=1322.31

下面以一个简单的例子来讲解NPV函数的用法。打开附赠文档"第12章数据-投资与决策分析.xlsx"，切换到"定义1"表单，可以看到表单中有一个简单的投资表格，表格中给出了折现率数据，以及第0年到第5年的收入、投入和现金流数据，如图12-1所示。

	A	B	C	D	E	F	G	H	I
50							折现率	10%	单位: 万
51		项目	第0年	第1年	第2年	第3年	第4年	第5年	合计
52		收入		3000	4000	8000	5000	3000	23000
53		投入	5000	1000	1000	1000	1000	1000	10000
54		现金流	-5000	2000	3000	7000	4000	2000	13000
55		NPV	-5000	1818.2	2479.3	5259.2	2732.1	1241.8	8531
56									用公式计算
57		NPV		8531	用NPV函数计算				

图 12-1

其中，第0年就是投入资金但未满一年且未计算收入的时间，满一年后出现了新的收入和投入则为第1年，以此类推。

在表格中，现金流等于投入减去收入，因此第0年现金流是–5000元，第1年是2000元，以此类推。NPV在第0年就等于投资的5000元，从第1年起，其计算公式为：

NPV=当年现金流×(1＋折现率)$^{-N}$

或NPV=当年现金流÷(1＋折现率)^{N}

计算第几年的NPV，则N为几。在表格中，如要计算第4年的NPV，则公式为：

=G54*(1+$H$50)^-4

大家可依次查看D55~H55单元格，其中的公式均为上面这个公式。最后的NPV等于第0年到最后一年的NPV之和，即8531。

使用NPV函数来计算则更加方便，大家可查看C57单元格中的函数：

=NPV(H50,D54:H54)+C54

可以看到，其计算结果同样为8531。

> **提示** 在使用 NPV 函数计算净现值时，不要把初始投资（第 0 年投资）当作第 1 年投资。计算净现值时，需要用 NPV 计算投资回收年的净现值，加上最初的投资金额（最初投资为负数，表示现金流出），才能得到正确的结果。

利用净现值进行决策的标准如下：

- 若投资方案的净现值大于或等于零，则判定该方案可行。
- 若投资方案的净现值小于或等于零，则判定该方案不可行。
- 当多个投资方案的净现值均大于零时，选择具有最大净现值的方案作为最优方案。

因此，当企业有多种方案可以选择的时候，可以用净现值法做对比分析，以选择更优的方案。

12.2.2　实战案例：使用净现值法选择最优投资项目

【案例】Y公司拟进行投资，目前涉及三个投资项目，分别为A、B和C。这三个投资项目的投资周期均为5年，但目前公司尚未确定应该选择哪个项目进行投资。为了作出明智的决策，需要进行财务分析，特别是对A、B和C三个投资项目的净现值进行可行性分析。

打开附赠文档"第12章数据-投资与决策分析.xlsx"，切换到"净现值法决策投资"表单，可以看到表单中有一个"已知条件"表格以及一个"分析结论"表格，其中，"已知条件"表格包含三个项目的投资数据，如图12-2所示。

我们要根据已知条件来计算净现值，并判断哪些项目可行，以及哪个项目最优。

01 在D24单元格中输入公式"=NPV(D18,D19:D23)+D16"，即可得到A项目的净现值。

	A	B	C	D	E	F
11						
12		计算净现值				
13				已知条件		
14						
15		项目		A项目	B项目	C项目
16		初始投资（元）		−12000	−10000	−30000
17		经营期（年）		5	5	5
18		贴现率		10%	10%	10%
19		每年净现金流量（元）	第1年	3000	4000	7000
20			第2年	3000	3500	7500
21			第3年	3000	3500	8000
22			第4年	3000	3000	9000
23			第5年	3000	3000	10000
24		净现值				
25						
26						
27		分析结论：				
28						
29		项目		A项目	B项目	C项目
30		净现值				
31		结论				

图 12-2

02 将D24单元格中的公式复制到E24及F24单元格，即可得到B项目和C项目的净现值，如图12-3所示。

	A	B	C	D	E	F
11						
12		计算净现值				
13				已知条件		
14						
15		项目		A项目	B项目	C项目
16		初始投资（元）		−12000	−10000	−30000
17		经营期（年）		5	5	5
18		贴现率		10%	10%	10%
19		每年净现金流量（元）	第1年	3000	4000	7000
20			第2年	3000	3500	7500
21			第3年	3000	3500	8000
22			第4年	3000	3000	9000
23			第5年	3000	3000	10000
24		净现值		−628	3070	929

图 12-3

03 将D24~F24单元格中的数值复制到"分析结论"表格中的D30~F30单元格。

04 可以看到，A项目净现值小于零，因此在D31单元格中输入结论"不可行"；B项目和C项目净现值大于零，因此在E31和F31单元格中输入结论"可行"，如图12-4所示。

	A	B	C	D	E	F
26						
27		分析结论：				
28						
29		项目		A项目	B项目	C项目
30		净现值		−628	3070	929
31		结论		不可行	可行	可行

图 12-4

由于B项目净现值大于C项目净现值，因此公司最终选择了B项目进行投资。

12.3　投资回收期分析

通过计算投资回收期，投资者能够了解投资项目的资金回收速度，即投资金额在多长时间内能够通过项目产生的现金流回收。这有助于投资者更好地衡量投资项目的风险和收益，以便作出明智的投资决策。

12.3.1　投资回收期与净现值率

投资回收期侧重于衡量投资本金回收所需的时间，强调资金回收速度，而净现值率则关注项目现金流的净现值，反映了投资项目的总体经济效益。虽然两者都提供了对投资项目的评估，但投资回收期主要关注回本速度，而净现值率更全面地考虑现金流的时间价值和投资的盈利潜力。在实际应用中，投资者通常综合考虑这两个指标，以更全面地评估投资项目的可行性。

1. 投资回收期

投资回收期又被称为"投资回收年限"，是指投资项目投产后，该项目的累计收益达到投入的总投资额所需的时间。计算投资回收期有多种方法。根据回收投资的起点时间的不同，可分为从项目投产之日起计算和从投资开始使用之日起计算两种；根据回收投资的主体的不同，可分为社会投资回收期和企业投资回收期；根据回收投资的收入构成的不同，可分为盈利回收投资期和收益投资回收期。

投资回收期的计算公式可分为两种情况：

（1）若投资项目未来每年的现金净流量相等，计算公式为：

投资回收期＝每年现金净流量总和÷原始投资额

（2）若投资项目每年的现金净流量不相等，设投资回收期大于或等于n，且小于n＋1，则计算公式为：

投资回收期＝n＋至第n期尚未回收的额度÷第（n＋1）期的现金净流量

2. 净现值率

净现值率（Net Present Value Rate，NPVR）又称净现值比或净现值指数，是项目净现值与原始投资现值的比率，也被称为"净现值总额"。作为一种动态投资收益指标，净现值率用于评估不同投资方案的获利能力，反映了某项目单位投资现值所能实现的净现值大小。较小的净现值率表示单位投资的收益较低，而较大的净现值率则表示单位投资的收益较高。因此，净现值率是投资者在比较不同项目时，衡量其经济效益的重要指标之一。

净现值率的计算公式为：

净现值率＝项目的净现值÷原始投资额现值合计

以投资1000万为例，第1年获利现金收入为400万元，第2~4年为500万元，折现率为10%，其详细数据如表12-1所示。

表 12-1　净现值详细数据

	第0年	第1年	第2年	第3年	第4年	合计
投资	1000					
利润收入		400	500	500	500	1900
NPV	−1000	364	413	376	342	1494
NPV累计	−1000	−636	−223	153	494	
回收期		1	1	0.6		2.6

在表12-1中，现值的计算方法为：

净现值＝当年利润收入÷(1＋折现率)^n

NPV累计为第0年到本年的现值之和。观察第1年，NPV累计为负，说明本年尚未能回收投资，第2年同样未回收，第3年NPV累计为正的153万元，说明本年已经回收了投资。本年回收时间为上一年NPV累计除以本年现值，即：

$223 \div 376 \approx 0.6$

提示　注意这里第二年的 NPV 累计值为−223，因此应先取其绝对值，再用以计算第 3 年的回收时间，不然计算出来的时间是一个负值，不符合实际情况。

因此，本项目回收期为：

$1＋1＋0.6＝2.6$

使用表12-1中的数据来计算净现值率：

净现值率＝项目的净现值÷原始投资额现值合计＝1494÷1000＝149.4%

这种决策方法适用于企业只有一种选择的情况，即是投资还是不投资，可以应用于设备、厂房等其他投资项目上。

12.3.2　实战案例：投资改造生产线的决策分析

【案例】M公司计划进行产品迭代，为此决定对商品B进行改款，并计划对生产线进行改造。针对B产品，公司估计每年的销售和运营成本，并制作一个原始数据表格，其中，折现率为8%。此外，每年还需支付1万元用于设备的保养和维修费用。股东提出的投资项目标准要求净现值率大于200%，而投资回收期应不超过3年。为满足决策需求，需要计算净现值率和投资回收期。

打开附赠文档"第13章数据-投资与决策分析.xlsx"，切换到"投资回收期分析"表单，可以看到表单中有关B产品的现金流入流出等原始数据，我们将根据这些数据计算净现金流量、累计净现值和投资回收期，并根据计算结果来继续计算净现值率，填入"分析结论"表格中，用以判断该投资项目是否达到要求，如图12-5所示。

	A	B	C	D	E	F	G	H	I	J
11										
12		原始数据：						折现率： 8%		单位：万元
13		年份	第0年	第1年	第2年	第3年	第4年	第5年	第6年	第7年
14		现金流入:		300	700	1200	800	600	200	100
15		销售收入		300	700	1200	800	600	200	80
16		期末残值								20
17		现金流出	400	201	421	651	401	301	101	51
18		投资额	400							
19		运营成本		200	420	650	400	300	100	50
20		维修保养		1	1	1	1	1	1	1
21		净现金流量								
22		净现值（累计）								
23		投资回收期								
24		累计净现值0万元，投资回收期为0.0年								
25										
26		分析结论：								
27										
28			参考值	测算值	是否可行					
29		净现值率	>200%							
30		投资回收期	<=3年							

图 12-5

01 计算净现金流量。由于净现金流量等于现金流入减去现金流出，因此可在C21单元格中输入公式"=C14-C17"，并将其复制到D21~J21单元格。

02 计算累计净现值。由于第0年累计净现值等于净现金流量，因此可在C22单元格中输入公式"=C21"。从第1年起，累计净现值可使用公式"=NPV($I$12,$D$21:D21)+$C$21"进行计算，将该公式输入D22单元格，并复制到E22~J22单元格即可。

03 计算回收期。按照前面的方法来判断，第1年和第2年均未能实现回收，第3年实现了回收，回收时间为第2年累计净现值的绝对值除以第3年的净现金流量，因此在F23单元格中输入公式"=E22/F21*-1"，即可得到结果，如图12-6所示。

	A	B	C	D	E	F	G	H	I	J
11										
12		原始数据：						折现率： 8%		单位：万元
13		年份	第0年	第1年	第2年	第3年	第4年	第5年	第6年	第7年
14		现金流入:		300	700	1200	800	600	200	100
15		销售收入		300	700	1200	800	600	200	80
16		期末残值								20
17		现金流出	400	201	421	651	401	301	101	51
18		投资额	400							
19		运营成本		200	420	650	400	300	100	50
20		维修保养		1	1	1	1	1	1	1
21		净现金流量	-400	99	279	549	399	299	99	49
22		净现值（累计）	-400	-308	-69	367	660	863	926	954
23		投资回收期		1	1	0.1				
24		累计净现值954万元，投资回收期为2.1年								

图 12-6

至此，可以得出初步结论：累计净现值954万元，投资回收期为2.1年。接下来按企业的投资项目的标准要求，依照净现值率和投资回收期进行判断，并给出结论。

04 计算净现值率。由于净现值率等于最后一年的累计净现值率除以投资额，因此可以在D29单元格中输入公式"=J22/C18"，得到结果239%。在E29单元格中输入公式"=IF(D29>200%,"可行","不可行")"即可得到判断结果为"可行"。

05 计算投资回收期。由于投资回收期等于"原始数据"表格中第23行之和，因此可在D30单元格中输入公式"=SUM(D23:J23)"，得到结果为2.1。在E30单元格中输入公式"=IF(D30<=3,"可行","不可行")"即可得到判断结果为"可行"，如图12-7所示。

	原始数据:						折现率:	8%	单位: 万元
	年份	第0年	第1年	第2年	第3年	第4年	第5年	第6年	第7年
	现金流入:		300	700	1200	800	600	200	100
	销售收入		300	700	1200	800	600	200	80
	期末残值								20
	现金流出	400	201	421	651	401	301	101	51
	投资额	400							
	运营成本		200	420	650	400	300	100	50
	维修保养		1	1	1	1	1	1	1
	净现金流量	−400	99	279	549	399	299	99	49
	净现值（累计）	−400	−308	−69	367	660	863	926	954
	投资回收期		1	1	0.1				

累计净现值954万元，投资回收期为2.1年

分析结论:

	参考值	测算值	是否可行
净现值率	>200%	239%	可行
投资回收期	<=3年	2.1	可行

图 12-7

为了方便观察，我们还可以为原始数据添加可视化图表。

06 选择年份、净现金流量和净现值（累计）这三行（即B13:J13、B21:J21和B22:J22），然后插入一个柱形图，如图12-8所示。

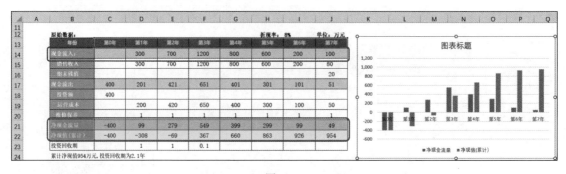

图 12-8

07 将净现值（累计）修改为带数据标记的折线图，如图12-9所示。

08 调整图表格式，提升其易读性，如图12-10所示。

从图表中可以直观地看到，在第2年年初累计净现值就变为正值了，与计算的投资回收期2.1年是吻合的。

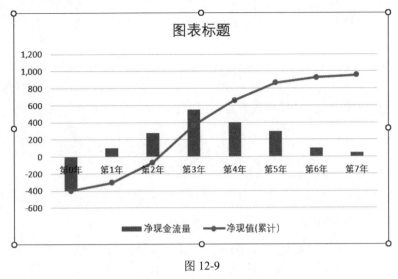

图 12-9

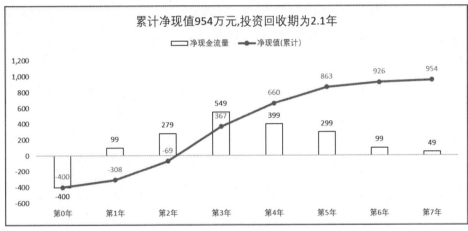

图 12-10

12.4　净现值法决策自购与租赁

设备购买与租赁是企业经常需要进行的决策。在决策时，企业需综合考虑投资规模、资金流动性、长期成本等多个因素。

12.4.1　设备购买与租赁的区别

设备租赁是指承租人与出租人订立较长期限的租赁协议，以租赁其自行选定的设备，该设备通常来自制造商或卖主。

购买设备则是将设备纳入固定资产，进行折旧处理。固定资产具有以下特征：首先，是为了生产商品、提供劳务、出租或经营管理而持有的（持有目的）；其次，使用寿命超过一个会计年度（持有时间）；最后，固定资产是有形资产。

在实际应用中，企业的产品投资方向通常比较单一，但固定资产的选择却多种多样，例如交通工具、制造设备等都可以选择是租赁还是购买。这些选择取决于企业的特定需求和战略方向。

购买设备可能带来长期的资产积累和更大的自主权，但也需要承担更高的初始投资和运营风险。相反，租赁提供了更灵活的选择，减轻了企业的财务负担，但在长期内可能会增加总成本。因此，在这一决策中，企业需要权衡各种利弊，以最符合其战略目标和财务状况的方式获取设备。

12.4.2 实战案例：扩充产能，设备是购买还是租赁

【案例】M公司为了扩充产能，考虑自购或租赁设备，预计使用期为5年。公司希望财务人员提供专业分析以支持决策判断。以下是两种方案的详细情况。

（1）自购方案：购买设备需投资100万元，按直线法折旧，残值率为10%。在5年使用期内，每年需支付1万元用于设备的维护和保养，于年底支付。

（2）租赁方案：每年支付20万元租金，年初支付，租赁公司负责设备的维修和保养，不额外收取费用。长期租赁（使用权资产）按固定资产折旧方式计算。

其他相关说明：企业所得税率为25%，折现率为8%。

根据上述信息，需要进行专业分析以择优选择自购和租赁两种模式，以便作出最合适的决策。

打开附赠文档"第13章数据-投资与决策分析.xlsx"，切换到"设备租赁与购买投资分析"表单，可以看到表单中有关自购方案和租赁方案的数据表格，以及"分析结论"表格，如图12-11所示。

	年份	第0年	第1年	第2年	第3年	第4年	第5年
自购方案：							
	购置成本	-100					
	折旧		18	18	18	18	18
	折旧抵税		4.5	4.5	4.5	4.5	4.5
	维护费用		-1	-1	-1	-1	-1
	维护费用抵税		0.25	0.25	0.25	0.25	0.25
	期末资产变现流入						10
	现金流量						
净现值（NPV）							
租赁方案：							
	年份	第0年	第1年	第2年	第3年	第4年	第5年
	租金支出	-20	-20	-20	-20	-20	
	折旧（租金）		18	18	18	18	18
	折旧抵税		4.5	4.5	4.5	4.5	4.5
	现金流量						
净现值（NPV）							

项目	自购方案	租赁方案
分析结论：		
净现值（NPV）		
结论		

图 12-11

01 计算自购方案的现金流量。由于现金流量等于该年所有收支之和，因此可在C23单元格中输入公式"=SUM(C17:C22)"，并将其复制到D23~H23单元格。

02　计算自购方案的净现值。在C24单元格输入公式"=NPV(8%,D23:H23)+C23"，即可得到结果-6.35，如图12-12所示。

	A	B	C	D	E	F	G	H
15		自购方案：						
16		年份	第0年	第1年	第2年	第3年	第4年	第5年
17		购置成本	-100					
18		折旧		18	18	18	18	18
19		折旧抵税		4.5	4.5	4.5	4.5	4.5
20		维护费用		-1	-1	-1	-1	-1
21		维护费用抵税		0.25	0.25	0.25	0.25	0.25
22		期末资产变现流入						10
23		现金流量	-100	21.75	21.75	21.75	21.75	31.75
24		净现值（NPV）	¥-6.35					

图 12-12

03　计算租赁方案的现金流量。同样，由于现金流量等于该年所有收支之和，因此可在C31单元格中输入公式"=SUM(C28:C30)"，并将其复制到D31~H31单元格。

04　计算租赁方案的净现值。在C32单元格输入公式"=NPV(8%,D31:H31)+C31"，即可得到结果3.59，如图12-13所示。

M41	▼	:	×	✓	fx			
	A	B	C	D	E	F	G	H
26		租赁方案：						
27		年份	第0年	第1年	第2年	第3年	第4年	第5年
28		租金支出	-20	-20	-20	-20	-20	
29		折旧（租金）		18	18	18	18	18
30		折旧抵税		4.5	4.5	4.5	4.5	4.5
31		现金流量	-20	2.5	2.5	2.5	2.5	22.5
32		净现值（NPV）	¥3.59					

图 12-13

05　将自购方案的净现值输入"分析结论"表格的D39单元格中，再将租赁方案的净现值输入E39单元格中，然后可以得出结论：由于自购方案的净现值小于0，因此自购方案不可行，而租赁方案的净现值大于0，因此租赁方案可行，如图12-14所示。

	A	B	C	D	E
35					
36		分析结论：			
37					
38		项目		自购方案	租赁方案
39		净现值（NPV）		-6.35	3.59
40		结论		不可行	可行

图 12-14

12.5　本章习题

（1）净现值法决策多种投资方案选优：A 公司计划进行投资，目前有三个项目可供选择，分别是 A、B 和 C，投资周期均为 5 年。请对这三个投资项目的净现值进行可行性分析，并选择最优选项。

打开附赠文档"第 12 章习题.xlsx"，切换到"习题 1"表单，可以看到表单中有关三个投资项目的数据表格和结论表格，如图 12-15 所示。

	项目	A项目	B项目	C项目
	初始投资（元）	-12000	-10000	-15000
	经营期（年）	5	5	5
	贴现率	10%	10%	10%
每年净现金流量（元）	第1年	2000	2000	6000
	第2年	3000	3500	7500
	第3年	4000	5000	5000
	第4年	4000	5000	5000
	第5年	4000	3000	5000
	净现值			

计算净现值 已知条件

要求，给出判断，应该选择投资哪个项目最划算

项目	A项目	B项目	C项目
净现值			
结论			

图 12-15

请按照本章介绍的方法来计算净现值，并判断投资哪个项目最划算。

（2）净现值率和投资回收期决策项目投资：S公司为了进行产品迭代，计划投入对商品A进行改款，并打算对生产线进行改造。A产品每年的销售和运营成本预测数据表格和结论表格如图12-16所示。

原始数据： 折现率：8% 单位：万元

年份	第0年	第1年	第2年	第3年	第4年	第5年	第6年	第7年
现金流入：		800	900	1500	1500	1000	600	320
销售收入		800	900	1500	1500	1000	600	300
期末残值								20
现金流出	1,600	101	201	201	201	201	201	201
投资额	1,600							
运营成本		100	200	200	200	200	200	200
维修保养		1	1	1	1	1	1	1
净现金流量								
净现值（累计）								
投资回收期								

要求：计算该项目是否值得投资？

	参考值	测算值	是否可行
净现值率	>150%		
投资回收期	<=3年		

图 12-16

A 产品的折现率为 8%。此外，每年还需要对设备进行保养和维修，需要支付 1 万元的费用。股东对投资项目有一定的要求标准，包括净现值率应大于 150%以及投资回收期不超过3 年。

请计算净现值率和投资回收期，并根据计算结果判断项目是否值得投资。

第 **13** 章

财务报表分析

　　财务报表分析在现代企业管理中具有重要地位，因为它包括企业关键的、核心的数据，能帮助企业管理者更好地理解企业的财务状况、盈利能力和风险，支持战略决策的制定与调整，有助于资源分配和性能监控。通过财务报表分析，管理者能够识别问题、机会和趋势，优化财务策略，提高资本效益，满足股东和利益相关者的需求，从而增强企业的竞争力和可持续发展。

　　财务报表通常包括资产负债表、现金流量表和利润表等，这里重点讲解如何通过这三类表格来分析企业的资产结构、短期偿债能力、获取现金能力以及盈利能力等指标。

13.1 快速了解财务报表分析

　　财务报表是记录和展示公司财务关键信息的文件，一般包括资产、负债、股东权益、收入和费用等关键财务数据。在通过这些报表来分析企业的指标之前，需要对财务报表分析有一定的了解。

13.1.1 财务报表分析的目的

　　财务报表分析的目的是通过收集和整理企业的财务会计报告数据，结合其他相关信息，对企业的财务状况、经营成果和现金流量进行全面评价和比较，为财务报表的使用者提供管理决策和控制基础。其主要目的包括以下几个方面：

（1）发现问题：通过分析财务数据，可以识别企业在现金流、运营能力、偿债能力等方面存在的问题，从而提出改善方向，确保企业健康经营。

（2）预测未来：财务报表分析有助于预测企业未来的经营结果，这有助于确保企业持续健康地发展，并提前预警潜在风险。

（3）优化决策：通过深入的数据分析，为企业经营管理者提供最佳的决策支持，以提高企业的盈利能力和效率。

财务报表分析不仅有助于了解过去和现在的财务情况，还能够为未来的决策和规划提供重要的参考，从而在企业管理中发挥重要作用。

13.1.2　财务报表分析的思维与方法

财务报表分析的方法一般是先收集财务数据，然后运用数据分析技巧以及相应的财务指标进行数据分析。

1．财务报表分析的思维

财务报表分析的思维其实就是在第1章中讲解过的财务数据分析的思维，即以下4个要点。

（1）目的导向：财务报表分析的核心目的是发现问题、找出机会、预测未来和优化决策。分析过程应以这些目标为中心，确保数据分析有实际用途。

（2）以结果为导向：在财务报表分析中，要将目的置于核心位置，确保分析过程和结果满足目标。

（3）创新依托：财务报表分析需要具备深度和广度，不仅限于常见的同比、环比、对比分析。引入创新性指标和分析方法，比如人均边际贡献、现金流与收入关系指标等，又比如象限分析法、系数分析法等，目的是提升数据分析的专业性和深度，以满足企业的需求。不同的企业和管理模式有着自己独特的管理指标，读者可以根据自身企业的特点进行指标创新设计。

（4）事实依据：财务部门应坚守真实原则，通过对历史数据和趋势的分析，可以评估销售预测的可信度。

2．财务报表的分析方法

财务报表的分析方法包括以下几种：对比分析、趋势分析、结构分析、雷达分析、阶梯分析、相关分析以及标杆对比分析等。这些方法可用于深入了解财务报表中的数据，揭示财务绩效的趋势和关键因素，以帮助企业制定更科学的决策和战略规划。

13.1.3　财务报表分析的常用指标

可以通过财务报表来进行分析的指标很多，下面列出常用的几类。

1．盈利能力指标

盈利能力指标用于评估企业的财务绩效。

（1）毛利率：毛利率是一种衡量企业盈利能力的指标，它表示每单位销售收入中剩余的毛利润比例。较高的毛利率通常表示企业在销售产品或提供服务时能够更高效地保留一部分利润。

毛利率＝(销售收入−销售成本)÷销售收入

（2）净利润率：净利润率表示每单位销售收入中的净利润的比例，即销售收入减去所有费用和税收后的剩余利润与销售收入的比例。净利润率可以衡量企业的整体盈利能力，因为它考虑了所有费用和税收。

净利润率＝净利润÷营业收入×100%

净利润＝利润总额×(1−所得税率)

利润总额＝营业利润＋营业外收入−营业外支出

（3）资产报酬率：资产报酬率用于衡量企业如何有效地利用其总资产，产生利润的指标。它计算为净利润与总资产的比例。高资产报酬率表明企业能够以更高的效率运营，并产生更多的净利润。

资产报酬率＝净利润÷总资产

（4）总资产收益率：总资产收益率是一种评估企业的资本结构和债务管理的指标。它表示净利润与总资产之间的关系，可以帮助投资者了解企业如何融资并获得利润。

总资产收益率＝(净利润÷平均资产总额)×100%

（5）投资回报率：投资回报率衡量了对某项投资的回报。它可以表示为投资所获得的利润与投资本身的比例，或者以其他投资度量标准的方式来计算。这个指标帮助企业和投资者评估特定项目或资产的潜在回报。

投资回报率＝利润÷投资总额

2．偿债能力指标

偿债能力指标用于评估企业的财务健康状况和其偿还债务的能力。

（1）流动比率：流动比率是一种衡量企业短期偿债能力的指标，它表示企业在一年内能够用其流动资产（如现金、应收账款等）偿还所有流动负债（如短期债务、应付账款等）的能力。较高的流动比率通常表示企业有足够的短期资金来应对债务偿还需求。

流动比率＝流动资产÷流动负债

（2）速动比率：速动比率是流动比率的一种更严格的版本，它排除了存货等不太容易转换为现金的资产。速动比率使用速动资产（通常是现金、有价证券和应收账款）与流动负债之间的比例，以评估企业在不考虑存货的情况下偿还债务的能力。

速动比率＝(流动资产−存货)÷流动负债

（3）资产负债率：资产负债率表示企业总资产中由债务融资的比例。它反映了企业的财务杠杆和债务水平。较高的资产负债率可能表明企业承担更多的债务，这可能会增加偿债风险。

资产负债率＝总负债÷总资产

（4）现金比率：现金比率更专注于企业的现金和可快速变现的资产。它表示企业的货币资金和有价证券占流动负债的比例。这个指标用于评估企业在短期内能够用现金和可变现资产偿还债务的能力。更高的现金比率通常表示更好的偿债能力。

现金比率＝(货币资金＋有价证券)÷流动负债

3．成长能力指标

成长能力指标用于评估企业在一段时间内的财务增长情况。

（1）营业收入增长率：营业收入增长率表示企业的销售收入在一定时间内相对于前一期的增长幅度。它帮助分析企业的销售活动是否在增加，从而推测企业的市场需求和竞争地位。较高的营业收入增长率通常表明企业具有健康的销售增长趋势。

营业收入增长率＝(本期营业收入–上期营业收入)÷上期营业收入

（2）营业利润增长率：营业利润增长率表示企业在一段时间内相对于前一期的营业利润增长幅度。它反映了企业的盈利能力是否有改善，以及企业是否有效地管理了成本和运营。较高的营业利润增长率通常表示企业在提高盈利能力方面表现良好。

营业利率增长率＝(本期营业利润–上期营业利润)÷上期营业利润

4．运营能力指标

运营能力指标用于评估企业在运营方面的效率和能力。

（1）材料成本占比：材料成本占比表示企业生产成本中由材料成本占据的比例。这个指标帮助分析企业在生产中材料成本所占的比重，较高的材料成本占比可能意味着高昂的原材料费用，而低的占比则可能表示较低的生产成本。

材料成本占比＝材料成本÷总成本

（2）资产周转率：资产周转率表示企业每单位资产在一段时间内产生的销售收入。它反映了企业如何有效地利用其资产以产生销售收入，较高的资产周转率通常表明企业在运营方面更高效。

资产周转率＝营业收入÷平均资产总额

（3）存货周转率：存货周转率表示企业的存货在一定时间内被卖出和替换的速度。它帮助评估企业管理存货的效率，较高的存货周转率通常表明企业能够快速销售存货，减少库存成本。

存货周转率＝营业成本÷存货平均余额

13.2　资产负债表指标分析

通过资产负债表对企业指标进行分析，可以帮助分析者更深入地了解一家企业的财务状况，包括其资产、负债和所有者权益的组成，从而评估企业的偿债能力、流动性和财务稳健性，以作出明智的商业和投资决策。

13.2.1　了解资产负债表

资产负债表也称为财务状况表，是一种主要的会计报表，用于反映企业在特定日期（通常是各会计期末）的财务状况，包括资产、负债和业主权益的情况。这份报表在某一特定日期（例如月底、季末或年末）呈现了企业的全部资产、负债和所有者权益，它是企业经营活动的静态展示。根据平衡公式"资产＝负债＋所有者权益"，资产负债表按照一定的分类标准和次序，将特定日期的资产、负债和所有者权益的具体项目进行适当排列和编制。

资产负债表分析可涵盖企业的以下指标。

（1）资产负债表比率分析：通过比较资产、负债和所有者权益各项指标的比率，揭示企业的偿债能力、经营效率和盈利能力等情况，包括对流动比率、速动比率、负债率、权益比率、资产负债率等的详细分析。

（2）流动资产比率：流动资产比率是流动资产与总资产的比率，用于评估企业的短期偿债能力。较高的流动资产比率表明企业更有能力应对短期债务。

（3）净资产收益率：净资产收益率表示企业净利润与净资产的比率，反映企业资产的盈利能力。较高的净资产收益率意味着企业资产更具盈利潜力。

净资产收益率＝净利润÷平均净资产×100%

（4）所有者权益比率：所有者权益比率是企业所有者权益与总资产的比率。较高的所有者权益比率对应较小的负债比率，表明企业的财务风险较低，是评估企业长期财务状况和长期偿债能力的关键指标之一。

所有者权益比率＝所有者权益÷资产总额

总之，资产负债表分析是财务管理和投资决策中不可或缺的工具，熟练掌握分析方法将为有效的财务规划和战略制定提供宝贵的支持。

13.2.2　实战案例：XK公司资产负债表指标分析

【案例】XK公司是一家集团上市公司（GM公司）的子公司，总部财务要求每月3日提交财务快报，总部财务需要知晓资产负债率、所有者权益比率、流动比率和速动比率等数据，总部给出的参考值依次为50%、50%、200%、100%。

打开附赠文档"第13章数据-财务报表分析.xlsx"，切换到"资产负债表"表单，可以看到其中有XK公司的资产负债表，表分为左、右两部分，左边是资产总计，右边是负债和所有者权益总计，如图13-1所示。

	资　产	期初数	期末数	负债及所有者权益	期初数	期末数
						单位:元
	流动资产:			流动负债:		
	货币资金	3,740,896.34	5,881,638.73	短期借款	2,405,601.10	2,192,001.10
	交易性金融资产	–		应付票据	587,879.50	724,662.58
	应收票据	2,905,181.01	4,995,005.68	应付账款	1,741,253.54	1,596,810.00
	应收账款	2,020,980.67	2,008,030.90	预收款项	818,395.36	4,677,789.61
	预付账款	434,488.26	691,585.95	应付职工薪酬	176,687.95	512,955.12
	应收利息	–		应交税费	1,395,456.51	3,575,721.40
	应收股利	–		应付利息	–	–
	其他应收款	8,336.57	3,333.68	应付股利	–	–
	存货	2,981,196.47	8,036,347.54	其他应付款	1,731,723.51	463,931.40
	一年内到期的非流动资产	69,910.32	101,170.45	一年内到期的非流动负债	3,200,001.10	3,231,889.10
	其他流动资产			其他流动负债		
	流动资产合计	12,160,989.64	21,717,112.93	流动负债合计:	12,056,998.57	16,975,760.31
	非流动资产:			非流动负债:		
	可供出售金融资产			长期借款	8,302,081.10	12,861,021.90
	持有至到期投资			应付债券		
	长期应收款			长期应付款		
	长期股权投资			专项应付款		
	固定资产	20,224,087.26	33,792,548.50	预计负债		
	在建工程	9,805,047.36	5,735,195.31	递延所得税负债		
	工程物资		3,143,273.14	其他非流动负债		
	固定资产清理			非流动负债合计	8,302,081.10	12,861,021.90
	无形资产			负债合计	20,359,079.67	29,836,782.21
	使用权资产					
	开发支出			所有者权益:		
	商誉			实收资本（或股本）	3,577,601.10	8,717,283.31
	长期待摊费用			资本公积	12,173,918.29	15,253,354.09
	递延所得税资产			盈余公积	1,635,140.40	2,813,214.16
	其他非流动资产			未分配利润	4,444,384.80	7,767,496.11
	非流动资产合计	30,029,134.62	42,671,016.95	所有者权益（或股东权益）合计	21,831,044.59	34,551,347.67
	资产总计	42,190,124.26	64,388,129.88	负债和所有者权益总计	42,190,124.26	64,388,129.88

图 13-1

切换到"资产负债表指标分析"表单，可以看到其中有一个"资产负债表指标分析"表，我们需要根据资产负债数据来分析XK公司的资产结构与短期偿债能力，如图13-2所示。

	指标		期初数	期末数	增减比率	参考值	评价
资产结构	资产负债率					50%	
	所有者权益比率					50%	
短期偿债能力	流动比率					200%	
	速动比率					100%	

图 13-2

下面我们就来分析指标并对结果进行可视化。

01 计算资产负债率的期初数和期末数。由于资产负债率的期初数等于负债合计期初数除以资产总计期初数，因此可在D4单元格中输入公式"=资产负债表!F26/资产负债表!C34"，在E4单元格输入公式"=资产负债表!G26/资产负债表!D34"，得到资产负债率的期末数。

02 计算资产负债率的增减比率。由于增减比率等于期末数减去期初数，因此可在F4单元格中输入公式 "=E4-D4"。

03 计算所有者权益比率的期初数和期末数。由于所有者权益比率的期初数等于所有者权益（或股东权益)合计期初数除以资产总计的期初数，因此可在D5单元格中输入公式 "=资产负债表!F33/资产负债表!C34"，在E5单元格输入公式 "=资产负债表!G33/资产负债表!D34"，得到所有者权益比率的期末数。

04 计算所有者权益比率的增减比率，在F4单元格中输入公式 "=E5-D5" 即可。

05 对资产负债率进行评价。如果资产负债率期末数小于参考值50%，则可视为正常，否则视为异常。因此，在H4单元格中输入公式 "=IF(E4<G4,"正常","异常")"，可得到评价结果为 "正常"。

06 对所有者权益比率进行评价。如果资产负债率期末数大于参考值50%，则可视为正常，否则视为异常。因此，在H5单元格中输入公式 "=IF(E5>G5,"正常","异常")"，可得到评价结果为 "正常"，如图13-3所示。

	指标	期初数	期末数	增减比率	参考值	评价
资产结构	资产负债率	48.3%	46.3%	-1.9%	50%	正常
	所有者权益比率	51.7%	53.7%	1.9%	50%	正常
短期偿债能力	流动比率				200%	
	速动比率				100%	

图 13-3

07 计算流动比率的期初数和期末数。由于流动比率的期初数等于流动资产合计期初数除以流动负债合计期初数，因此可在D6单元格中输入公式 "=资产负债表!C16/资产负债表!F16"，在E6单元格输入公式 "=资产负债表!D16/资产负债表!G16"，得到流动比率的期末数。

08 计算流动比率的增减比率，在F6单元格中输入公式 "=E6-D6" 即可。

09 计算速动比率的期初数和期末数。由于速动比率的期初数等于流动资产合计期初数减去存货期初数的值来除以流动负债合计的期初数，因此可在D7单元格中输入公式 "=(资产负债表!C16-资产负债表!C13)/资产负债表!F16"，在E7单元格输入公式 "=(资产负债表!D16-资产负债表!D13)/资产负债表!G16"，得到速动比率的期末数。

10 计算速动比率的增减比率，在F7单元格中输入公式 "=E7-D7" 即可。

11 对流动比率进行评价。如果流动比率期末数大于参考值200%，则可视为正常，否则视为异常。因此，在H6单元格中输入公式 "=IF(E6>G6,"正常","异常")"，可得到评价结果为 "异常"。

12 对速动比率进行评价。如果资产负债率期末数大于参考值100%，则可视为正常，否则视为异常。因此，在H7单元格中输入公式 "=IF(E7>G7,"正常","异常")"，可得到评价结果为 "异常"，如图13-4所示。

	指标	期初数	期末数	增减比率	参考值	评价
资产负债表指标分析						
资产结构	资产负债率	48.3%	46.3%	-1.9%	50%	正常
	所有者权益比率	51.7%	53.7%	1.9%	50%	正常
短期偿债能力	流动比率	100.9%	127.9%	27.1%	200%	异常
	速动比率	76.1%	80.6%	4.5%	100%	异常

图 13-4

13 对数据进行可视化。选中"指标""期初数""期末数"和"增减比率"4列数据（即B3:F7区域），然后插入一个柱状图，将"增减比率"放在次坐标并设置为带数据标记的折线图，将次坐标轴最小值调整为-0.3，最大值调整为0.3，并将主坐标轴的最小值调整为-1.5，最大值调整为1.5，再对格式进行一些调整，即可得到一个直观的资产负债表分析指标对比分析的图表，如图13-5所示。

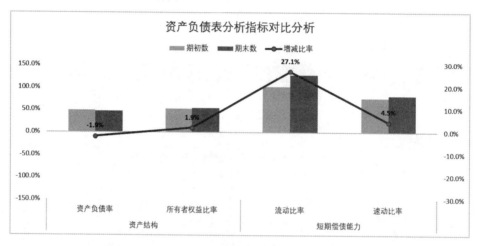

图 13-5

13.3 现金流量表指标分析

现金流量表分析可以帮助投资者、债权人等利益相关者了解企业的现金流入和流出情况，从而判断企业的经营状况、盈利能力、偿债能力和未来发展能力。

13.3.1 了解现金流量表

现金流量表是反映企业在一定时期内（如月度、季度或年度）经营活动、投资活动和筹资活动对其现金及现金等价物所产生影响的财务报表。

现金流量表主要有以下两个作用。

- 判断企业的经营状况：现金流量表可以反映企业的现金收入和支出情况，从而判断企业的经营状况。如果企业的经营活动产生的现金流量净额为正，则表明企业的经营现金流状况良好；反之，则表明企业的经营现金流状况不佳，很可能较快面临资金短缺的风险。
- 判断企业的短期偿债能力：现金流量表可以反映企业的现金流入和流出情况，从而判断企业的短期偿债能力。如果企业的经营活动产生的现金流量净额足以覆盖企业的短期负债，则表明企业的短期偿债能力良好；反之，则表明企业的短期偿债能力不佳。

现金流量表可用于分析的指标说明如下。

经营活动现金比率这类指标是用来衡量企业偿还债务能力的比率，基于本期经营活动净现金流量，可用于评估企业偿还短期债务和全部债务的能力。

（1）现金比率：用于评估企业在其总资产中所持有的现金和现金等价物的比率，这反映了企业的流动性和现金储备情况。

（2）营业现金比率：该指标用来测量企业从日常运营活动中所产生的现金流量与总现金流量的比率，帮助了解企业运营活动对其现金状况的影响。

（3）现金分配比率：用于评估企业向股东支付现金股利的能力，这可揭示企业分红政策的健康程度。

（4）现金股利支付比率：该指标关注企业支付给股东的现金股利与其净利润之间的关系，有助于分析企业的股息政策和盈利分配。

此外，根据特定的财务需求和行业背景，还可以创造其他自定义指标，以更好地满足企业和利益相关方的分析要求。

13.3.2　实战案例：XK 公司现金流量表指标分析

【案例】XK公司规模不是很大，采购原材料的量并不是非常大，因此很多供应商都要求现金支付或预付款，导致公司现金流不是很理想。因此，财务部长非常关心现金流。他也制定了标准参考值，综合会计每月提供的现金比率、营业现金比率，给出的标准参考值依次为0.2、0.1，并要求综合会计每月进行比对，得出结论。

打开附赠文档"第13章数据-财务报表分析.xlsx"，切换到"现金流量表"表单，可以看到其中有一个XK公司的现金流量表，其中"经营活动产生的现金流量""投资活动产生的现金流量"和"筹资活动产生的现金流量"这三项的净额均由本项的现金流入减去流出而得来。这三项的净额再加上"汇率变动对现金及现金等价物的影响"，共计四项之和，即为"现金及现金等价物净增加额"，而"现金及现金等价物净增加额"加上"期初现金及现金等价物余额"即为"期末现金及现金等价物余额"，如图13-6所示。

切换到"利润表"表单，我们将要用到里面的"营业收入"的本年累计金额，如图13-7所示。

切换到"现金流量表指标分析"表单，可以看到该表单中需要计算XK公司的现金比率和营业现金比率，并判断它们是否正常，如图13-8所示。

| | | M35 | ▼ | ⋮ | × ✓ fx | | | |

现金流量表

项目	金额
一、经营活动产生的现金流量：	
销售商品、提供劳务收到的现金	42,965,178.98
收到的税费返还	–
收到其他与经营活动有关的现金	68,208.33
经营活动现金流入小计	43,033,387.31
购买商品、接受劳务支付的现金	34,372,143.19
支付给职工以及为职工支付的现金	4,264,725.16
支付的各项税费	1,387,839.29
支付其他与经营活动有关的现金	106,057.72
经营活动现金流出小计	40,130,765.36
经营活动产生的现金流量净额	2,902,621.95
二、投资活动产生的现金流量	
收回投资收到的现金	1,093,187.83
取得投资收益收到的现金	26,545.44
处置固定资产、无形资产和其他长期资产收回的现金净额	15,087.24
处置子公司及其他营业单位收到的现金净额	–
收到其他与投资活动有关的现金	
投资活动现金流入小计	1,134,820.51
购建固定资产、无形资产和其他长期资产支付的现金	45,668.88
投资支付的现金	70,901.26
取得子公司及其他营业单位支付的现金净额	
支付其他与投资活动有关的现金	26,813.01
投资活动现金流出小计	143,383.15
投资活动产生的现金流量净额	991,437.36
三、筹资活动产生的现金流量	
吸收投资所收到的现金	1,669,924.36
借款所收到的现金	314,282.88
收到的其他与筹资活动有关的现金	
筹资活动现金流入小计	1,984,207.24
偿还债务所支付的现金	3,123,718.51
分配股利或偿付利息所支付的现金	604,177.05
支付的其他与筹资活动有关的现金	9,628.60
筹资活动现金流出小计	3,737,524.16
筹资活动产生的现金流量净额	-1,753,316.92
四、汇率变动对现金及现金等价物的影响	
五、现金及现金等价物净增加额	2,140,742.39
加：期初现金及现金等价物余额	3,740,896.34
六、期末现金及现金等价物余额	5,881,638.73

图 13-6

利润表

项目名称	本期金额	本年累计金额
一、营业收入	4,957,613.28	54,083,054.05
减:营业成本	4,103,878.02	44,769,578.42
税金及附加	29,097.42	317,426.40
销售费用	206,775.35	2,255,731.13
管理费用	170,754.13	1,862,772.41
财务费用	22,343.31	243,745.23
资产减值损失	–	–
加：公允价值变动收益（损失以"-"号填列）	–	–
投资收益（损失以"-"号填列）	–	–
其中:对联营企业和合营企业的投资收益	–	–
其他收益		
二、营业利润	424,765.05	4,633,800.46
加:营业外收入	8,922.29	1,054.55
减:营业外支出	76,418.29	204,039.93
三、利润总额	357,269.05	4,430,815.08
减:所得税	89,317.26	1,107,703.77
四、净利润	267,951.79	3,323,111.31
五、每股收益:		
（一）基本每股收益		
（二）稀释每股收益		

图 13-7

现金流量表指标分析

指标		值	参考值	评价
短期偿债能力	现金比率		0.20	
获取现金能力	营业现金比率		0.10	

图 13-8

01 计算现金比率的值。由于现金比率等于货币资金加上交易性金融资产的和再除以流动负债的期末数（以上数据在“资产负债表”中），因此在D4单元格输入公式“=(资产负债表!D5+资产负债表!D6)/资产负债表!G16”，即可得到现金比率的值。

02 对现金比率进行评价。如果现金比率大于参考值0.2，则可视为正常，否则视为异常。因此，在F4单元格中输入公式“=IF(D4>E4,"正常","异常")”，可得到评价结果为“正常”。

03 计算营业现金比率的值。由于现金比率等于经营活动产生的现金流量净额（数据在“现金流量表”表单中）再除以“营业收入”的本年累计金额（数据在“利润表”中），因此在D5单元格输入公式“=现金流量表!C14/利润表!D4”，即可得到营业现金比率的值。

04 对营业现金比率进行评价。如果现金比率大于参考值0.1，则可视为正常，否则视为异常。因此，在F5单元格中输入公式“=IF(D5>E5,"正常","异常")”，可得到评价结果为“异常”，如图13-9所示。

现金流量表指标分析

指标		值	参考值	评价
短期偿债能力	现金比率	0.35	0.20	正常
获取现金能力	营业现金比率	0.05	0.10	异常

图 13-9

从结果中可以看出，该企业具有一定的短期偿还能力，但是经营活动中取得的现金比例太低了，需要改进。

13.4 利润表指标分析

通过深入研究和分析利润表，财务人员能够评估企业的经营绩效，识别盈利来源与风险因素，为财务管理和企业健康发展提供关键信息。

13.4.1 了解利润表

利润表是一种财务报表，用于展示企业在特定时期内的经营业绩和盈利状况。该表通常包含公司的营业收入、营业成本、营业利润、期间费用（财务费用、管理费用、销售费用）、所得税以及净利润等关键财务指标。

利用利润表，我们能够详细分析企业的多个关键指标，包括但不限于营业毛利率、营业净利率、总资产净利率、销售费用率、管理费用率、期间费用率，以及各项费用在总成本中的占比。这些指标提供了深入了解企业盈利状况的视角，有助于评估其经营效益、成本结构以及财务健康状况。

13.4.2 实战案例：XK 公司利润表指标分析

【案例】XK公司的财务部长非常关心企业的盈利率和费用达标率，因为这是公司给他的KPI指标。因此，财务部长需要财务综合会计每月提供的营业毛利率、营业净利率、总资产净利率、销售费用率、管理费用率指标，他给出的参考值依次为18%、8%、8%、5%、3%，他要根据企业当前的盈利指标、费用指标进行纠偏。

打开附赠文档“第13章数据-财务报表分析.xlsx”，切换到“利润表”表单，可以看到其中有XK公司的利润表，其中包括“营业收入”“营业利润”“利润总额”“净利润”和“每股收益”5部分，这里就不再重复展示了。

切换到“利润表指标分析”表单，可以看到该表单中需要计算XK公司的盈利能力（包括营业毛利率、营业净利率和总资产净利率）和成本费用率（包括销售费用率和管理费用率）并评判是否正常，如图13-10所示。

利润表比率分析

指标		百分比	参考值	是否正常
盈利能力	营业毛利率		18%	
	营业净利率		8%	
	总资产净利率		8%	
成本费用率	销售费用率		5%	
	管理费用率		3%	

图 13-10

01 计算营业毛利率。由于营业毛利率等于营业收入减去营业成本的结果再除以营业收入，因此可以在D5单元格中输入公式“=(利润表!D4-利润表!D5)/利润表!D4”，得到结果17.2%。

02 对营业毛利率进行评价。如果营业毛利率大于参考值18%，则可视为正常，否则视为异常。因此可在F5单元格中输入公式“=IF(D5>E5,"正常","异常")”，得到评价结果为“异常”。

03 计算营业净利率。由于营业净利率等于净利润除以营业收入，因此可以在D6单元格中输入公式“=利润表!D20/利润表!D4”，得到结果6.1%。

04 对营业净利率进行评价。如果营业净利率大于参考值8%，则可视为正常，否则视为异常。因此可在F6单元格中输入公式“=IF(D6>E6,"正常","异常")”，得到评价结果为“异常”。

05 计算总资产净利率。由于总资产净利率等于净利润除以资产总计期初数与期末数的算术平均值（资产总计数据在“资产负债表”表单中），因此可以在D7单元格中输入公式“=利润表!D20/((资产负债表!C34+资产负债表!D34)/2)”，得到结果6.2%。

06 对总资产净利率进行评价。如果总资产净利率大于参考值8%，则可视为正常，否则视为异常。因此，可在F7单元格中输入公式“=IF(D7>E7,"正常","异常")”，得到评价结果为“异常”。

07　计算销售费用率。由于销售费用率等于销售费用除以营业收入，因此可以在D8单元格中输入公式"=利润表!D7/利润表!D4"，得到结果4.2%。

08　对销售费用率进行评价。如果销售费用率小于参考值5%，则可视为正常，否则视为异常。因此，可在F8单元格中输入公式"=IF(D8<E8,"正常","异常")"，得到评价结果为"正常"。

09　计算管理费用率。由于管理费用率等于管理费用除以营业收入，因此可在D9单元格中输入公式"=利润表!D8/利润表!D4"，得到结果3.4%。

10　对管理费用率进行评价。如果管理费用率小于参考值3%，则可视为正常，否则视为异常。因此可在F9单元格中输入公式"=IF(D9<E9,"正常","异常")"，得到评价结果为"异常"，如图13-11所示。

	指标	百分比	参考值	是否正常
		利润表比率分析		
盈利能力	营业毛利率	17.2%	18%	异常
	营业净利率	6.1%	8%	异常
	总资产净利率	6.2%	8%	异常
成本费用率	销售费用率	4.2%	5%	正常
	管理费用率	3.4%	3%	异常

图 13-11

11　对结果进行可视化。选择B列~E列的数据（即B4:E9区域），插入柱形图，然后选中参考值，将它修改为带数据标记的折线图，如图13-12所示。

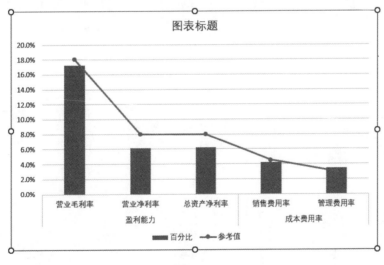

图 13-12

12　去掉折线图的连线，保留数据点。选中折线图并右击，在弹出的菜单中单击"边框"下拉按钮，并选择"无轮廓"选项，如图13-13所示。

13　双击数据点，在右侧出现的窗格中将类型设置为横线，大小设置为15，如图13-14所示。

14　为柱形图和折线图添加标签并调整颜色和位置，删除网格线，然后添加图表标题，最终的效果如图13-15所示。

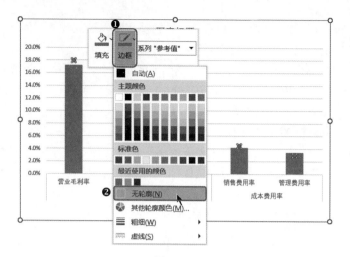

图 13-13

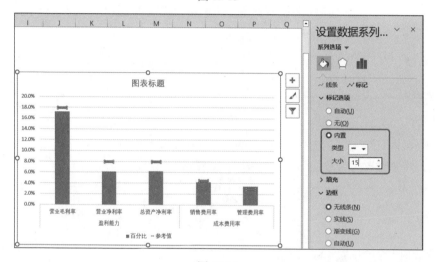

图 13-14

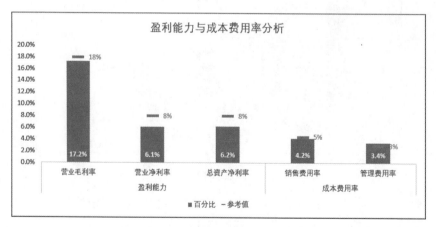

图 13-15

从图13-15中可以直观地看到各个指标与参考值之间的差距，这样各个指标是否正常就一目了然了。

从以上分析中，可以看出公司当前的状况大致如下：

- 就目前来看，公司的盈利能力虽然与企业的要求标准有一定差异，但是整体情况已经不错了。从几个关键指标来看，净利率和净利润仍然保持在 6%左右。费用率控制得还不错，与标准偏差不大。
- 同时，公司整体来看相对稳健。通过资产负债率这一指标来衡量，公司的财务状况相对健康，资产负债率低于 50%，处于相对稳健的状态。
- 然而，值得关注的是，公司在短期偿债方面存在一些不足。具体来说，公司在经营活动中现金流入和流出的平衡上表现较弱。流动比例和速动比例等数据显示，公司的短期偿债能力相对不足。
- 观察公司的经营活动，经营活动现金流入 430 多万元，但经营活动的现金流出高达 400 万元。这表明公司在购买商品时采用了较高的现金支付比例，可能存在用现金支付采购物资的情况。可能是因为公司整体营业额不高，所以采购规模也不大，导致在购买物资时频繁地使用现金支付。为了改善短期偿债能力，建议公司考虑采用更多票据结算方式，以减少现金流出。
- 总体而言，公司在行业内表现良好，具有一定的盈利能力和财务稳健性，但需要注意并改善短期偿债的问题，以更好地适应未来的经营挑战。

> **提示** 在财务报表分析中，一般采用两种方法：点式分析和线型分析。点式分析侧重于对当前财务数据的深入研究，通过详细分析各项指标和数据，全面了解公司目前的财务状况。这有助于捕捉当下的关键问题和机会，为及时决策提供支持。而线型分析则关注财务数据的发展趋势，比如关注过去 12 个月的走势或者几年的趋势。通过比较过去一段时间内的财务表现，可以更好地把握公司的长期发展趋势，识别潜在的长期趋势和风险。

13.5　本章习题

请读者摘录一家上市公司的财务三大报表（资产负债表、利润表、现金流量表）进行财务报表分析，形成自己的结论和建议。具体的分析指标可以从财务管理书籍中摘取，共计分析 6 个指标，其中两个指标需要用可视化图表呈现。

第 14 章

财务数据模型的高级应用

财务模型是一种定量分析工具，加上 Excel 的分析工具，可以构建出高级财务数据分析模型，用于表示和预测一个企业或项目的财务状况。这种财务模型通常基于财务数据和假设，旨在提供对经济实体未来财务表现的理解。财务模型可以用于多种目的，包括财务规划、预测、评估投资机会、风险管理等，Excel 的常用分析工具包括单变量求解、规划求解、回归分析、系数分析、相关性分析等，两种工具叠加应用，可以在企业管理层、投资者、金融分析师等作出决策时提供重要的参考和支持。

这里以常见的单变量求解、规划求解以及敏感性分析这三种财务模型的高级应用为例来进行讲解。

财务数据模型的高级应用

- 单变量求解计算保本点
- 规划求解计算最大利润
- 敏感性分析计算复利

14.1 单变量求解

单变量求解是一种通过财务模型进行数据分析的技术，主要用于确定变量和目标函数的目标值，让计算机自动根据函数关系匹配计算，以使得目标函数的结果达到目标值。这在财务决策和规划中是一项重要的工具。

14.1.1 单变量求解的实现与应用

单变量求解本质上来说是一个解方程的过程，但与解方程有所不同。具体来说，单变量求解通常包括以下步骤。

（1）选择目标函数：确定需要优化的目标函数，这可能是企业利润、投资回报率、成本等。

（2）确定变量：选择对目标函数有影响并可以调整的单一变量。这可以是某个产品的价格、销售数量、投资金额等。

（3）设定约束条件：如果有必要，可以设置一些约束条件，以确保计算结果在实际情况下是可行和合理的。例如，产品价格可能受到市场需求和竞争的限制。

（4）运用数值方法：使用解方程模式，计算机逐步尝试不同的变量值，以使得目标函数达到目标值。

（5）分析结果：一旦求出解，也就是找到能够让目标函数达到目标值的变量值后，分析就结束了。有时候管理者想研究在不同的结果之下，变量会发生什么样的变化，以便自己作出判断和决策，这时就会对目标结果进行调整，调整后可以再次尝试求解。

在财务数据分析模型中，单变量求解可以应用于各种情境，例如确定最佳价格、最大化利润、最小化成本等。这种方法对于理解单一变量对整体业务或项目的影响非常有用，可以帮助制定更科学的战略和决策。

1．在 Excel 中进行单变量求解

【案例】YK公司的一款产品销售单价为100元，完成成本为80元，利润额总额要达到8880元，需要销售多少这样的产品？

打开附赠文档"第14章数据-财务模型高级应用.xlsx"，切换到"定义1"表单，可看到这个问题在Excel中的体现如图14-1所示。

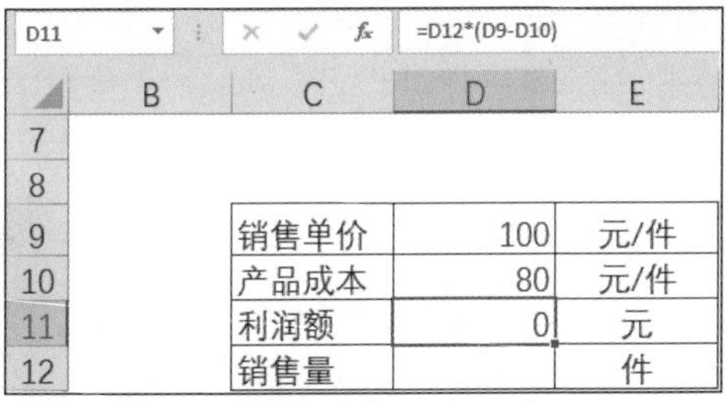

图 14-1

当我们单击D11单元格时，可以看到其中的利润额公式为"=D12*(D9-D10)"。在这个简单的案例中，我们可以通过手工计算得到答案。首先列出计算式：

8880=x*(100-80)

则：

x=8880/(100-80)=444

因为本案例太简单，所以使用手工计算可以很快得到答案，但是当计算公式涉及十几个甚至几十个单元格时，手工计算就变得非常复杂了。这个时候可以使用Excel的单变量求解工具进行计算。

01 单击"数据"选项卡下的"模拟分析"下拉按钮，再单击"单变量求解"选项，如图14-2所示。

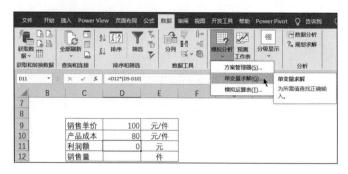

图 14-2

02 在弹出的"单变量求解"对话框中，将目标单元格设置为利润额单元格D11，目标值设置为8880，可变单元格设置为销售量单元格D12，设置完成后单击"确定"按钮，如图14-3所示。

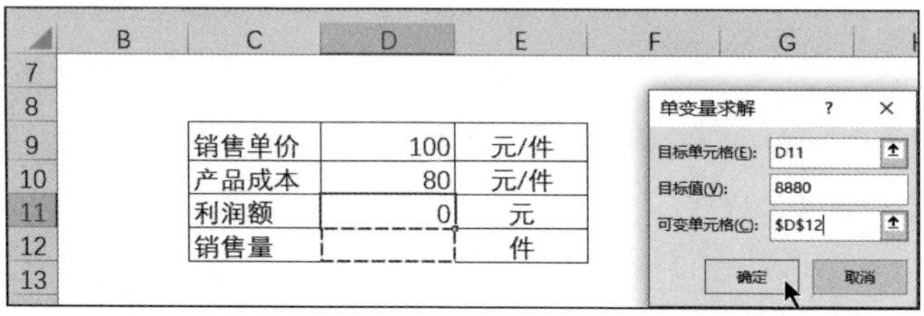

图 14-3

03 很快求解就会得到结果，Excel会自动把结果填写到销售量单元格D12，如图14-4所示。

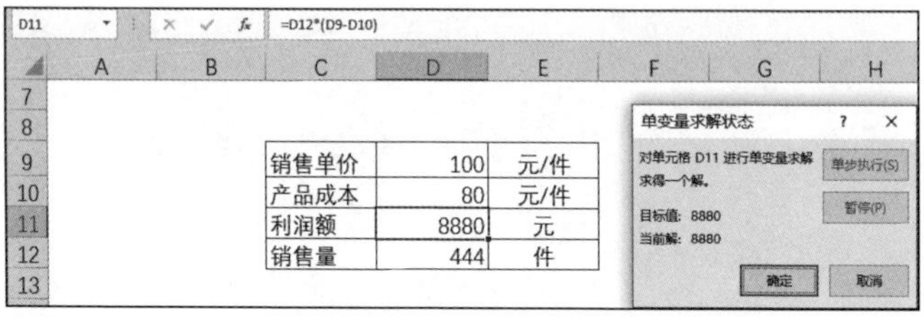

图 14-4

> **提示** 这里只是用一个非常简单的例子来帮助大家理解单变量规划求解。在实际工作中，情况往往比案例复杂得多。由于 Excel 使用了类似穷举法的方法来求解，当计算非常复杂时，可能会花费较长的时间才能得到答案。

2. 单变量求解的目标与应用

单变量求解的首要目标是通过明确特定的条件，为用户提供计算结果。这可以包括设定边界条件，计算与之相关的目标变量，或者通过假设一个特定的结果值，反向计算所需的条件值。这些计算的结果成为支持用户判断和决策的重要依据。

单变量求解在多个领域都有广泛的应用。例如，在财务领域，单变量求解可用于计算房贷、制定销售计划、企业制造产能匹配等。特别是在处理相对复杂的关系时，单变量求解可以快速、有效地给出答案，为用户提供所需的数值结果。这种工具对于快速解决涉及多个变量的问题，尤其是在负责关系计算方面，具有显著的实用性。

3．利用单变量求解计算保本点

保本点（Break-Even Point，BEP）是指总销售收入与总成本相等的状态，即既没有盈利又没有亏损，正好实现了成本的平衡。这一销售量或销售额被称为损益平衡点，通常用BEP表示。

计算保本点对企业至关重要，因为它可以帮助企业确定在何种销售水平下可以覆盖所有成本而实现零利润。这一计算有助于企业管理层制定定价策略、制定销售计划以及评估业务可行性。通过了解保本点，企业可以更好地了解其经济运作的底线，有效规划销售目标，确保盈亏平衡，从而作出更明智的战略决策，提高财务稳健性。

计算保本点通常有两种方式，一是保本点销售量，二是保本点销售额。

保本点销售量＝固定成本总额÷(单价−单位变动成本)

> **提示**　其中"（单价−单位变动成本）"又叫单位贡献毛益，也叫单位边际贡献。

保本点销售额＝固定成本总额　÷(1−变动成本率)

保本点的计算受到多种因素的影响，包括销售量、销售单价、固定成本以及变动成本。这些因素的变动会直接影响企业达到保本的销售量或销售额，因此在经营决策中需要全面考虑它们的影响。

14.1.2　实战案例：保本点计算和单变量求解反推销售价

【案例】某公司购进一台毛衣编织机5000万元，按10年折旧，假设残值为0，每年500万元，销售产品的单位成本如下，材料成本550元，人工成本100元，动能50元，根据已知条件计算毛衣的保本销售量与目标销售价：

（1）当价格定为1150元时，保本销售量是多少？

（2）当保本销售量为10000件时，价格需要定多少？保本销售额是多少？

打开附赠文档"第14章数据-财务模型高级应用.xlsx"，切换到"单变量求解"表单，可以看到表单中有产品的成本数据，我们将根据这些数据计算变动成本、固定成本、保本销售量和保本销售额，如图14-5所示。

01 计算变动成本和固定成本。由于变动成本等于材料、人工和动能之和，因此可在D14单元格中输入公式"=SUM(D9:D11)"；由于固定成本等于当年设备折旧，因此可在D15单元格中输入公式"=D12"，如图14-6所示。

02 保本销售量和保本销售额。由于保本销售量等于固定成本除以单价减去变动成本的差值，因此可在D16单元格中输入公式"=D15/(D8-D14)"；由于保本销售额等于保本量乘以单价，因此可在D17单元格中输入公式"=D16*D8"，如图14-7所示。

这样就将各变量之间的关系建立起来了。接下来解决前面提到的两个问题。

（1）当价格定为1150元时，保本量是多少？

我们可以直接在D8单元格修改价格为1150元，就能得到新的保本销售量11 111件，同时可知保本销售额为12 777 778元，如图14-8所示。

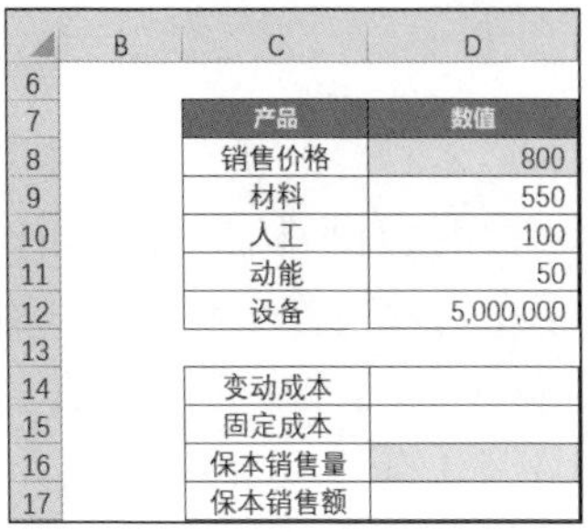

图 14-5

图 14-6

图 14-7

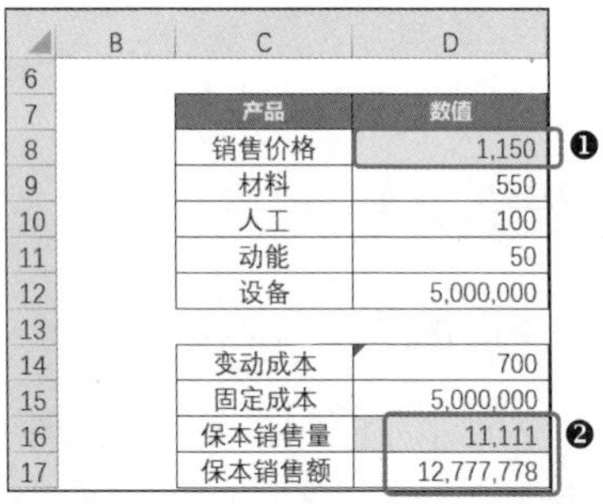

图 14-8

（2）当保本销售量为10000件时，价格需要定多少？保本销售额是多少？

按照前面讲解过的步骤，在"数据"选项卡下打开"单变量求解"功能，在弹出的对话框中，将目标单元格设置为保本销售量单元格"$D$16"，目标值设置为10 000，可变单元格设置为销售价格单元格"$D$8"，设置完成后单击"确定"按钮，如图14-9所示。

很快Excel就得出了结果，保本销售量为10 000的前提下，销售价格必须为1200元，保本销售额为12 000 000元，如图14-10所示。

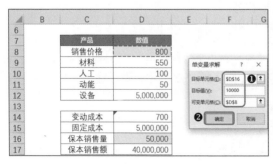

图 14-9

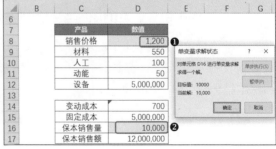

图 14-10

在实际工作中，我们可能会面临多种限制，比如由于产能问题导致销售量受到限制，这些限制在规划中可以通过设定约束条件来体现。在进行规划时，我们需要明确这些约束条件，并在制定计划时考虑它们的影响。如果问题较为复杂，我们将会运用到接下来介绍的规划求解方法来解决问题。

14.2　规划求解

在财务数据分析中，往往还会遇到多个变量和多个约束条件，这样就会用规划求解建立一个数学模型，通过求解器来找到最优解。规划求解可以用于单变量求解，但是更适合用于解决多变量和多约束的问题。

14.2.1　规划求解的实现与应用

在Excel中的规划求解是一种强大的工具，通常用于优化问题的解决。通过使用Excel的规划求解功能，用户可以定义一个包括目标函数和约束条件的数学模型，然后通过求解器来寻找最优解。

1. 在 Excel 中进行规划求解

鸡兔同笼问题是一个古老而又经典的数学问题，即在一个笼子里有若干鸡和兔，在给定头的总数和脚的总数的前提下，计算鸡兔各有多少只。下面就以在Excel中使用规划求解来解决鸡兔同笼问题为例进行讲解。

【案例】已知笼子里的头共有30个，脚有86只，可得鸡兔总数为30，鸡有2只脚，而兔有4只脚，要求在Excel中绘制出关系表格，通过规划求解计算出有多少只兔、多少只鸡。

打开附赠文档"第14章数据-财务模型高级应用.xlsx"，切换到"定义2"表单，如图14-11所示。

其中，D29单元格中的公式为"=C29*2"，D30单元格中的公式为"=C30*4"，C31单元格中的公式为"=C29+C30"，D31单元格中的公式为"=SUM(D29:D30)"。

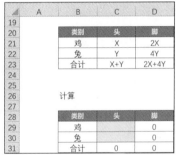

图 14-11

由于鸡和兔各自的数量未知，存在两个未知数，因此使用单变量求解显然无法完成。此时可调用Excel的规划求解来进行计算。首先要说明的是，很多人打开Excel可能会发现找不到规划求解的选项，其实规划求解默认是不显示的，需要手工操作将其显示出来。

01 在Excel主界面单击"文件"选项卡，如图14-12所示。

02 单击窗口左下方的"选项"选项卡，如图14-13所示。

03 在对话框中单击"加载项"选项卡，再单击"转到"按钮，如图14-14所示。

04 在弹出的对话框中，选择"分析工具库"和"规划求解加载项"复选框，然后单击"确定"按钮，如图14-15所示。

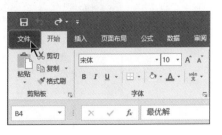

图 14-12

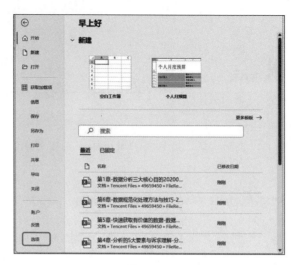

图 14-13

图 14-14

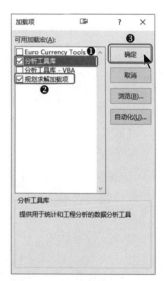

图 14-15

05 切换到"数据"选项卡，即可在最右边看到新增加的"数据分析"与"规划求解"功能按钮，如图14-16所示。

图 14-16

06 单击"规划求解"按钮，弹出"规划求解参数"对话框，将"设置目标"设置为"$C$31"，选择"目标值"单选按钮并设置数值为30，然后设置"通过更改可变单元格"文本框内的单元格为"$C$29:$C$30"，接下来设置约束条件，单击"添加"按钮，如图14-17所示。

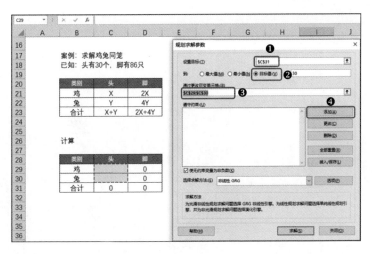

图 14-17

07 将"单元格引用"设置为"$D$31"，运算符号设置为"=", 约束设置为86，最后单击"添加"按钮，如图14-18所示。

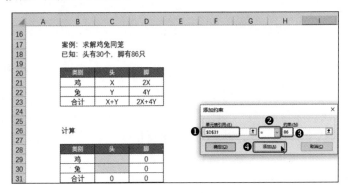

图 14-18

08 可以看到约束条件已经成功添加了，接着单击"求解"按钮，如图14-19所示。

图 14-19

09 很快规划求解就完成了，得出结果为鸡17只、兔13只，如图14-20所示。

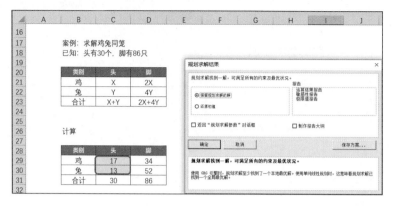

图 14-20

> **提示** 单击"确定"按钮可以保留结果，单击"取消"按钮结果不会被保留。

2．规划求解的目标与应用

规划求解的主要目的是根据所给出的条件，找到实现在特定约束下的成本最低、利润最高的最优解。

规划求解在实际应用中具有广泛的用途。它可以应用于财务领域，优化财务模型，使得资金分配和投资决策更加合理。在物流和运输中，规划求解用于确定最有效的运输方案，以提高效率和降低成本。在投资决策方面，它帮助找到最佳投资组合，最大化回报或降低风险。此外，规划求解还可用于排班和人员调度，以最大化资源利用效率。通过优化设备和人工调度，可以在保持满负荷运行的同时实现最大产值或最优利润。

总体而言，规划求解为各种决策问题提供了强大的分析工具，通过在特定条件下优化资源配置实现最佳结果。

14.2.2　实战案例：利用规划求解计算最大利润

【案例】 EX公司有一台设备，可以生产A、B、C三种产品，其总产能为1300件/月。当前材料购进款为150万元，其中材料单价分别为A产品65元/千克、B产品75元/千克、C产品70元/千克。销售价格为A产品1500元、B产品2000元、C产品1600元。此外，辅料费用为0.5元/千克，动能费用为15元/件。工人工资为固定工资，每月7800元，工作时间为22天，每天8小时（合计工时176小时），不得超出。此外，A产品至少要生产200件，C产品最多只能生产600件。三种产品最多只能生产1300件，使用的材料总成本不超过1 500 000元。

在上述条件的约束下，如何找到最优解以实现利润最大化？使用Excel的规划求解功能可以非常方便地解决这个问题。

打开附赠文档"第14章数据-财务模型高级应用.xlsx"，切换到"规划求解"表单，可以看到表单中有关A、B、C产品的数据表，表中包含产品各种数据和约束条件，我们将根据这些数据来计算成本和利润，之后再使用约束条件进行规划求解，得到约束条件下的最大利润，如图14-21所示。

01 计算材料成本。由于材料成本已经计算好，因此可在E18单元格中输入公式"=J11"。

图 14-21

02 计算辅料成本。由于辅料成本等于辅料用量乘以辅料单价，因此可在E19单元格中输入公式"=H11*0.5"。

03 计算动能成本。由于动能成本等于产品产量乘以动能单价，因此可在E20单元格中输入公式"=D11*15"。

04 计算期间费用。根据F25单元格中的说明，期间费用等于制造成本的8%，因此可在E25单元格中输入公式"=SUM(E18:E24)*0.08"。

05 计算利润。由于利润等于销售额，减去所有的成本，因此可在E26单元格中输入公式"=E17-SUM(E18:E25)"，如图14-22所示。

图 14-22

可以看到，此时利润是负值，因此接下来进行规划求解，找出最优解，让利润最大化。

06 在"数据"选项卡中选择"规划求解参数"，将目标单元格设定为利润单元格，即"$E$26"。

07 由于要求取最大利润，因此将求解目标设置为"最大值"。

08 由于产品A、B、C的产量是变量，因此将"通过更改可变单元格"设置为"$D$8:$D$10"。

09 添加约束条件，包括：

$D$10<=600（C产品最多只能生产600件）

$D$10=整数（C产品的数量必须是整数）

$D$11<=1300（三种产品最多只能生产1300件）

$D$8=整数（A产品的数量必须是整数）

$D$8>200（A产品至少要生产200件）

$D$9=整数（B产品的数量必须是整数）

$J$11<=1500000（使用的材料总成本不超过1 500 000元）

LI1<=176（不能超过176工时，即8小时×22天的工时数）

10 单击"确定"按钮开始求解，如图14-23所示。

图 14-23

11 很快规划求解就完成了，可以看到当A、B、C产品的产量分别为400件、458件和952件时，最大化的利润为265649元。单击"确定"按钮保存计算结果即可，如图14-24所示。

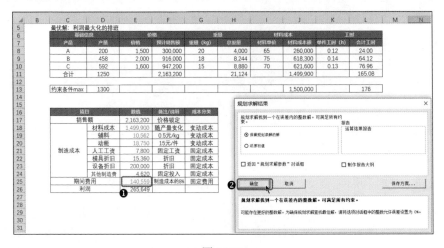

图 14-24

得到了答案，我们来进行验证。首先，产品总量在1300件以内，材料总成本在150万元以内，工时也在规定范围内，在这些条件下，最大利润为265649元。

我们可以得出结论，首先触及的极点是购进材料的款项，即150万元。这笔款项已经全部使用完毕。公司目前还差一点产能，如果购进款项再增加一些，那么可能会使利润进一步提高。

> 提示 我们在求最优解时要注意，有时候最优解不只有一组，可能会有多组。

14.3 敏感性分析

在企业财务管理中，敏感性分析十分重要。通过对关键财务指标和决策参数进行敏感性分析，企业可以评估不同的财务情景对业务绩效的影响，提高对潜在风险和机会的认识。敏感性分析是财务人员必须掌握的基本技能。

14.3.1 敏感性分析的实现与应用

敏感性分析是投资项目中常用的决策工具，通过综合考虑多种因素，对不同层次和级别的影响因素进行分类。例如，可以将利润率设定为1%、2%、3%、5%，投资额设置为100万元、200万元、300万元、500万元等多个层次，然后通过组合这些因素，形成各种可能的情景。这种方式允许在不确定性因素存在的情况下，通过考虑各种可能性的组合，评估项目在不同条件下的表现。这个过程被称为敏感性分析，其目的是计算并了解不同因素对项目结果的影响程度。

1. 在 Excel 中进行敏感性分析

要理解什么是敏感性分析，以及在Excel中如何进行敏感性分析，可通过构建"九九乘法表"来举例说明，主要实现工具为Excel的"模拟运算表"工具。

【案例】用Excel建立"九九乘法表"

01 首先建立一个基本的乘法规则表，在C14和C15单元格中任意输入两个数字，在C16单元格中输入公式"=C14*C15"，如图14-25所示。

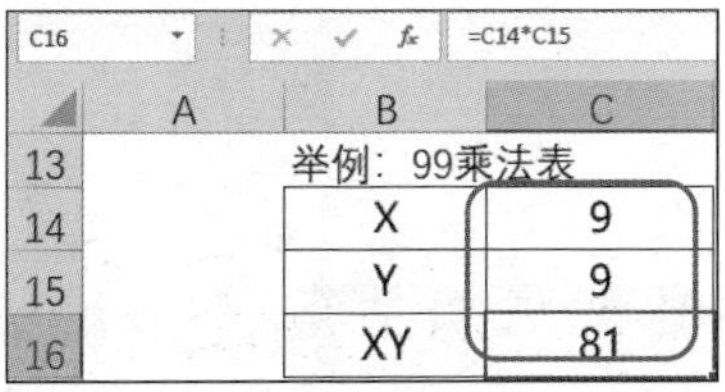

图 14-25

02 建立一个空白的九九乘法表，在B18单元格中输入公式"=C16"，如图14-26所示。

> 提示 B18 单元格中的公式也可以为"=C14*C15"，效果是一样的。

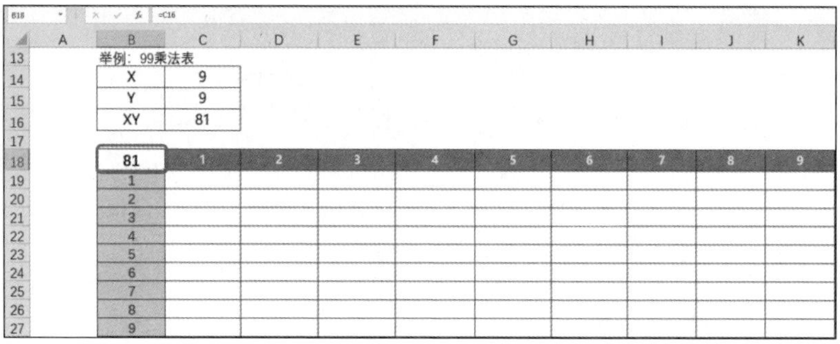

图 14-26

03 选中整个九九乘法表区域（B18:K27），在"数据"选项卡下单击"模拟分析"下拉按钮，再单击"模拟运算表"选项，如图14-27所示。

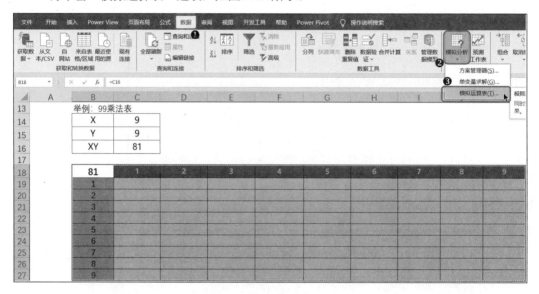

图 14-27

04 将"输入引用行的单元格"设置为"$C$14"，将"输入引用列的单元格"设置为"$C$15"，然后单击"确定"按钮，如图14-28所示。

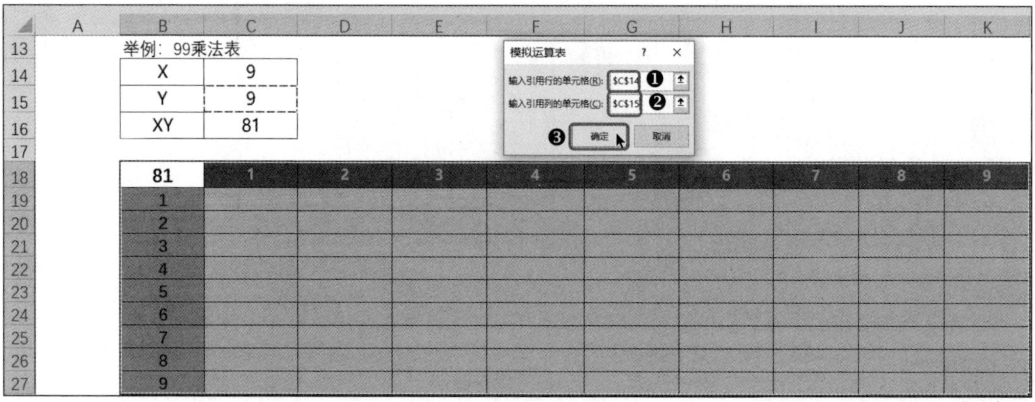

图 14-28

05 九九乘法表就填充完成了，如图14-29所示。

提示 有的读者会说，在 C19 单元格输入合适的公式并复制到其他单元格也可以完成九九乘法表的填充，但这就要仔细考虑绝对引用和相对引用，实施起来不如模拟运算表方便。

	A	B	C	D	E	F	G	H	I	J	K
13		举例：99乘法表									
14		X	9								
15		Y	9								
16		XY	81								
17											
18		81	1	2	3	4	5	6	7	8	9
19		1	1	2	3	4	5	6	7	8	9
20		2	2	4	6	8	10	12	14	16	18
21		3	3	6	9	12	15	18	21	24	27
22		4	4	8	12	16	20	24	28	32	36
23		5	5	10	15	20	25	30	35	40	45
24		6	6	12	18	24	30	36	42	48	54
25		7	7	14	21	28	35	42	49	56	63
26		8	8	16	24	32	40	48	56	64	72
27		9	9	18	27	36	45	54	63	72	81

图 14-29

2．敏感性分析的目标与应用

敏感性分析的目的主要包括以下两个方面。

- 择优选择：通过确定不确定性因素在不同范围内对结果的影响，以便对不同情境进行评估和比较，从而作出最优的选择。这涉及列支不同情况下的效果，使决策者能够更全面地了解可能的结果，并作出更为明智的决策。
- 控制风险：通过找到对结果影响较为敏感和较不敏感的因素，帮助决策者选择对项目影响较小的因素，从而降低风险水平。这有助于制定更有效的风险管理策略，确保项目能够在面临不确定性的情况下保持稳健，最大限度地降低潜在风险。

敏感性分析可以广泛应用于各个领域，包括但不限于投资决策、财务规划、市场营销、工程项目管理等，在不太确定具体参数的时候，列出多种结果以供选择。

14.3.2 实战案例：复利终值的敏感性分析

这里我们举一个使用敏感性分析来分析复利的案例。在开始之前，我们需要对复利有一定的了解。

1．什么是复利

复利（Compound Interest）是相对于单利（Simple Interest）而言的一种计算利息的方式。在单利中，每一次计息周期的利息都只是基于原始本金计算，而不考虑之前周期中已经产生的利息。而在复利中，某一计息周期的利息是由本金加上先前周期所积累的利息总额来计算的。这种方式被形象地描述为"利生利"或"利滚利"，强调了利息在计算中的持续累积效应。

举例来说，如果某人向银行借了10000元，年利率是5%，借期为5年，采用复利计算，5年后需要偿还的金额为：

$$10000 \times (1+5\%)^5 = 12763 （元）$$

而如果采用单利计算，则5年后需要偿还的金额仅为：

$$10000 + 5 \times (10000 \times 5\%) = 12500$$

二者的区别如表14-1所示。

表 14-1 复利和单利计算的区别

单利/复利	本金	年利息计算							利息合计	到期本金+利息
		项目	第1年	第2年	第3年	第4年	第5年			
单利	10,000	年初本金	10,000	10,000	10,000	10,000	10,000		2,500	12,500
		利息	500	500	500	500	500			
复利	10,000	年初本金	10,000	10,500	11,025	11,576	12,155		2,763	12,763
		利息	500	525	551	579	608			

在Excel中，用于计算复利终值的FV函数的语法结构如下：

```
FV(rate, nper, pmt, [pv], [type])
```

各参数的解释如下。

- rate：各期利率。
- nper：付款总期数。
- pmt：可选参数，表示各期所应支付的金额，在整个年金期间保持不变。通常，pmt 包括本金和利息，但不包括其他费用或税款。如果省略 pmt，则必须包括 pv 参数。
- pv：可选参数，表示现值或一系列未来付款的当前值的累积和。如果省略 pv，则假定其值为 0（零），并且必须包括 pmt 参数。
- type：可选参数，是数字 0 或 1，用以指定各期的付款时间是在期初还是期末。如果省略 type，则假定其值为 0。

> 提示 需要说明的是，如果 pv 为正值，则表示资金流入；如果 PV 为负值，则表示这是一个支出项。例如 FV(0.04,20,,150000)的计算结果为-328668.4715，表示现在获取150000 元，则未来需要支付 32.87 万元。因此，使用 FV 公式的时候，需要注意资金的流入和流出关系。当然，如果个人偏好看到结果是正值，可以在公式中加上一个 "-" 来实现。分析者自己清楚含义就可以了，同时也要考虑到展示时避免造成混淆。

这些参数的合理使用可以在Excel中更便捷地进行复利终值的计算，为财务规划和投资分析等提供便利。

2. 使用 FV 函数计算复利并进行敏感性分析

【案例】某企业拟借贷资金100000元，用于新产品开发，当前预估贷款期限为10年，年利率为5%，总经理需要财务做个敏感方案，便于进行判断和决策。

打开附赠文档"第14章数据-财务模型高级应用.xlsx"，切换到"敏感性分析"表单，可以看到表单中有关借贷的数据，以及"复利终值对计息期限的敏感性分析"表，如图14-30所示。

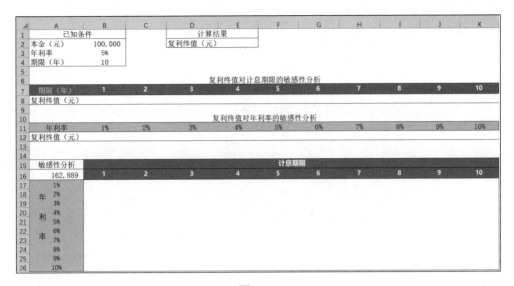

图 14-30

01 计算在本金为100000元、年利率为5%以及期限为10年的情况下的复利终值。根据FV函数的语法，可在E2单元格中输入公式"=FV(B3,B4,,-B2)"，得到结果162889，如图14-31所示。也就是现在贷款10万元，未来则要还款16.3万元左右。

	A	B	C	D	E
E2			fx	=FV(B3,B4,,-B2)	
1	已知条件			计算结果	
2	本金（元）	100,000		复利终值（元）	162,889
3	年利率	5%			
4	期限（年）	10			

图 14-31

02 计算不同贷款年限下的终值。在B8单元格中输入公式"=FV($B$3,B7,,-$B$2)"，并将其复制到C8~K8单元格，如图14-32所示。

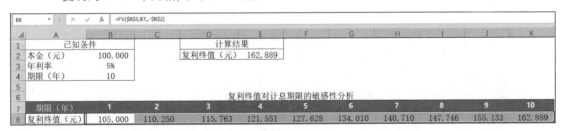

图 14-32

03 计算不同利率下的终值。在B12单元格中输入公式"=FV(B11,$B$4,,-$B$2)"，并将其复制到C12~K12单元格，如图14-33所示。

04 确认A16单元格中的公式是一个正确的FV公式。单击A16单元格，查看其中的公式是否为"=FV(B3,B4,,-B2)"，该公式应与E2单元格中的公式相同。

05 选中数据区域（A16:K26），按照前面讲解过的方法打开"模拟运算表"对话框，将"输入引用行的单元格"设置为"$B$4"，将"输入引用列的单元格"设置为"$B$3"，然后单击"确定"按钮，如图14-34所示。

B12 =FV(B11,$B$4,,-$B$2)

	A	B	C	D	E	F	G	H	I	J	K
1	已知条件			计算结果							
2	本金（元）	100, 000		复利终值（元）	162, 889						
3	年利率	5%									
4	期限（年）	10									
5											
6	复利终值对计息期限的敏感性分析										
7	期限（年）	1	2	3	4	5	6	7	8	9	10
8	复利终值（元）	105, 000	110, 250	115, 763	121, 551	127, 628	134, 010	140, 710	147, 746	155, 133	162, 889
9											
10	复利终值对年利率的敏感性分析										
11	年利率	1%	2%	3%	4%	5%	6%	7%	8%	9%	10%
12	复利终值（元）	110, 462	121, 899	134, 392	148, 024	162, 889	179, 085	196, 715	215, 892	236, 736	259, 374

图 14-33

	A	B	C	D	E	F	G	H	I	J	K
1	已知条件			计算结果							
2	本金（元）	100, 000		复利终值（元）	162, 889						
3	年利率	5%									
4	期限（年）	10									
5											
6	复利终值对计息期限的敏感性分析										
7	期限（年）	1	2	3	4	5	6	7	8	9	10
8	复利终值（元）	105, 000	110, 250	115, 763	121, 551	127, 628	134, 010	140, 710	147, 746	155, 133	162, 889
9											
10	复利终值对年利率的敏感性分析										
11	年利率	1%	2%	3%	4%	5%	6%	7%	8%	9%	10%
12	复利终值（元）	110, 462	121, 899	134, 392	148, 024	162, 889	179, 085	196, 715	215, 892	236, 736	259, 374
13											
14											
15	敏感性分析	计息期限									
16	162, 889	1	2	3	4	5	6	7	8	9	10
17	年利率 1%										
18	2%										
19	3%										
20	4%										
21	5%										
22	6%										
23	7%										
24	8%										
25	9%										
26	10%										

图 14-34

06 很快表格就被自动填充完毕，结果如图14-35所示。

	A	B	C	D	E	F	G	H	I	J	K
1	已知条件			计算结果							
2	本金（元）	100, 000		复利终值（元）	162, 889						
3	年利率	5%									
4	期限（年）	10									
5											
6	复利终值对计息期限的敏感性分析										
7	期限（年）	1	2	3	4	5	6	7	8	9	10
8	复利终值（元）	105, 000	110, 250	115, 763	121, 551	127, 628	134, 010	140, 710	147, 746	155, 133	162, 889
9											
10	复利终值对年利率的敏感性分析										
11	年利率	1%	2%	3%	4%	5%	6%	7%	8%	9%	10%
12	复利终值（元）	110, 462	121, 899	134, 392	148, 024	162, 889	179, 085	196, 715	215, 892	236, 736	259, 374
13											
14											
15	敏感性分析	计息期限									
16	162, 889	1	2	3	4	5	6	7	8	9	10
17	年利率 1%	101, 000	102, 010	103, 030	104, 060	105, 101	106, 152	107, 214	108, 286	109, 369	110, 462
18	2%	102, 000	104, 040	106, 121	108, 243	110, 408	112, 616	114, 869	117, 166	119, 509	121, 899
19	3%	103, 000	106, 090	109, 273	112, 551	115, 927	119, 405	122, 987	126, 677	130, 477	134, 392
20	4%	104, 000	108, 160	112, 486	116, 986	121, 665	126, 532	131, 593	136, 857	142, 331	148, 024
21	5%	105, 000	110, 250	115, 763	121, 551	127, 628	134, 010	140, 710	147, 746	155, 133	162, 889
22	6%	106, 000	112, 360	119, 102	126, 248	133, 823	141, 852	150, 363	159, 385	168, 948	179, 085
23	7%	107, 000	114, 490	122, 504	131, 080	140, 255	150, 073	160, 578	171, 819	183, 846	196, 715
24	8%	108, 000	116, 640	125, 971	136, 049	146, 933	158, 687	171, 382	185, 093	199, 900	215, 892
25	9%	109, 000	118, 810	129, 503	141, 158	153, 862	167, 710	182, 804	199, 256	217, 189	236, 736
26	10%	110, 000	121, 000	133, 100	146, 410	161, 051	177, 156	194, 872	214, 359	235, 795	259, 374

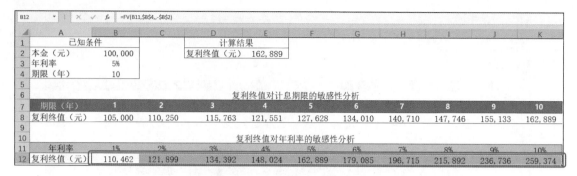

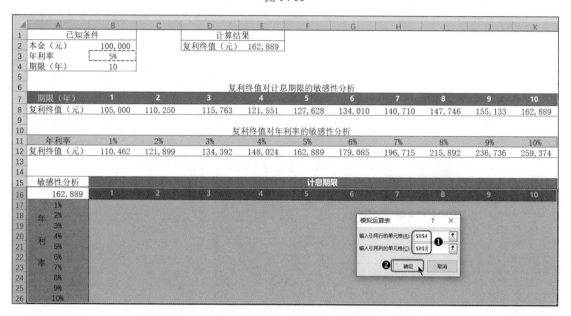

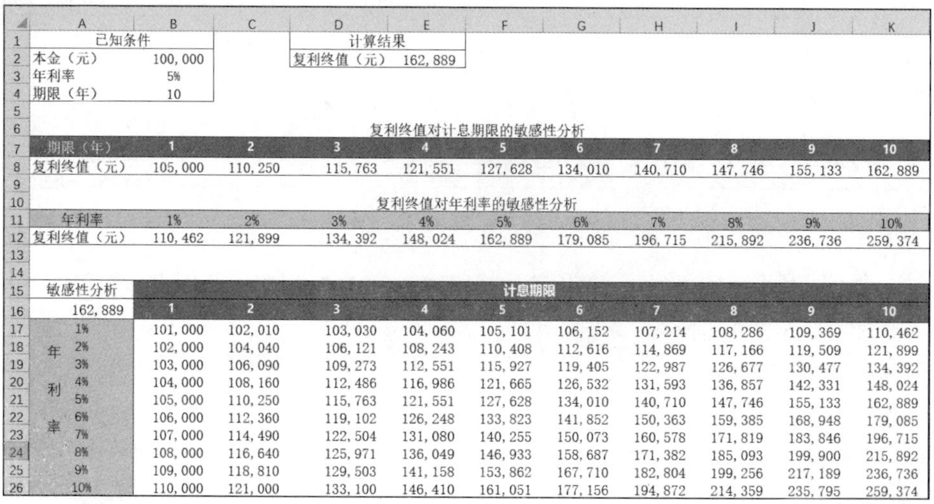

图 14-35

工作室可以根据不同贷款年限以及不同利率下的贷款终值来选择最适合自身的贷款方式。

由此可见，敏感性分析其实就是一个列出所有结果的方法，用户可以在结果中观察哪些因素影响最大或最小，并根据需要作出选择。

14.4 本章习题

（1）单变量求解保本量：HK 公司购进一台冲压机 100 万元，用于生产垫片。设备折旧按 10 年计算，假设残值为 0。每个垫片的材料成本为 0.5 元，人工成本 0.1 元，动能 0.05 元，已制定设备的产能是 1 年 50 万件，根据已知条件计算垫片要定价多少？一年的保本销量和销售额是多少？将答案填写在表 14-2 中。

表 14-2 根据已知数据计算

产品	数值
销售价格	
材料	
人工	
动能	
设备	

变动成本	
固定成本	
保本销售量	
保本销售额	

（2）敏感性分析贷款项目：小王准备贷款购买设备，贷款金额为 30 万元，银行工作人员告知他，不同的贷款年限有不同的年利率，最多可以贷款 5 年，最高利率为 5%，如表 14-3 所示。

表 14-3 贷款数据

已知条件	
本金（元）	300,000
年利率	5%
期限（年）	5

小王打算根据自己的经济承受能力，以及产品的盈利情况来选择合适的利率与年限。请为小王做一个敏感性分析，便于他做决策。分析结果请填写在表 14-4 中。

表 14-4 填写分析结果

敏感性分析	计息期限				
	1	2	3	4	5
2.5%					
3.0%					
3.5%					
4.0%					
4.5%					
5.0%					

第 15 章

财务数据分析驾驶舱

在飞机、汽车的驾驶舱中，集成了仪表盘、中控台显示屏等设备，具备显示各种信息的功能，让驾驶员全面了解飞机、汽车的动态信息以及安全信息等，为安全驾驶提供了重要支持。而财务数据分析驾驶舱模型也是一个类似的概念，通过将财务数据集成化与图形化，帮助用户全面了解企业的财务状况、业绩表现以及其他关键指标。

财务数据分析驾驶舱的建模过程通常有 7 个步骤，下面就一起来学习如何一步一步建立财务数据分析驾驶舱。

- 第一步：分析诉求
- 第二步：设计草图
- 第三步：数据采集
- 第四步：搭建框架
- 第五步：公式链接
- 第六步：美化调色
- 第七步：安全设置

15.1 了解财务数据分析驾驶舱模型

可能很多读者都没有接触过财务数据分析驾驶舱这个概念，其实大家可以把它看作一个综合了多个图表、透视表或切片器的"容器"，通过这个容器，用户可以集中了解大量的财务信息，从而方便进行决策。

15.1.1　什么是财务数据分析驾驶舱模型

　　财务数据分析驾驶舱，顾名思义就是将财务数据集成可视化分析图表，并且能够显示需要的信息，形成固化的分析模式。财务数据分析驾驶舱能够自动更新图表，实现即时分析、即时反馈和即时决策，从而提高决策的准确性和效率。一个典型的财务数据分析驾驶舱如图15-1所示。

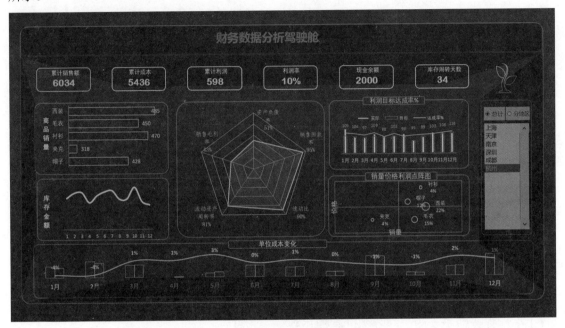

图 15-1

　　可以看到，财务数据分析驾驶舱的确和飞机的中控台非常相似。

15.1.2　为什么要建立财务数据分析驾驶舱模型

　　建立企业决策所需的财务数据驾驶舱模型至关重要。一旦建立了这个模型，许多原本凭经验且模糊的决策将变得更为明晰和可靠。建立财务数据驾驶舱模型的重要优势在于：

- 提升工作效率：通过定期（年、月、周、日、时）对数据进行分析，传统的重新分析方法在处理庞大、多维度的历史数据时变得烦琐而耗时。传统思维和分析模式无法适应大数据时代的发展，追求实时反馈成为当前的需求。建立模型后，可以实时输入数据并迅速反馈结果，极大地提高了效率。
- 实现快速决策：在时间等同于金钱的时代，迅速作出决策至关重要。老板们期望数据提交后能够迅速得到结果，以便即刻作出决策。第一时间获取数据并作出反应，意味着抓住商机。
- 统一分析标准：通过形成标准的分析维度，避免了人员变动导致的分析差异。不同人员进行分析可能带来千差万别的结果，这会让人感到困扰。驾驶舱模型确保了标准的分析维度，使得不同人员之间的分析结果更加一致。这有助于提高工作效率并减少适应新模式的痛苦。

- 构建系统性体系：传统的分析思维往往是点状的，即只关注某一点进行分析。而驾驶舱模型则通过策划，具备全面系统的思维方式。多维度的数据分析细则更为精准，是经过长时间深思熟虑的结果。这种模型集中呈现了众多经验的精华，为受众提供了全方位的信息，加上漂亮的配色和构图会增添使用者的愉悦感。

总体而言，商务数据驾驶舱模型是一种高效、智慧、美学相结合的分析决策工具，学习它值得投入精力。

15.1.3　什么情况可以建模

并非所有情况都适合建立模型，建模是为了实际应用，因此在建模过程中必须设定一些明确的边界条件，而不能仅仅出于兴趣或意愿而进行。

- 例行分析：分析具有一定的周期性和例行性，如每天、每周或每年等。一些重复性分析，例如财务月报、盘点分析、账龄分析等，适合建立模型。然而，一些一次性分析并不需要建模，因为其特性不具备重复性。
- 数据连续性：建模的数据必须具有连续性，即数据可以不断地被采集。否则，即使建立了模型，如果后续数据采集中断或不连续，模型就失去了实际应用的意义。必须有专人负责更新数据，以保证模型的持续有效性。以分类为例，如果每月未对分类进行更新，那么模型就会失去其应有的意义。

总之，建模不能随意进行，必须在明确定义的边界条件下进行，以确保模型具有实际意义和使用价值。

15.1.4　财务数据分析驾驶舱的建模思维

财务数据分析驾驶舱的建模过程需要综合考虑人、数、模三个方面。

首先，在"人"的层面上，必须明确建模的诉求者面临的问题，以确保建模过程能够有针对性地解决实际挑战。同时，需要明确定义建模的使用者是哪个群体，以确保最终的数据驾驶舱能够满足其需求。

在"数"的层面上，在建模过程中需要仔细考虑相关的数据因素。这包括收集、整理和分析必要的数据，确保数据的准确性和完整性。

在"模"的层面上，建模过程需要综合考虑模型的构建和优化。这涉及选择合适的建模方法和算法，以及不断调整和改进模型以提高其预测和分析能力，如图15-2所示。

1. 人的因素

模型的设计与应用是由人来完成的，因此在构建模型之前，必须充分考虑人的因素。具体而言，应该考虑模型诉求者、模型使用者、数据提供者以及模型设计者4项因素。

- 模型诉求者：在设计模型时，需要明确解决什么问题，并确定需要分析的维度。这有助于确保模型的建立与使用能够有针对性地解决实际业务挑战。
- 模型使用者：在设计模型时，必须考虑模型的易用性和简单性，以确保使用者能够轻松理解和操作模型，从而更有效地应用模型进行决策和分析。

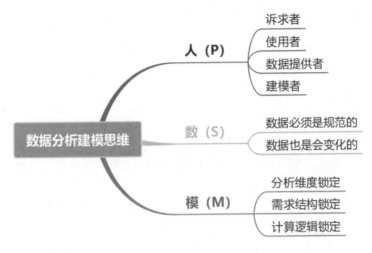

图 15-2

- 数据提供者：数据的及时提供对于模型的构建至关重要。最好能够提供自定义模板，以便更好地满足模型的需求。如果数据由计算机系统提供，还需要有专门的人员进行数据录入。
- 模型构建者：模型构建者需要具备实现统计、分析、可视化等功能的技能，同时还应具备自主设计函数和透视表的能力。模型构建者需要注意，所构建的模型不应超出其能力范围，以确保模型的准确性和可靠性，避免可能导致模型失效的情况。

模型诉求者、模型使用者、数据提供者和模型构建者之间的关系如图15-3所示。

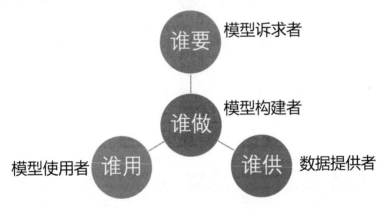

图 15-3

通过全面考虑这些因素，可以更好地构建出满足用户需求、易于使用且可靠的模型，为业务决策提供有力支持。

2. 数的因素

在建立模型时，数据是一个至关重要的因素，因为数据不仅需要规范，而且会随时间而变化。在此过程中，数据规范要求考虑以下几个方面：

- 格式统一：数据的格式必须保持一致。
- 无缺失数据：数据不能存在缺失。

- 可连续采集和更新：数据必须能够连续采集，并且可以进行更新。

从数据的结构方面考虑，数据源结构可能会发生变化，包括以下几种情况。

- 修改：基于数据源结构固定，数据可能会被修改。这一般对建模的影响不大，但在修改数据时需注意是否存在重复性，以避免数据统计错误。
- 变行：数据源列数固定，但行数可能增减。特别是增加行数时，需考虑统计公式是否涵盖此范围，是否超出了之前设定的范围。
- 变列：列数的增减要特别注意，数据源结构一旦锁定列，增减列可能导致统计数据错误。在变列时要特别小心，防范出现问题。
- 跨年：在基础数据中，跨年是常见的，但在建模设计时容易被忽略。忘记考虑跨年可能导致统计数据错误或者数据连续性差，只能做一年的数据，不能跨年统计。如果模型只用一年，可以不用考虑跨年的因素。
- 加属：指在原数据源基础上增加分析维度或类别，可能导致数据源结构变化。

3. 模的因素

此外，建立模型需要系统思维，类似于构建软件系统时的思考方式，必须固化边界。

- 锁定分析维度：在建模之前充分思考维度的广度，避免之后不断添加或修改维度。先做加法，再做减法，以避免遗漏重要因素。
- 锁定需求结构：建模前要充分考虑结构，设计好后尽量不要改动。同时，呈现方式和排版也尽量锁定，动结构可能导致全身动，修改数据源结构，其他地方的统计公式也需要修改，非常耗时。
- 锁定计算逻辑：数据间的逻辑关系必须清晰，以免由于逻辑混乱而导致错误计算和不明确的结果。

总之，财务数据分析驾驶舱的建模过程需要综合考虑人、数、模三个方面，以确保模型的设计和应用能够满足业务需求，并在实践中取得良好的效果。

15.2 驾驶舱模型七步建模

建模是一项系统性的任务，它要求在整个过程中进行周密策划并遵循一系列明确定义的步骤。在缺乏规划和系统性的情况下，所构建的模型可能会显得杂乱无章，思路不清晰，从而导致在后续阶段不断进行修复，甚至可能需要重新启动整个建模过程。因此，在进行建模工作时，对策划和有序步骤的重视至关重要，这有助于确保最终建立的模型具有清晰的结构和可信的结果。财务数据建模通常涉及7个步骤，如图15-4所示。

下面就一起来学习如何为财务数据建模。

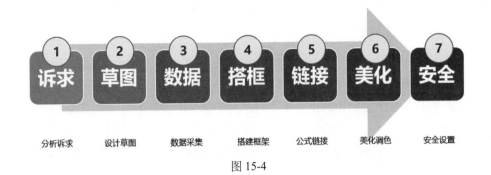

图 15-4

15.2.1　第一步：分析诉求

在进行建模工作时，首要任务是全面分析各方面的需求，这不仅包括模型诉求者的要求，还需涵盖模型使用者、数据提供者以及模型构建者的需求。由于各方的关注焦点各异，模型构建者必须全面考虑这些不同的诉求。例如，模型诉求者可能关心的是分析目标和维度，以及期望达到的预期效果；而模型使用者的需求可能涉及使用习惯和对便捷性的要求；同时，还要考虑数据提供者在时间和数据格式等方面的习惯。除此之外，还需要充分考虑模型构建者自身的能力。

15.2.2　第二步：设计草图

模型设计框架通常会根据需求和分析的维度以及所需的精度进行规划，模型构建者可以选择在计算机上进行绘制，也可以选择手工绘制。模型构建者在构建框架时，必须明确各个区域应放置哪些数据，明确预期的展示效果，确定所需的模块数量以及如何有机地组织它们。为了更清晰地传达设计理念，绘制设计概念图至关重要，一个典型的概念图如图15-5所示。

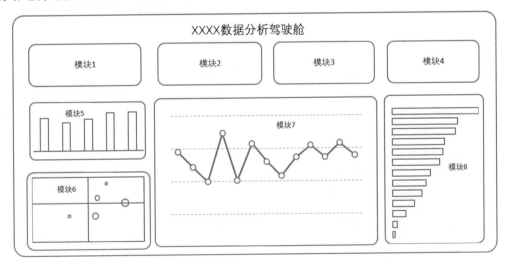

图 15-5

通过这个过程，模型构建者能够更好地表达出设计的思路，以确保框架的设计满足各方面的需求。

15.2.3 第三步：数据采集

为了进行数据采集，必须根据设计草图中所需分析的维度寻找相应的数据录入或提供者。在获取来自数据提供者或信息数据管理部门的数据之前，必须了解数据的结构、精细程度和格式要求，以防止未来出现数据异动或格式不统一等问题，从而避免对模型造成无法应用或需要重新转换的风险。

如果从计算机系统中获取数据，需要从系统中导出数据或由系统管理员提供数据。在处理计算机数据时，若发现错误、缺失等问题，应要求相关部门进行补全，并明确未来由谁负责数据输入的工作，以确保数据的准确性和完整性，保障后续的数据分析和建模工作的可靠性和有效性。

在新建数据时，应要求数据输入者按照固定格式进行输入。若数据已存在且格式固定，则需告知数据输入者不得更改格式，以便后续的数据粘贴和处理；否则，需要自行设定数据格式。若数据不存在但在分析维度中需要相应的数据，则可使用虚拟数据进行填充。例如，可以通过使用randbetween函数构建虚拟数据，以便进行数据库的构建和分析工作。

一般情况下，数据采集都能够获取到相应可用的数据。

15.2.4 第四步：搭建框架

遵循设计草图的指导，在Excel表格中建构框架。在搭建框架的过程中，必须绘制相应的图表，而为了制作图表，首先需要获取数据源。如果当前没有可用的数据源，可以通过借助randbetween函数构建虚拟数据源。为了更好地了解效果，建议先生成一整套图表，并向使用者征求意见。

在进行图表布局时，常常会面临以下问题：

- 上图下数的方式，即图表盖在数据上方，容易引发问题。
- 在调整数据时，需要对整个图表框架结构进行调整，这样的布局效率相对较低。
- 插入或删除行可能导致图表数据源结构的变化，从而引发问题。
- 当数据量范围增加时，使用透视表可能会覆盖之前的透视表，如果没有预留空间，可能会出现错误。

模型构建者应该努力避免出现上述问题，以确保图表的布局和数据源的稳定性。

> **提示** 推荐采用左图右表的布局，以便将图形与数据分隔展示，不必呈现的数据可以隐藏，这样有助于数据的保密。

15.2.5 第五步：公式链接

在建模的过程中，模型构建者通常会运用函数、透视表、VBA等方法进行数据链接，这要求模型构建者具备一定的技能和经验，并能够选择熟悉的方式来处理数据链接。使用公式链接时，需要模型构建者留意以下几个方面。

- 避免拥挤：减少嵌套公式的使用，以减轻计算负担，提高文件性能和计算效率。同时，建议将基础数据置于 3~5 个表内，以减少文件的庞大体积。
- 减轻负担：有时，通过使用辅助列可以减轻工作量。通过将单元格内容链接成唯一编码，然后使用 vlookup 函数实现链接，可以降低工作负担。
- 防范错误：在使用透视表时，要注意透视表区域的大小，以避免因数据量或维度的增加而导致新透视表覆盖旧透视表的数据。
- 考虑变化：必须考虑到数据的变化，包括增加、删除和修改等情况。这是之前提到的人数模中"数"的概念。
- 融合工具：有时需要巧妙地结合使用切片器、透视表、函数和控件等工具，以共同设计模型，使其呈现出一种更为高级的感觉。

在进行公式链接的过程中，充分考虑这些因素有助于提高建模的效率和可靠性，使得模型更加实用且外观更为精致。

15.2.6　第六步：美化调色

通过灵活运用颜色搭配，根据诉求者和使用者的喜好以及公司Logo的颜色，可以打造出令人印象深刻的高端大气的模型外观。这种视觉效果不仅能够引起使用者的兴趣，同时展示了设计者的专业水平。为了确保颜色的协调性、一致性和色系的统一，可巧妙地采用"玉字法"进行配色。

在配色方面，玉字法是一种简单、常用且极具适用性的方法。所谓"玉"字的规则是：Excel【填充】色板的纵向一列是色系，横向一组是颜色深度一致的颜色，常用的颜色包括主题颜色和标准色，由①~④构成了一个"王"字，如图15-6所示。

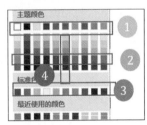

图 15-6

在进行图表配色时，遵循这一原则能够使颜色选择显得平衡有序。"玉"比"王"多一点，也就是说在颜色深度上可以稍微有所偏差，使图表呈现出更为精致的效果。这种配色方法并非刻板的套用，而是为了更好地表达所需的情感，使图表更加贴切和应景。

15.2.7　第七步：安全设置

为了维护商务数据的机密性，并预防数据被未经授权地修改，建议在完成建模后立即进行密码设置。在此过程中，可以将数据区域划分为以下三种类型。

- 不可浏览或操作区域：该区域包含敏感数据或需要保密的信息，必须设置密码保护，以确保他人无法查看或修改其中的内容。

- 可以浏览但不可操作区域：这一区域涵盖数据的展示部分，允许其他人查看，但不允许进行修改。
- 可以浏览和操作区域：该区域包括用户可修改的数据和公式，需要通过密码设置来维护数据的完整性。然而，其他人可自由浏览和查看这一部分内容。

通过合理的密码设置和数据区域划分，可有效地确保商务数据的安全性和保密性。同时，这种措施保障了其他人可以自由浏览和使用数据的展示部分，达到了数据安全与可用性的平衡。

15.3 实战案例：为服装厂销售数据建立分析驾驶舱

【案例】某服装厂的财务部部长，每月都需要在3号之前看到销售、成本、利润，以及相关的财务分析指标变动情况。众所周知，财务数据非常庞大，而且每月初会有大量快报、月报数据需要提交，导致财务部的会计小王每月初都要加班到很晚，为此小王非常苦恼。最后小王下定决心构建一个财务数据分析驾驶舱，提高工作效率，告别加班。

15.3.1 分析各方诉求

小王首先与财务部部长进行沟通，也就是与驾驶舱的使用方进行沟通，以获取财务部长的需求。目前收集到以下需求。

- 销售：需查看商品销量和累计销售额的排行情况。
- 成本：必须了解累计成本以及每月单位成本目标的实现情况。
- 利润：应关注累计利润和利润率的变化。
- 现金：需查看公司累计现金情况。
- 库存：要了解当前累计库存资金，若累计库存资金过高，则需进行控制，并关注库存周转天数。
- 财务指标：包括销售毛利率、流动资产周转率、速动比、销售回款率、资产负债率等。
- 综合分析：综合考虑每个产品的销售量、价格和利润关系，最好使用气泡图表示。
- 区域和全貌：需要全面了解公司的销售和管理状况，同时关注各个区域的表现。

15.3.2 根据诉求设计框架草图

小王根据诉求设计出框架，设计时考虑到了以下几点。

- 分析维度：在面对众多维度时，设计者综合考虑了哪些指标适合通过图表展示，哪些适合使用数据、表格或形状来呈现。
- 图形呈现：为避免使用者产生视觉疲劳，设计者强调不应过度依赖柱形图或条形图，而应考虑图形多元化的设计方案。
- 结构布局：设计者采用左中右结构，并遵循对齐原则，以确保框架结构清晰有序。

设计好的模型框架草图如图15-7所示。

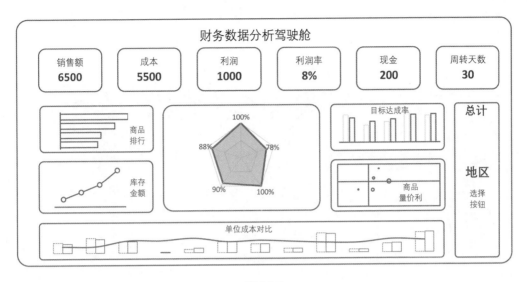

图 15-7

15.3.3　数据采集与整理

由于先前的财务分析系统存在数据维度不全，以及部分数据缺失的问题，因此小王决定全面重新设计数据采样表。为了填补数据缺失，他首先使用虚拟数据进行模拟。

小王根据需求草图确定了分析所需的各个维度。因为所涉及的维度较多，这里无法一一展示样表，因此仅通过以下几个样表来说明：

（1）销售业绩表，由于需要考虑每天的销售数据，因此必须包含日期信息，精确到每一天。同时，每天的销售数据需要包括销量、销售额、库存、区域等方面的数据。此外，销售人员和产品型号也被列入考虑范围，如表15-1所示。

表 15-1　销售业绩表

日期	品类	品号	销售单价	当日销量	销售金额	业务经理	区域
2023/1/1	西装	DLA01	112	50	5600	小冬	北京
2023/1/2	毛衣	PTOA1	116	50	5800	小邓	上海
2023/1/3	衬衫	HLA01	115	21	2415	小武	成都
2023/1/4	毛衣	P0001	144	39	5616	小冬	北京
2023/1/5	夹克	NTOA1	171	42	7182	小马	杭州
2023/1/6	衬衫	HLA01	193	27	5211	小冬	上海
2023/1/7	帽子	N0001	143	40	5720	小邓	成都
2023/1/8	西装	DTOA2	117	34	3978	小冬	北京
2023/1/9	毛衣	PLA02	100	31	3100	小邓	上海
2023/1/10	衬衫	HTOA2	182	34	6188	小冬	杭州
2023/1/11	西装	DLA03	154	36	5544	小武	武汉
2023/1/12	夹克	N0001	122	47	5734	小邓	北京
2023/1/13	毛衣	PTOA2	127	38	4826	小冬	武汉
2023/1/14	衬衫	HLA01	195	42	8190	小马	杭州
2023/1/15	帽子	N0005	135	39	5265	小武	上海
2023/1/16	毛衣	PTOA3	199	26	5174	小邓	武汉
2023/1/17	-	-	-	-	-	-	-

（2）目标实际利润业绩表，包括各个城市和每个月份的目标利润和实际利润，如表15-2所示。

表 15-2　目标实际利润业绩表

地区	北京		上海		广州		杭州		成都		武汉	
月份	目标	实际	目标	实际	目标	实际	目标	实际	目标	实际	目标	实际
1月	7.8	8.2	6.5	8.6	11.7	11.0	3.3	3.7	3.3	4.6	11.7	17.7
2月	8.5	10.2	7.8	8.2	10.4	12.1	2.6	1.8	2.6	2.8	11.7	11.7
3月	7.0	8.8	9.8	11.3	8.6	1.9	9.8	12.5	9.8	10.9	8.6	8.6
4月	5.9	4.9	7.8	9.9	4.6	4.4	7.5	3.2	5.9	5.1	11.7	11.0
5月	4.6	12.4	5.9	8.1	13.0	11.7	9.8	8.6	3.9	6.3	8.6	9.0
6月	8.5	10.0	4.6	5.4	9.1	10.0	9.1	9.8	3.9	5.1	9.1	9.3
7月	4.6	4.2	2.0	2.7	13.0	13.0	4.6	7.2	3.9	4.7	5.6	6.0
8月	12.4	15.9	7.2	6.7	9.8	12.0	5.9	6.2	10.4	13.4	9.1	9.1
9月	6.5	5.9	13.0	15.1	11.0	8.0	3.0	3.4	8.6	1.4	13.0	13.5
10月	8.5	10.2	9.8	9.5	4.6	6.5	6.0	2.7	12.4	16.2	9.8	9.5
11月	3.0	4.0	4.6	6.8	5.0	6.6	7.9	9.5	5.0	7.0	10.4	11.8
12月	7.8	10.3	2.0	1.6	0.7	6.0	8.5	8.9	11.7	12.2	8.5	11.5

（3）单位成本对比表，包括去年和今年每单位的成本及其变动率，如表15-3所示。

（4）价格利润表，包括各类产品的价格和利润，如表15-4所示。

提示　以上数据仅仅作为演示，在实际工作中存在的数据可能远比以上数据多。

表 15-3　单位成本对比表

月份	去年	今年	变动率
1月	440	425	−3%
2月	545	579	6%
3月	460	422	−8%
4月	200	195	−3%
5月	285	291	2%
6月	450	465	3%
7月	395	360	−9%
8月	300	324	8%
9月	630	602	−4%
10月	270	281	4%
11月	400	372	−7%
12月	650	660	2%

表 15-4　价格利润表

序号	品类	品号	价格	利润
1	西装	DLA01	1200	116
2	毛衣	PT0A1	700	75
3	衬衫	HLA01	500	46
4	毛衣	P0001	950	87
5	帽子	NT0A1	90	20
6	帽子	N0001	85	18
7	西装	DT0A2	1400	142
8	毛衣	PLA02	900	87
9	衬衫	HT0A2	400	50
10	西装	DLA03	1600	180
11	毛衣	PT0A2	700	135
12	夹克	N0005	800	76
13	−	−	−	−

15.3.4　使用虚拟数据搭建框架

小王使用randbetween函数获取虚拟数据，并构建图表数据源。这里他构建了三个数据源，分别是商品销量（见表15-5）、财务指标（见表15-6）和月度目标达成率（见表15-7）。

然后，小王根据数据修改图表，同时结合选项按钮、列表框等元素，使图表呈现出如图15-8所示的界面。在这个界面中，用户可以通过单击选项按钮选择总计或分地区，也可以单击具体城市（如北京、上海等）进行选择，图形会随着数据的变化而相应变化。

表 15-5　商品销量

商品名称	销售量
西装	485
毛衣	450
衬衫	470
夹克	318
帽子	428

表 15-6　财务指标

分析维度	分值
资产负债率	51%
销售回款率	95%
速动比	90%
流动资产周转率	81%
销售毛利率	43%

表 15-7　月度目标达成率

月份	目标	实际	达成率%
1月	47	66	108.7
2月	45	45	103.8
3月	43	43	96.9
4月	45	53	109.0
5月	43	45	88.2
6月	45	48	103.0
7月	44	53	89.7
8月	33	35	95.4
9月	45	45	99.1
10月	51	56	102.8
11月	50	55	108.1
12月	54	54	116.1

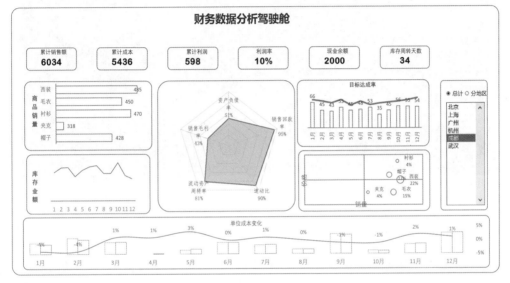

图 15-8

提示　请务必进行数据检验，确保每个数据项都在变化，以确认虚拟数据链接成功。在设置图表数据源时，特别注意设定足够的宽度和长度，以容纳未来基础表内统计出的数据，避免数据被覆盖。这样的设计能够确保图表的准确性，并为未来的数据变化提供充分的空间。

15.3.5　链接所需的公式

小王根据自己所掌握的函数、图表、控件等知识进行数据的公式链接。

本案例用到的开发工具、具体公式链接和操作细节这里就不详解了。如果欠缺图表知识，可以购买《Excel图表应用大全》基础卷；如果欠缺动态图表或建模知识，可以购买《Excel图表应用大全》高级卷，这两本图书中都详细讲解了相应的步骤和做法。

提示　模型构建者要注意，在链接公式的过程中，商品、月份或周数等因素都可能会发生增减变动。因此，在构建模型时，建议采用灵活的数据链接方法，以适应潜在的变化。

15.3.6　多维度美化表格

小王通过适宜的配色方案、形状调整以及透明度设置，再添加一些企业Logo，财务数据分析驾驶舱模型就成型了，如图15-9所示。

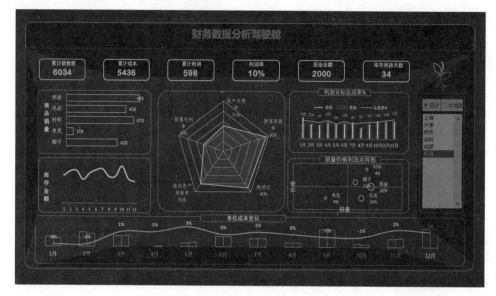

图 15-9

15.3.7　保护数据安全

最后，小王对文件设置了密码。通过设置密码，对非授权用户施加限制，从而保护财务数据的安全性，防止数据被盗用或篡改。这一安全措施有助于确保敏感信息得到有效的保护，维护数据的完整性和保密性。

当小王把最终的效果以及使用方法告知领导后，领导对小王的表现非常满意。不久之后，小王也得到了晋升。

当然，在本案例中提到的只是某些维度的示例。在实际工作中，可以根据需要增设更多的维度和页面。通过充分利用数据库、VBA等工具，可以构建一个完整的管理系统。总体而言，借助这些工具，我们可以打造一个具有类似财务软件系统效果的解决方案，其效果不亚于一些软件公司花费数十万购买的系统。这种方法不仅可以灵活适应不同的业务需求，而且能够更好地满足组织的管理和分析需求。

建模过程的注意事项如下。

- 避免太贪心：在建模过程中，要注意避免过度贪心，即在模型中不应该过度追求复杂性。过于复杂的模型可能导致不必要的计算负担，增加出错的可能性，并降低模型的解释性。
- 避免公式错误：在应用公式的过程中，无论涉及加减乘除，都要仔细校验和试用。确保公式的正确性是保障模型准确性的重要一环，应该注意避免因公式错误而导致的数据分析和预测失准。

- 避免杂乱：长时间的建模过程可能导致模型变得杂乱不堪，甚至让模型构建者自己难以理解。因此，要保持模型的整洁和结构清晰，确保在任何时候都能迅速理解模型的逻辑和结构，以便更有效地进行调整和优化。

15.4　本章习题

根据数据，自己设计制作一个财务数据分析可视化驾驶舱。要求：

（1）分析的领域包括销售、利润、资产、进销存、成本以及财务能力指标（盈利能力、偿债能力、运营能力、成长能力）等。

（2）可以参考相关的书籍或网络素材，结合工作和学习的经验，进行数据源构建，数据必须自己构建，不能抄袭。